Uma vida para a história

FUNDAÇÃO EDITORA DA UNESP

Presidente do Conselho Curador
Marcos Macari

Diretor-Presidente
José Castilho Marques Neto

Editor-Executivo
Jézio Hernani Bomfim Gutierre

Conselho Editorial Acadêmico
Antonio Celso Ferreira
Cláudio Antonio Rabello Coelho
Elizabeth Berwerth Stucchi
Kester Carrara
Maria do Rosário Longo Mortatti
Maria Encarnação Beltrão Sposito
Maria Heloísa Martins Dias
Mario Fernando Bolognesi
Paulo José Brando Santilli
Roberto André Kraenkel

Editores-Assistentes
Anderson Nobara
Denise Katchuian Dognini
Dida Bessana

Jacques Le Goff

Uma vida para a história

Conversações com Marc Heurgon

Tradução de
José Aluysio Reis de Andrade

2ª edição revista
e ampliada

Copyright © 1996 by Éditions La Découverte
Título original em francês: *Une vie pour l'histoire.*
Entretiens avec Marc Heurgon

Copyright © 1997 da tradução brasileira:
Fundação Editora da UNESP (FEU)
Praça da Sé, 108 – 01001-900 – São Paulo – SP
Tel.: (0xx11) 3242-7171
Fax: (0xx11) 3242-7172
www.editoraunesp.com.br
feu@editora.unesp.br

CIP-BRASIL. CATALOGAÇÃO-NA-FONTE
SINDICATO NACIONAL DOS EDITORES DE LIVROS, RJ

L528v
2.ed.

Le Goff, Jacques, 1924-
Uma vida para a história: conversações com Marc Heurgon / Jacques Le Goff; tradução José Aluysio Reis de Andrade. - 2.ed., rev. e ampliada. - São Paulo: Editora UNESP, 2007.

Tradução de: Une vie pour l'histoire
ISBN 978-85-7139-760-6

1. Le Goff, Jacques, 1924 - Entrevistas. 2. Historiadores - França - Biografia. 3. Educadores - França - Biografia. 4. França - Vida intelectual - Século XX. I. Heurgon, Marc. II. Título.

07-1309.　　　　　　　　　　　　　　　　　　CDD: 920.99072
　　　　　　　　　　　　　　　　　　　　　　CDD929:82-94

Editora afiliada:

Asociación de Editoriales Universitarias
de América Latina y el Caribe

Associação Brasileira de
Editoras Universitárias

Sumário

1 Lembranças da juventude *7*

2 Os anos de formação *37*

3 Os anos do pós-guerra *65*

4 O ofício de historiador. Mestres e inspiradores *99*

5 A École des Hautes Études – 1960-1972 *131*

6 A presidência da École – 1972-1977 *159*

7 As tarefas da Nova História *195*

8 As grandes missões *227*

9 Pela Europa *251*

À guisa de epílogo
Saint Louis, uma tentativa de biografia completa *261*

Índice onomástico *267*

Do mesmo autor *273*

1
Lembranças da juventude

As heranças familiares

Sem retomar em pormenor as recordações que o Sr. já me forneceu, ainda há poucos anos, nos Essais d'ego-histoire,[1] parece-me contudo interessante voltar a alguns fatos, ligados à sua família e à sua juventude, uma vez que eles anunciam e explicam a sua futura carreira de historiador. Ademais, parecem-me comoventes as imagens do convívio entre as pessoas, do início do século. Trabalhei, há alguns meses, na biografia do advogado Henri Leclerc[2] cuja família se instalara no Limousin, e não no Midi, como a sua. Ali também vamos encontrar o pai, professor ou funcionário, agnóstico, mas aberto e tolerante em relação à sua família. Do mesmo modo, encontramos uma mãe, como a

---

1 LE GOFF, J. *Essais d'ego-histoire*. Reunidos e apresentados por Pierre Nora. Paris: Gallimard, 1987. As notas são de Jacques Le Goff. As indicadas por M. H. são de Marc Heurgon.

2 LECLERC, H. *Un combat pour la justice*. Entretiens avec Marc Heurgon. Paris: La Découverte, 1994.

*sua, de tradição cristã e praticante, ligada à ideologia de-
mocrata-cristã, como a de L'Aube.*

*O Senhor insiste, particularmente na honestidade e no
rigor como qualidades predominantes de seu pai.*

É verdade. Meu pai me pareceu muito cedo uma espécie de
herói da integridade, a seguir, aos poucos, se me revelou como
um caráter de uma retidão excepcional, como a testemunha de
uma época já decorrida. É a França dos grandes dias da Terceira
República, modelo de uma sociedade exemplar, que criara uma
pátria justa e progressista e, graças aos seus valores, mereceu
ganhar a Grande Guerra. Meu pai encarnava essa imagem de
Épinal. Mais tarde fiquei fascinado pela história do imaginário e
creio que a figura do meu pai mostrou bem o interesse dessa
história. Essa Terceira República ideal que na verdade não existiu,
meu pai, que entretanto vivia nessa época, acreditou na sua realidade; ele a imaginava ao mesmo tempo que a vivia. Na verdade,
com uma certa defasagem – uma vez que viveu como adulto
apenas uma parte desse período glorioso da Terceira República,
digamos até 1918 –, meu pai lançava sobre ela um olhar de admiração, afetuoso, mas mesmo assim crítico. Assim, essa Terceira
República imaginária propiciou homens que a encarnaram e deu
vida a valores que continuaram atuando depois dela e que ainda
hoje são referências para nós.

O Sr. pertencia a uma família pouco numerosa.

Não cheguei a conhecer meus avós. Eu tinha um tio, irmão
de minha mãe, mas bastante atípico. Ele morava em Toulon, eu o
via com freqüência e gostava muito dele, tanto quanto de sua
mulher, mas ele pouco contribuiu para a minha formação ideológica. Não era portanto uma família de numerosos tios e tias e
uma multidão de primos, como se vê com freqüência. Foi principalmente cercado por meus pais que vivi os primeiros dezesseis
anos de minha vida.

Todavia, não se tratou de uma escolha prévia. Por exemplo,
o fato de eu ser filho único resulta primeiramente da idade do
meu pai: quando eu nasci, ele já tinha 46 anos. Mas essa situação

se explica sobretudo pelo fato de minha mãe ter tido um parto extremamente difícil, tendo sido vítima de uma febre puerperal que a deixou durante quase três meses entre a vida e a morte, chegando mesmo a receber a extrema-unção. Conseguiu se recuperar, mas não pôde mais ter filhos. É, pois, por razões acidentais que permaneci filho único.

Na família de meu pai – um bretão da região de Léon, um "Léonard" –, de tradição católica bretã, a situação era diferente: ele tinha um irmão e duas irmãs das quais a caçula morreu jovem, tuberculosa. Estava mais próxima do modelo da família tradicional, com numerosos filhos.

A Primeira Gerra Mundial significou uma dura prova para a geração dos seus pais. Que traços ela deixou na sua família?

Vivi num mundo em que, para os meus pais, para os amigos da família, a lembrança da guerra constituía uma verdadeira obsessão. Em 1914, meu pai já não era muito jovem, tinha 36 anos. Sua classe não foi chamada logo no início da guerra. Foi em 1916 que foram chamados todos os reservistas e ele foi enviado para Verdun. Guardaria de maneira muito viva a recordação das trincheiras.

No fim da guerra, a situação de meu pai havia melhorado: como professor de inglês, tinha sido indicado como intérprete junto às tropas dos Estados Unidos, por ocasião de sua intervenção na Europa. De resto, conservou de seus contatos com os americanos uma opinião pouco lisonjeira: eles eram "mal-educados" e pouco cultivados, sobretudo se comparados aos ingleses, que meu pai conhecia bem e os apreciava, pois vivera no seu país durante dois anos.

O Sr. ainda hoje sente as marcas desse choque provocado pela guerra?

É verdade. Quase um século nos separa dessa guerra que não pude conhecer e conservo um profundo sentimento do que ela foi para aqueles que a viveram. Na minha infância, os relatos dessa extraordinária comoção, ainda bastante próxima, eram fre-

10   Uma vida para a história

qüentes. Trinta ou quarenta anos depois, já saído de uma outra guerra e estando na École Normale, ainda revejo o meu mestre Charles-Edmond Perrin desfiando as suas recordações dos combates de 1914, de que participara nos postos avançados, como a alucinante retirada de Charleroi.

Mas, no geral, sua família parece ter escapado ao massacre.

De fato, nós fomos poupados. Não houve nenhuma morte entre as pessoas próximas. O irmão de minha mãe, particularmente, não foi atingido.

Do lado paterno, meu tio, casado com a irmã de meu pai, era oficial mecânico da Marinha e saiu ileso, ainda que muito exposto. Todos sabemos que se tratava de uma função bastante menosprezada pelos "verdadeiros" oficiais, aqueles que saíram da escola naval, que passaram pela "grande porta". E devo dizer que essa diferença de hierarquia social marcou, desde essa época, minha visão histórica. Percebi nisso o embate dos preconceitos sociais – aqueles mecânicos, em geral, tinham origem em estratos sociais mais modestos – e um certo imaginário, uma vez que o oficial mecânico passa a maior parte de sua vida junto às máquinas, no inferno, embaixo, num lugar fortemente marcado por um imaginário negativo. Durante as guerras, e particularmente naquela de 1914, esses oficiais mecânicos foram sacrificados e tratados como bucha de canhão. Estavam entre aqueles fuzileiros que foram batidos em Yser, em 1914, dos quais quatro quintos ficaram estendidos nos campos de batalha.

A seguir, meu tio participou da escolta de comboios, nos Dardanelos, onde a cada dois passos se encontrava uma mina. E eu me pergunto como ele conseguiu sobreviver.

Sua família se beneficiou da ascensão social que marcou numerosas famílias ao longo da Terceira República?

Sim e não. Só refleti mais tarde sobre esse problema, mas, desde a minha juventude, tive uma nítida percepção de uma dupla experiência desse fato.

Do lado de minha mãe, quase que posso falar de decadência, ou, em todo caso, de regressão social. Meu avô era comerciante de vinhos e a família vivia bem, até o advento da filoxera (1875-1880).* Costumava-se comprar a uva ainda no pé e, repentinamente, a colheita foi reduzida a zero. Donde a ruína, agravada ainda mais por não haver na época um bom sistema de seguros e, provavelmente, pela imprudência de meu avô. Minha mãe por diversas vezes me contou como, em dois ou três anos, o padrão de vida da família mudou: a casa de campo teve de ser vendida e tiveram que se desfazer da charrete e do cocheiro.

Meu avô, nessa queda, perdeu seu negócio de vinhos e tornou-se proprietário de um restaurante no porto de Toulon, mas isso não prosperou e ele terminou seus dias como gerente de uma casa de tabaco. Minha mãe teve cedo que pensar como ganhar sua própria vida e tornou-se professora de música, assistente do diretor de um curso de piano, em Toulon. Esse acidente, depois de me ter tornado historiador, se configurou para mim a roda da fortuna, esse símbolo tão caro ao Ocidente medieval, esse infortúnio que acarreta alguma regressão social e mesmo um certo grau de marginalização.

Mas a primeira vítima dessa reviravolta da sorte foi meu tio. Ele era dez anos mais velho que minha mãe e, na época em que podia ter feito um bom curso no liceu, acomodou-se à riqueza – ou pelo menos as facilidades – paterna e não seguiu adiante. As boas relações que a família ainda mantinha em Toulon tiveram que ser acionadas para conseguir-lhe um cargo de subchefe numa repartição da prefeitura. O salário era baixo, o que não o entusiasmou muito. Então voltou-se para o mundo dos espetáculos, no caso o *music-hall*, que se tornou o seu "violon d'Ingres". Ainda me lembro dele quando, antes da Segunda Guerra Mundial, era regente do cassino de Toulon. Há algum tempo, num programa de televisão sobre os anos dourados do *music-hall*, reencontrei, por um acaso, todos aqueles artistas que meu tio conhecera, dos quais sempre me falava, a começar pelo célebre Mayol, originário de Toulon, passando, sobretudo, por Charles Trenet, que meu

---

* Praga que devastou grande parte dos vinhedos franceses. (N. T.)

12 Uma vida para a história

tio levou a Toulon quando ele ainda era quase desconhecido e não exigia altos cachês.

Jamais me esquecerei de meu tio, esse personagem certamente um pouco marginal, mas que continua sendo para mim inteiramente fascinante. Gostava muito também de sua mulher, uma dançarina italiana que ele contratara sem conhecer, que o agradara muito e que ele resolveu acolher, apesar das reservas da família, particularmente do meu avô. Só se casaram muito tempo depois, após terem tido uma filha. Ora, essa tia era uma pessoa espantosamente gentil, bondosa, generosa. Não era culta, representante típica da arraia miúda de Roma, mas, acrescento, uma maravilhosa cozinheira! Assim nasceu o hábito de um olhar crítico sobre a hierarquia social, formação precoce das minhas reações de historiador.

Do lado de seu pai, ao contrário, a evolução foi mais próxima das etapas que marcaram a ascensão social sob a Terceira República?

Seguramente. Pertenci, na Bretanha, a uma família de origem camponesa que ascendeu por meio do ensino, e inicialmente pelo ensino primário. Minha tia, morta muito jovem, a qual não cheguei a conhecer, era professora primária. Meu pai foi um pouco mais adiante, pois se formou como professor auxiliar, depois titular, de liceu. Em compensação, meu avô escolhera uma outra via de ascensão social que era a militar, no caso a Marinha. Ele foi suboficial, o que se chamava de oficial de tripulação; isso lhe garantia, no fim da carreira, a possibilidade de contar com o título de oficial. Foi dessa forma que progrediu, em duas ou três gerações, uma família de camponeses.

Sua família foi, de alguma forma, afetada, nos últimos anos do século pelo "Caso Dreyfus"?

Sim, ainda que só mais tarde eu tenha tido um conhecimento preciso do caso, primeiro como estudante, depois como professor. Mas o que imediatamente me chocou, é sabido – mas obtive um testemunho direto disso –, foi até que ponto a França se dividiu em duas, em razão desse acontecimento, com a clivagem transpassando tanto as categorias sociais quanto as famílias. Em cada uma delas havia "dreyfistas" (*dreyfusards*) e "antidreyfistas" (*antidreyfusards*). Naturalmente, o que mais contou no caso, provavelmente mais que a origem social, foi a opção confessional: os católicos eram majoritariamente "antidreyfistas".

O caso Dreyfus representou para meu pai o momento de uma ruptura brutal. Filho de uma modesta família bretã, crente e praticante, ele era estudante em Rennes na época da revisão do processo, em 1899, e viveu essa tragédia da consciência religiosa e moral como um drama pessoal. Saiu dessa crise profundamente anticlerical, estendendo à religião a sua hostilidade a uma Igreja, na sua grande maioria, anti-semita e ligada a todas as formas de obscurantismo. Ele só pôde se realizar como dreyfista rompendo com o que constituía os fundamentos dos antidreyfistas, ou seja – a religião. Assim, quando foi nomeado professor titular de inglês, pediu para ser mandado ao estrangeiro, certamente com o objetivo de conhecer países, mas sobretudo porque queria se afastar e contrabalançar a influência dos irmãos das escolas cristãs. Ingressou então no que se chamava a "Missão Laica", que havia estabelecido escolas para o aprendizado do francês no estrangeiro. Foi assim que ele lecionou em Solônica por pouco tempo, depois em Esmirna, e seguiu a sua carreira no Oriente Médio, especialmente em Alexandria, até a guerra de 1914. Mas como era muito discreto em relação a si mesmo e também não queria se mostrar muito anticlerical, por respeito à minha mãe, pouco me falou sobre o caso Dreyfus.

Nessas condições, o casamento dos seus pais não era surpreendente? Como explicar que uma católica como a sua mãe, fervorosa e dominada por uma visão tão tradicionalista de sua piedade, se tenha casado com um anticlerical militante, distanciado de toda prática religiosa e da própria religião? Trata-se, de fato, de uma vida em comum bastante difícil de se explicar!

Primeiro os fatos: terminada a guerra, meu pai, interessado em permanecer no Mediterrâneo, onde vivera durante muito tempo, conseguiu um cargo de professor de inglês no Liceu de Toulon.

14 *Uma vida para a história*

Foi aí que ele encontrou minha mãe, então jovem professora de piano, com quem se casou em abril de 1923. Eu nasci em 1º de janeiro de 1924, às sete horas da manhã.

Agora a explicação: ela reside, antes de tudo, no amor que nasceu entre eles, na singular e relativa independência dos indivíduos, na tolerância e no respeito das convicções do outro de que já falei e que sempre estiveram presentes tanto em meu pai quanto em minha mãe. Minha mãe reconheceu muito rapidamente em meu pai as virtudes que até então entendera estarem exclusivamente ligadas à religião: honestidade, dedicação, altruísmo, profundo senso de justiça. Ela devotava uma grande admiração por ele e nunca deixou de me dizê-lo. E acrescentava: "Olha, gostaria muito de que muitos cristãos se portassem como seu pai". Talvez ela esperasse um dia reconduzir essa alma desgarrada aos caminhos de Deus. Quanto ao meu pai, ele era especialmente avaro de confidências sobre esse assunto, e posso apenas levantar hipóteses a respeito. Certamente ele acreditava que a religião era uma superstição em vias de se extinguir, da qual as mulheres seriam as últimas e desculpáveis fiéis. Ele acreditava também que o marido era responsável pela mulher e, por isso, minha mãe teve que deixar de trabalhar, ou seja, deixar as aulas de piano.

Uma vez decidido, o casamento deve ter enfrentado dificuldades práticas. Havia primeiramente a questão da educação cristã a ser ministrada às crianças que viessem a nascer.

A esse respeito, meu pai cedeu facilmente. Decidiram – e foi o que aconteceu comigo, filho único – que as crianças teriam ensino religioso até a primeira comunhão, com a condição de freqüentar exclusivamente a escola pública laica. Poderiam fazer sua primeira comunhão mas, depois disso, nenhuma pressão poderia ser exercida para mantê-las na prática da religião ou impedi-las de seguir esse caminho. Ela decidiria livremente, por si mesma. Meu pai e minha mãe, individualmente, acreditavam no sucesso dos seus anseios. Minha mãe contava com a Providência para me conservar nos caminhos de Deus. Meu pai mantinha-se seguro de que a razão me levaria a rejeitar toda crença ou prática supersticiosa.

A cerimônia do casamento foi celebrada na igreja?

Essa questão seriíssima quase põe tudo a perder. Na Toulon dos anos 1920, o clero não aceitava realizar os casamentos na Igreja sem antes ouvir a confissão dos noivos. Meu pai recusou-se de maneira veemente. Era demais pedir-lhe tal coisa. E daí vieram dias de incerteza e de angústia.

Todos os padres que minha mãe procurava recusavam-lhe dispensar meu pai do "atestado de confissão" ou a desobrigá-lo por complascência. Por fim, ela conseguiu convencer o terceiro vigário da catedral, um velho sacerdote, tradicionalista mas compreensivo, que acabou encontrando uma fórmula de compromisso. Meu pai concordou em ir até a sacristia, sentar-se ao lado do abade e manter com ele uma conversação de natureza espiritual e moral. Com isso ele recebeu a absolvição, um "atestado de confissão" e o casamento pôde ser realizado.

Sua mãe era muito piedosa. Suas formas de devoção chegaram por vezes a parecer chocantes para o Sr.?

Algumas dessas formas de prática religiosa freqüentemente me pareceram obscurantistas. Por exemplo, minha mãe tinha um altarzinho individual num canto do quarto que mantinha com meu pai e ali ela praticava a sua devoção, quando ele não estava no quarto. Ele próprio não parecia incomodado com esse altar, dominado por uma pequena imagem da Virgem e pelo genuflexório que ali se encontrava. Minha mãe era devota do rosário, e durante o mês de Maria, maio, suas preces se dirigiam especificamente à Virgem.

O Sr. disse que sua mãe viveu um cristianismo do medo, do sofrimento e do sacrifício.

Ao lado da prática religiosa, na qual ela buscava conforto, minha mãe entendia que a religião consistia sobretudo na prática das virtudes: para ela, "um bom cristão" era alguém que se portava bem, honesta e caridosamente, mas que também vivia atormentado pela idéia do pecado.

16 *Uma vida para a história*

Essa forma cristã do sofrimento, aqueles ritos e o estado de espírito que o caracterizavam, eu os considerava inteiramente execráveis e, se não os condenava em minha mãe, era por achar que ela era vítima da Igreja, ou pelo menos de alguns padres. Assim, minha mãe se acreditava infeliz e essa tendência se alimentava de razões religiosas, pois ela estava persuadida de que para se salvar, para merecer o paraíso, seria preciso antes de mais nada sofrer. Ela tinha uma visão dolorista* da existência. Valorizava tudo o que significasse sofrimento ou renúncia. É verdade que ela havia passado por alguns revezes que poderiam justificar essa sua visão das coisas: a morte de sua mãe, que ela adorava, aos 53 anos, quando ela tinha apenas 24 anos. Mas ela exagerava... Ela se alimentava de literatura devota, em particular do *Bulletin du Rosaire*, na qual os "mistérios dolorosos" ocupavam um espaço desmedido. *A imitação de Cristo* era seu livro de cabeceira... No geral, um catolicismo, para mim, insuportável, que trouxe a infelicidade a milhões de crentes, entre os melhores, como minha mãe. Uma constante autopunição, a recusa da felicidade, a obsessão do pecado e o culto do remorso.

A importância conferida à Virgem Maria muitas vezes o chocou. Em particular a exploração que ocorria nas cerimônias mariais e nas grandes peregrinações.

Estávamos mergulhados na devoção mariana, na qual eu identificava uma exaltação da sensibilidade essencialmente pautada por questões afetivas. No cantinho religioso do quarto de minha mãe, eu participava todos os dias do mês de maio da oração a Maria, feita em voz alta. Mais tarde, com a idade de seis anos, acompanhei minha mãe, meu tio e minha tia numa memorável peregrinação a Lourdes, que meu pai aceitara a contragosto. Confesso que, malgrado a minha tenra idade, fiquei horrorizado com o espetáculo de todos aqueles infelizes, que me pareciam – apesar de, ou por causa da minha ingenuidade e de um espírito crítico precoce –, propriamente dito, ser explorados e coagidos

---

* Relativo à doutrina da utilidade e valor moral da dor. (N. T.)

por falsas e delirantes esperanças. Minha mãe achou que me comportei muito mal em Lourdes.

Que recordação o Sr. guardou do seu catecismo?

O abade Favier era um "excelente velho padre", mas no que concerne à instrução, era muito fraco. Aborreci-me bastante. "Creiam e façam o que vos ordenam." Isso era um pouco limitado para prender a atenção de crianças que, muitas das quais, não pediam mais que um alimento substancioso para a sua fome. Foi certamente nessa ocasião que senti nascer meu temperamento de historiador. Bem cedo tive vontade de ir aos documentos, de ler diretamente o Evangelho. Ora, havia uma porção de coisas que não nos eram ditas, ou que o eram de maneira deformada. Inúmeras afirmações que nos eram dadas como essenciais na religião não figuravam absolutamente no Evangelho. Jesus e seus apóstolos não eram reconhecíveis nas caricaturas que nos eram propostas, desde as imaginações fantasiosas da Contra-Reforma ou as formuladas no século XIX.

O Sr. muitas vezes é severo com relação aos padres próximos à sua família e que a influenciaram.

Conheci o que chamaria de "bons padres", que naturalmente faziam cintilar as verdades, os valores da religião, da bondade e da fraternidade. Por exemplo, o primeiro vigário da catedral de Toulon, que morava num imóvel nosso com sua mãe já velha, um homem saído do povo, de uma extrema discreção, que havia adquirido uma certa cultura e que me franqueava a sua biblioteca. Penso também no arcipreste de Toulon, nos fins dos anos 1930, que depois se tornou bispo de Ajaccio, monsenhor Llosa; foi o primeiro padre sensacional que conheci.

Mas havia também, em Toulon, membros do clero bem pouco simpáticos. Especialmente um que eu detestava, e que era o confessor de minha mãe. Era um antigo missionário e devo confessar que minha hostilidade para com os missionários permaneceu fortemente ancorada na minha infância. Enquanto representantes que eram daquela sociedade que vivia no colonianismo e

18 Uma vida para a história

que conservava todas as suas tradições, eu me sentia escandalizado com o fato de eles desprezarem e detestarem as pessoas às quais supostamente eram incumbidos de evangelizar. E minha mãe me dizia sobre seu confessor: "O padre M... é um homem generoso". – "Um homem generoso? Você ouve o que ele diz sobre os negros ou os índios?" (ele também estivera na América Latina). – "Ah", ela retrucava, "ele não pensa assim."

E o ensino religioso que lhe era dado era completo?

Seguramente que não. Não aprendemos praticamente nada a respeito da Bíblia e da História Sagrada. Precisei esperar tornar-me um medievalista para que a Bíblia viesse a ser o meu livro de cabeceira. Sem ela, como seria possível compreender a sociedade e a cultura medievais, e mesmo nossa civilização?

Que dizer do personagem Satanás?

Paradoxalmente foi o personagem que menos me perturbou. Eu o imaginava como um monstro mais ou menos estranho à religião. Não relacionava suas eventuais aparições e perseguições à punição do pecado, mas à sua pura maldade. Ninguém jamais me havia explicado a mais obscura das frases do catecismo: o que vinham a ser aquelas "pompas"? Não conseguia evitar a fácil aproximação com as "pompas fúnebres" e, como o cerimonial dos enterros me aterrorizava, imaginei, durante um certo tempo, Satanás com a aparência de um hediondo agente funerário. Esses terrores estavam estreitamente ligados àqueles que me causava a escuridão. Meus queridos pais deixavam uma lamparina em meu quarto, e depois, por volta dos nove anos, deixei de ter medo da noite e Satanás desapareceu com ela, quase ao mesmo tempo que Papai Noel, na vertente simpática desses mitos.

Mas o Sr. era ainda muito jovem quando ouviu falar do purgatório?

Sim, e percebi como essa noção poderia ser importante. Minha mãe era adepta de uma associação, as "Zeladoras do Purgatório", e eu achava isso bom, porque via que a idéia do purgatório a confortava. Ela não podia conceber que seus pais e ela própria, no futuro, ainda que temesse um pouco por si mesma, fossem para o inferno e não para o purgatório. Com relação aos seus pais ela estava segura, mesmo quanto a seu pai que não era muito religioso: ela o considerava um homem generoso, e pensava que ele ficaria por um certo tempo no purgatório, mas lhe parecia impossível que fosse para o inferno. E sempre temendo e orando por ele, ela permanecia confiante em sua crença no purgatório. Compreendi perfeitamente mais tarde essas palavras que encontrei em um texto do século XIII: "O purgatório é a esperança".

Foi já no fim da vida que seu pai se converteu; de certa forma ele retomou o exemplo de Jean Barois, herói de Martin du Gard.

Tenho uma explicação talvez um pouco fácil demais desse fenômeno, e fico um pouco constrangido de excluir razões puramente espirituais e pessoais. Mas – digo-o com base no seu comportamento geral – meu pai morreu aos oitenta anos, depois de ter permanecido por seis anos com as pernas imobilizadas, não saindo mais e se deslocando pela casa apenas numa cadeira de rodas. Minha mãe foi de uma extraordinária dedicação para com ele e, se ele se "converteu", não posso me impedir de pensar que sua motivação essencial tenha sido o reconhecimento para com minha mãe, pois não tive a impressão de que tenha sido "tocado" profundamente.

Meu pai nunca foi homem de deixar transparecer ou manifestar em demasia seus sentimentos. Aceitou uma visita do pároco do subúrbio de Toulon, onde então viviam meus pais, e creio que foi durante o último ou talvez os dois últimos anos de sua vida que comungou em casa por ocasião da Páscoa. Ademais, estou seguro de que, mesmo que sua afeição por minha mãe tenha sido uma motivação essencial, isso não era o suficiente. Sua honestidade moral era de tal ordem que era necessário que ele próprio estivesse persuadido de um certo valor dos seus gestos. Não teria feito esse gesto de uma maneira puramente formal, sem lhe atribuir algum valor intrínseco, unicamente para agradar minha

20   *Uma vida para a história*

mãe. Lembro-me ainda de algo doloroso para mim: quando de seu enterro, nos serviços religiosos, eu disse à minha mãe: "É a primeira vez que vejo papai numa igreja".

Eu guardava de fato a lembrança de um incidente que me impressionou em minha juventude: em agosto de 1939, às vésperas da guerra, fomos passar as férias nos Pirineus e tínhamos feito uma parada de um dia em Toulouse para mudar de trem e fazer uma visita à cidade. Meu pai não quis entrar em nenhuma igreja, nem na de Saint-Sernin – mesmo que não houvesse nenhuma celebração religiosa – como simples turista. Devo dizer que fiquei muito irritado e que acabei lhe fazendo uma pequena cena: "Seu anticlericalismo está sempre presente". Entretanto, eu o respeitava, amava e temia um pouco. Mas, no caso, ele com certeza exagerou.

Toulon, cidade militar e colonial

O Sr. tem lembranças concretas da Toulon de sua infância, seus ruídos?

Morávamos numa casa perto do mercado, situada na alameda La Fayette. Eu ouvia pela manhã o barulho das camponesas, que chegavam em suas carroças puxadas por burros, carregando suas frutas, seus legumes e que preparavam suas bancas. Para chegar ao liceu precisava apenas atravessar a rua; eu podia, então, mesmo me levantando relativamente tarde, fazer as compras necessárias no mercado. Eu era geralmente o primeiro freguês, e dizia a superstição que, se o primeiro freguês tivesse uma boa mão, os vendedores fariam bons negócios durante toda a manhã. As crianças tinham a fama de dar sorte. Os feirantes me chamavam em provençal *"Gari, gari"*, que quer dizer "ratinho"! Era uma mistura de barulhos e de cores. O mundo sensível sempre foi muito importante para mim. Tentar recriar a vida dessas pessoas do passado ignorando todos esses signos concretos é o mesmo que não conhecê-las.

O Sr. foi marcado pelo caráter militar e colonial da Toulon de antes da guerra?

Eu era ainda muito jovem quando, no liceu, particularmente, fui submetido a uma enorme pressão social para me filiar à "Liga Marítima e Colonial". Tratava-se de uma instituição semi-oficial cujo papel, na Toulon dos anos 1930, que eu saiba, ainda não foi suficientemente estudado. É lastimável, porque valeria a pena. A Liga tinha por missão desenvolver a admiração e o reconhecimento para com os marinheiros e soldados que tinham conquistado e administrado o Império. Para os jovens eram organizadas visitas aos navios e aos quartéis e encontros com os oficiais. Eu tinha uns dez anos e não possuía nenhuma consciência política, mas fiquei horrorizado com os discursos que eram feitos nesses encontros, plenos de exaltação do herói militar, de racismo e de colonianismo. Foi também nessa época que meus pais me perguntaram se eu queria ser escoteiro. Recusei com energia: "Tudo, menos isso!". Penso que ficaram contentes mais do que qualquer outra coisa com a minha reação. Parecia-me ridículo e mesmo desagradável o que eu observava nos trajes e no comportamento dos escoteiros.

Guardo uma outra lembrança precisa da Toulon de minha infância. Aos domingos, e sobretudo às quintas-feiras, dias de folga, quase sempre fazíamos um passeio pelas antigas muralhas de Vaubon transformadas em alamedas entre belos pinheirais. Quando eu era bem pequeno, era acompanhado pela minha babá, resquício talvez do nível de vida da família da minha mãe. Mais tarde, era minha mãe que me levava, ainda que andando com dificuldade, em razão dos males de saúde que se seguiram ao meu nascimento. O espetáculo que nos era oferecido consistia nos exercícios que os soldados faziam nos fossos. Ainda hoje esse hábito se mantém, pelo que me conta meu filho a respeito do seu recente serviço militar em Vincennes. Lembro-me da minha profunda perturbação com a dureza e a agressividade vulgar dos oficiais e suboficiais na condução dos exercícios. Mas o que mais me impressionava, contudo, era o contraste entre o aspecto feio e acanhado desses oficiais e o porte dos soldados, em sua maioria africanos, sobretudo senegaleses, que eram belos rapazes.

22 Uma vida para a história

Parecia-me chocante que esses monstrengos se dirigissem daquela forma a esses homens sólidos e bem-construídos, embora a força física não conte entre os meus principais valores. Jamais pude me esquecer disso. Certamente essa reação se prendia também à minha educação religiosa, a um certo discurso de amor entre os homens, de fraternidade cristã, que para mim permanece sempre válido. Voltei a pensar nisso quando, como historiador, estudei os escravos e os servos.

A Toulon de antes da guerra já era então bastante reacionária?

Essa experiência de Toulon para mim foi fundamental. De fato, passei a minha infância no lugar mais colonialista da França. Que não me venham dizer que Toulon se tornou uma cidade de extrema direita com a chegada dos "pieds-noirs",* depois de 1962. É verdade que seria preciso esperar até 1995 para que Toulon viesse a se tornar a maior cidade francesa administrada pela "Frente Nacional", mas para mim isso representa sobretudo o resultado de uma antiga e profunda tradição. Quanto a se falar em "reacionária", essa palavra só entrou no meu vocabulário com a "Frente Nacional" e a reservo para os inimigos do progresso social. Procuro não fazer o amálgama. Os reacionários não são, com a graça de Deus, necessariamente racistas. Estes últimos são, de longe, os piores.

Eram encontrados tanto na Marinha quanto no Exército?

Quando obtive um pouco mais de discernimento, pareceu-me que o Exército era pior que a Marinha. Havia pessoas na Marinha com alguma educação que, no fundo, não tinham essa espécie de vinculação visceral com o império. E depois, não eram dados a maltratar os nativos, o que acontecia com os outros. Quando se pensa em todos esses regimentos de senegaleses,

---

* Literalmente "pés-negros". Como erão chamados os habitantes da Argélia de origem européia, antes da independência. (N. T.)

marroquinos, anamitas como se dizia então, estávamos realmente diante da imagem concreta do colonialismo.

Não havia nenhum elemento positivo nisso?

Sejamos justos e claros. Não escapei a um certo imaginário positivo e enfeitado da marinha. Meu coração ainda vibra um pouco quando vejo belos navios de guerra, todo o folclore dos marinheiros com os seus adornos etc. Sempre se é um pouco vítima do patriotismo local. Mesmo no futebol: enquanto Toulon permaneceu na primeira divisão, eu sempre corria atrás dos resultados depois de cada partida importante. (Estou mais satisfeito com os resultados da equipe de *rugby*, que é melhor, mas me interesso mais pelo futebol que pelo *rugby*, o que faz que meus amigos do sul me considerem um traidor, que não dá a devida importância à equipe de *rugby* de Toulon.) O mesmo acontece com a corrida ciclística do monte Faron, que me esforço por acompanhar, ou a natação – o único esporte que nunca pratiquei.

Meu pai foi sempre muito apegado à Marinha. Ele chegou a me contar que acabou se formando professor porque era muito míope para ser aceito na Marinha.

Todavia, há acontecimentos que destruíram em mim os entusiasmos que eu poderia ter em relação a uma idealização da Marinha. Jamais me esquecerei, em especial, da distribuição de prêmios que se realizava no teatro de Toulon, na qual o discurso era regularmente pronunciado por um dos mais jovens professores do liceu. Em 1937 ou 1938, recordo-me de um brilhante orador que, entretanto, acabou se enveredando por um elogio da Marinha e do colonialismo, sob todos os aspectos revoltante, baseando-se num romancista de segunda linha, que me pus a ler e a detestar, Claude Farrère.[3]

---

3   Claude Farrère foi um dos autores explorados pelo cinema anterior à Segunda Grande Guerra. Ele publicara especialmente em forma de folhetim no *Petit Parisien* de junho de 1922 um romance que exaltava o gênio colonizador da França no Marrocos. Houve duas versões cinematográficas: *Les hommes nouveaux*, no tempo do cinema mudo, em 1923, e outra retomada por Marcel

24   Uma vida para a história

Deveria haver, nesse porto de guerra, oficiais em servi-ço nos navios ancorados em Toulon que lá permaneciam por alguns anos e que se instalavam na cidade com suas famílias. O Sr. certamente deve ter tido como colegas de classe filhos desses oficiais. Que relação mantinha com eles?

De fato, as classes do liceu contavam com um número consi-derável de filhos de oficiais da Marinha. Apresso-me a dizer que, se a arrogância de alguns dentre eles se podia dever ao meio militar, muitos deles (percebo hoje como a mistura escolar, que não existia antes, foi um progresso) eram muito gentis e alguns eram bons colegas. Se não encontrei verdadeiros amigos entre eles, é fundamentalmente porque eles não permaneciam, em geral, por muito tempo em Toulon; a transferência dos pais os levava para outras cidades. Eu tinha uma admiração especial pelos que trabalhavam em submarinos.

Trata-se de uma reação muito profunda em mim: entre as coisas que verdadeiramente me revoltam figura a responsabili-dade coletiva, o fato de transferir a responsabilidade a outros e não aos que são individualmente responsáveis, por exemplo os pais às crianças, um membro a toda a família. Não falamos de responsabilidades coletivas por razões religiosas ou raciais. A atitude dos cristãos da Idade Média em relação aos judeus me causa esse tipo de revolta, mesmo decorrido tanto tempo. Em vista disso, supondo-se que por mim mesmo eu não fosse capaz de ter esses sentimentos, o que meu pai me dizia não teria evitado que eu pensasse que, pelo fato de serem filhos de oficiais, esses meninos não seriam freqüentáveis.

Meu pai ensinou inglês, durante muitos anos, para as turmas preparatórias à escola Naval e a Saint-Cyr. Tenho a impressão de que isso não o desagradava. Dizia tratar-se de bons alunos. Talvez ainda permanecesse nele uma certa nostalgia pessoal. Minha mãe também manteve relações com famílias de pessoal

---

L'Herbier, com Harry Baur, em 1936, que alcançou um certo sucesso (BOULANGER, P. *Le cinéma colonial*. Paris: Seghers, 1935). Outro exemplo – o romance de Farrère, *La bataille*, sobre a guerra russo-japonesa, deu origem, em 1933, a um filme de Nicolas Farkos, no qual Charles Boyer e Annabela apareciam caracte-rizados como japoneses.

da Marinha cujos filhos ou filhas haviam estudado piano com ela e considerava-os muito gentis. Data do Liceu de Toulon o primeiro apanhado de minhas amizades mais duradouras. Dois desses colegas do liceu, que não provinham de famílias ligadas à Marinha, sempre estiveram entre os meus amigos mais próximos: Max Bausset e Pierre Andrau.

A sua impressão de Marselha era diferente?

Estive em Marselha apenas cinco ou seis vezes antes da guerra e, em geral, em curta permanência. Íamos às vezes até lá para passar o domingo. Eu visitava o zoológico e nunca me esqueci do elefante Poupoule.

Antes de mais nada, descobríamos a grande cidade. Chegar ao alto da escada da Estação de Saint-Charles, um dos belos monumentos de arte moderna, conhecer a Canabière, o Velho Porto, a Joliette; chegar a contemplar a porta de Aix como um dos belos espécimes da arte antiga; sonhar perante o monumento "Marselha, Porta do Oriente": esse descortínio do mundo era magnífico. Mais tarde, tive um professor de alemão, Henri Pizard, de quem eu gostava muito e que me convidava às vezes para ir a sua casa, um apartamento situado acima da cornija que dominava o porto. Ele foi morto por ocasião da libertação de Marselha, em 1944, e minha última visita a esse apartamento foi para cumprimentar sua viúva, em 1945.

Foi em Marselha que eu deparei com essa mistura de povos, profundamente agradável em comparação àquelas insuportáveis relações de força e de exploração que tinha conhecido em Toulon. O próprio vendedor de tapetes árabes me parecia gozar de um outro *status*, nessa sociedade, muito diferente do infeliz marroquino que fazia evoluções com armas nos fossos das muralhas de Toulon. Essa é a razão de eu ser cada vez mais favorável à idéia que hoje se coloca como um fato, que pode e deve ser positivo: a mestiçagem.

Isso posto, minha experiência de 1941-1942, quando ingressei no curso preparatório ao Liceu Thiers de Marselha, foi com-

26 *Uma vida para a história*

pletamente diferente da de Toulon. Não tinha mais como colegas filhos de oficiais. Mas fiquei doente e, além do mais, eu era bolsista em regime de internato, e por isso minhas relações com a cidade eram pouco freqüentes e nada profundas, mas sempre que saía me sentia feliz. Amei profundamente o cosmopolitismo marselhês e a força do urbano. Estava pronto então para fazer as minhas orações à *"Bonne Mère"*.* Quando, trinta anos mais tarde, fui recebido por Gaston Defferre na prefeitura de Marselha, tive a impressão de estar realizando um sonho de infância; e quando ali pude instalar, juntamente com meu colega e amigo, o matemático Marc Barbut, um anexo da École de Hautes Études em Sciences Sociales na magnífica Vieille Charité, saboreei um antegozo do paraíso.

Minha tomada de consciência política

A partir de quando o Sr. se interessou pela política?

Desde a minha tenra juventude, havia em mim uma predisposição antimilitarista. Ainda que meu pai pouco falasse de sua vida e dos seus sentimentos passados, recebi uma formação dreyfista e me voltava mais contra o exército que contra a religião, porque eram os oficiais que estavam diretamente envolvidos no caso Dreyfus. Foi em 1935 – eu tinha onze anos – que um acontecimento muito importante ocorreu sob a influência de minha mãe e de um tio, cunhado de meu pai, em cuja casa passávamos as férias, no subúrbio de Paris.

Esse meu tio havia deixado o exército – em grande parte pelas humilhações sofridas como oficial mecânico – e se tornado, nos anos 1920, diretor de pessoal de uma grande indústria têxtil, em Marcq-en-Baroeul, no Norte. Muito influenciado pelos ideais de Albert de Muss e de Morc Sangnier, tornou-se um militante do cristianismo social, conclamando os patrões a praticar uma

---

* "Nossa Senhora": exclamação marselhesa. (N. T.)

política generosa ou, simplesmente, justa, sem paternalismo em relação aos seus operários. Um exemplo para todos era o cardeal Liénard, bispo de Lille – considerado um santo na casa de meus tios –, que marcou profundamente o cristianismo de antes e depois da guerra na França, apesar do seu vichysmo durante ela.

Mais tarde, depois da morte de Paul Desjardins, a abadia de Pontigny tornou-se a sede da "Mission de France", da qual o cardeal era o titular. Ele a freqüentava regularmente e demonstrou grande coragem, particularmente por defender os padres operários, o que não era nada fácil na época de Pio XII.

Foi por volta de 1935-1937 que o pequeno grupo de democrata-cristãos animado por Francisque Gay e Georges Bidault, se dedicou de forma mais intensa ao jornal diário *L'Aube*, que haviam lançado para a divulgação das suas idéias. A partir daí se formaram grupos de "amigos de *L'Aube*", que se difundiram quase que por toda a França.

Meu tio propôs então à minha mãe que fundassem um grupo desse tipo em Toulon. Ela, que se tornara fiel leitora do jornal, embalada pelas idéias democrata-cristãs, conseguiu reunir alguns simpatizantes. O curioso é que minha mãe, que até então havia vivido apenas para o seu piano, para a Igreja, para o seu marido e para o seu filho, se viu bruscamente apaixonada pela política. Ela me levava com freqüência a essas reuniões e a leitura de *L'Aube* contribuiu para cristalizar a minha consciência política.

Era a época do desenvolvimento e da vitória da "Frente Popular". O que isso representou para o Sr?

Um grande acontecimento, que me pareceu e parecerá sempre ter sido um movimento de progresso e de esperança, com todo o imaginário necessário para que um fenômeno histórico alcance êxito. Se não houver coração, paixão, sonho, não haverá mais que a rotina da história...

Será preciso dizer que eu resolutamente me alinhei à "Frente Popular"? Senti até a necessidade de não ser apenas um observador complacente, mas de adotar uma posição militante, especialmente em relação às manifestações reacionárias tão freqüentes em Toulon. Contrariamente ao que disse antes e unindo meus sentimentos anti-racistas e minhas "idéias progressistas", assinei minha adesão à Liga contra o racismo e o anti-semitismo, com o acordo de minha mãe e a aprovação daquele santo homem que era o arcipreste da catedral, que me disse que não havia nisso nenhum obstáculo para um cristão e que estava tudo bem. Léon Blum era de fato o símbolo do ódio conjunto dos reacionários e dos racistas.

Nessa época, o que significava para o Sr. ser de esquerda?

Talvez eu seja por vezes extrovertido e apaixonado demais, entretanto acredito que nada é importante em política sem uma paixão interior. Já há aí uma diferença entre a direita e a esquerda. Nunca encontrei pessoas de direita verdadeiramente apaixonadas: à esquerda, a gente se inflama, a gente é feliz ou infeliz. À direita, tudo é muito frio ou então as paixões são reservadas para os valores ambíguos, a nação, o Estado, a ordem, para não falar do "Trabalho, Família e Pátria", de Vichy.

Depois, a grande descoberta para o pequeno-burguês que eu era é o mundo operário. Havia aí uma parte da população que de fato não acedia a uma vida respeitável, e apesar das insuficiências do que foi feito depois, 1936 conferiu uma dignidade à classe operária. É uma grande coisa.

A esquerda, desculpe-me repeti-lo, representou também a luta contra o racismo e o anti-semitismo. Era muito importante para mim. E isso continua ainda hoje a me parecer o próprio mal, o pecado absoluto. Nada vejo de pior que esse ódio de um homem ou de uma mulher para com outro sob o pretexto de que seja uma pessoa "diferente", uma diferença pretensamente justificada por teorias pseudocientíficas, que antes de tudo se baseiam no que há de mais irracional.

Acrescento o senso de justiça. Ainda era estudante do liceu quando li a conhecidíssima frase de Goethe: "Mais vale a injustiça que a desordem!". Foi como se tivesse levado um soco. Como é possível dizer-se uma coisa dessas? Procurou-se provar que Goethe não quis dizer o que lhe atribuímos, mas não me convenci disso. Mesmo os maiores espíritos têm os seus limites.

O Sr. sentiu a aproximação da guerra? E como lhe repercutiram as tendências pacifistas da época?

Como bom leitor de *L'Aube*, eu era violentamente contra o espírito de Munique. Lembro-me de tumultos no liceu entre partidários e adversários de uma política dura em relação aos nazistas. Mas Hitler me parecia relativamente distante e quem cristalizava em mim uma hostilidade visceral era Franco, para mim a encarnação do crápula, ainda mais que era um general. Eu acompanhava apaixonadamente a guerra espanhola e me lembro de ter lamentado profundamente que Léon Blum, personagem todavia muito positivo aos meus olhos, tenha aderido à não intervenção. Permaneci convencido de que ele havia feito uma péssima escolha, que tinha se deixado iludir pela aliança inglesa a qualquer custo, o que se configurava um erro, visto o que representavam os conservadores britânicos, e também pela necessidade de consolidar as conquistas sociais na França, o que era um desejo dos mais respeitáveis.

Quanto ao pacifismo, é aí que se deve buscar uma das causas profundas da omissão dos franceses às vésperas da Segunda Guerra Mundial, explicando a adesão a Hitler, depois a Vichy, por parte de muitas pessoas, tanto no meio político quanto entre o povo em geral. O período de 1919-1939 foi toldado pela sombra de 1914-1918 e, para muitos, pelo pacifismo, com suas fórmulas: "É a última das últimas ... guerra jamais". Isso criou uma situação de menor resistência e foi uma das razões da incrível omissão da esquerda parlamentar em julho de 1940, quando a sua grande maioria votou os plenos poderes a Pétain.

Voltando à Espanha, em 1939, a França reconheceu o governo nacionalista vitorioso. E para se penitenciar de ter durante tanto tempo apoiado a República espanhola, enviou junto a Fran-

30 *Uma vida para a história*

co, em Burgos, um marechal da França. Esse foi Pétain, em razão, dizia-se, das suas simpatias pelo caudilho. Depois disso, Pétain passou a ocupar um lugar significativo no meu inferno pessoal.

A vergonha do regime de Vichy

Era então por patriotismo que o Sr. era hostil a Pétain?

Sim, eu pertencia a uma família que não era nem um pouco nacionalista, mas muito patriota, marcada, como já disse, pela guerra de 1914-1918. Um exemplo pode provar esse patriotismo. Em 1939, esse governo que não soube preparar a guerra pôs-se a explorar todos os cidadãos, e solicitou-nos doações para a defesa nacional. Minha mãe não hesitou em doar seu colar de ouro, uma das últimas jóias da família de algum valor que conseguira preservar.

Jamais me esquecerei de um outro episódio. Em maio-junho de 1940, depois das demonstrações dos aviões de Mussolini nos céus da Provença, os médicos aconselharam meu pai a deixar Toulon para não ter que descer para os abrigos, e instalamo-nos na região de Sète. Em 17 de junho, estava eu em Montpellier para me inscrever no *baccalauréat* quando, na famosa praça de L'Oeuf, os alto-falantes transmitiram a ignóbil voz desse personagem do qual não pronuncio o nome senão com grande desprazer – Pétain – anunciando que era necessário cessar o combate e que ele havia pedido o armistício ao inimigo. Ainda posso ver um militar que se pôs apenas em camisa e ceroulas dizendo: "Este uniforme foi desonrado, não posso mais usá-lo!". Essa foi a primeira ação de resistência a que presenciei. Tal como esse soldado, eu pensava que Pétain era a desonra. Ao contrário de muitos franceses, eu era mais hostil ao próprio marechal que ao regime de Vichy, do qual não se conheciam ainda as perseguições contra os judeus e a política de colaboração que se seguiriam. Era o homem que humilhara a França para satisfazer às suas escolhas políticas e às suas ambições pessoais. Verdadeiramente, um traidor!

Sua família sempre permaneceu muito hostil a Pétain?

Muito. No verão de 1940, retornamos a Toulon e meu pai retomou sua cadeira no liceu. Aí então teve início a grande tristeza de viver Vichy. Pois permanecer num país no qual se considera que seus governantes são pessoas desonrosas que o envergonham traz um sentimento extremamente doloroso. Deve sê-lo especialmente para os mais velhos – vi pessoas idosas desesperadas – e para os jovens, porque, de um lado, era a memória e, de outro, o futuro que estavam toldados. Isso eu jamais perdoarei a Pétain.

Contrariamente à maioria dos seus colegas, meu pai se recusou a aderir à "Legião dos Combatentes", que reunia os combatentes das duas guerras, pretendendo dar sustentação ao governo Pétain e a ele se ligar por um juramento. Muitos acreditavam no tema do marechal "escudo" contra os alemães. Ademais, nessa atmosfera de 1940-1941, ninguém escondia que se podia ser "fritado" por não ter aderido à Legião. Minha mãe apoiou meu pai, dizendo-lhe: "Ora Jean, já que estas são as suas idéias, você fez bem. Reconheço nisso sua honestidade". Senti-me reconfortado por essa posição de minha família, em particular a de meu pai, por quem, repito, nutria muita admiração.

E o Sr., apesar de tudo, teve de desfilar diante do marechal Pétain em Toulon?

Talvez isso valha a pena ser contado. Soubemos que o "chefe de Estado" deveria vir a Toulon no 1º de maio de 1941. Para mim era ainda mais desagradável, por se tratar tradicionalmente do dia da minha festa de São Tiago, o Menor, e não o Maior. E não é que ele viria enlamear a minha festa! Havia-se decidido que os primeiros das classes iriam desfilar representando o liceu. Era o meu caso.

Quando me disseram: "Le Goff, é você que irá desfilar diante do marechal", eu recusei. Em razão disso, à tarde, um dos meus colegas me ameaçou: "Como te queremos bem, aconselhamos que você desfile, caso contrário verá como não serão poucos os aborrecimentos que advirão para você e sua família". Contei o fato quando voltei para casa e minha mãe, muito inqui-

32   *Uma vida para a história*

eta, insistiu para que eu participasse da cerimônia. Por fim, acabei desfilando. Foi covardia pessoal, portanto. E isso não ajuda minhas recordações.

Isso não o impediu de ser fichado em Vichy.

No ano seguinte entrei para os preparatórios do Liceu de Marselha e tive um professor de Filosofia, Gaït, extremamente simpático. A tal ponto que todos os seus alunos ficaram espantados e tristes por ele ter deixado a turma em 1942, ao saber que fora nomeado secretário geral da "Juventude de Vichy". Alguns meses mais tarde ele passou por Marselha, no exercício de suas funções. Ele veio nos cumprimentar e, me chamando de lado, disse: "Estou em Vichy porque espero poder evitar certas coisas. Posso te dizer que você tem uma ficha na qual estão anotadas a não adesão de seu pai à Legião e a sua recusa de desfilar em Toulon. Não deveria fazê-lo, mas posso também dizer quem denunciou vocês". Foi o rapaz que me havia ameaçado dizendo que seria melhor para mim desfilar.

Nessa época, o Estado se encarregava das despesas com a pensão dos filhos dos professores no curso preparatório. A mim, esta bolsa foi recusada e meus pais tiveram que arcar com minhas despesas. Quando meu pai, a quem também recusaram um ano suplementar antes de sua aposentadoria (eu ainda era menor), perguntou por quê, responderam-lhe: "O ministério não forneceu razões, mas é evidente que é por motivos políticos". Foi assim que terminou a minha pequena aventura.

Quanto ao meu delator, filho de um oculista em Toulon, ele se engajou na milícia e foi fuzilado quando da Libertação. Um outro colega de classe teve a mesma sorte. Sendo contrário à pena de morte, não me alegrei com isso. Acho que, francamente falando, o primeiro era um crápula e o outro, um pobre coitado.

O balanço que o Sr. faz de Pétain é, portanto, totalmente negativo?

Foi-nos dito que Pétain não era anti-semita; gostaria de acreditar nisso, mas o fato é que ele nada fez para proteger os judeus. Provavelmente ele não desejava a vitória da Alemanha, a colaboração, mas as preferia à vitória dos ingleses, o que viria dar no mesmo. Fundamentalmente, o que o fez agir foi uma política de extrema direita. Se um certo número de franceses – alguns estimavam que seria a sua maioria – foi durante muito tempo vichysta, é porque Pétain mantinha uma boa imagem junto a esses crédulos cidadãos. Foi ele, portanto, quem enganou o povo. Se há uma mancha na honra da França, ele é o responsável. E no dia em que se falar em transladar os restos mortais de Pétain da Ilha de Yeu, irei para as ruas se ainda puder andar.

Como não colocá-lo da maneira mais simples em oposição a De Gaulle? Pela sua própria honra e pela honra da França, para com a qual teve gestos grandiosos. Guardo o maior reconhecimento e admiração pelo De Gaulle de 18 de junho de 1940, da Resistência e da Libertação, que lavou a honra do país. E, naturalmente, pelo pessoal da Resistência, gaullistas ou não.

Não queria continuar a evocação dos anos de guerra sem assinalar o que me ofereceu o curso preparatório de Marselha. Em primeiro lugar, a qualidade do ensino e o calor humano da maioria dos professores, que, nos ajudando a viver de maneira lúcida esses tempos difíceis, nos prepararam de uma maneira luminosa e enriquecedora para as nossas profissões, para as nossas vocações. Hoje muitos estão mortos. Não me esqueço deles. Em segundo, as amizades raras, que constituíram o segundo apanhado dos amigos íntimos com as quais tive a felicidade de estar sempre ligado pela mesma grandeza de sentimentos comuns: Maryse Mane-Eyrier (seu marido, Roger, um cientista do grupo marselhês, lamentavelmente nos deixou), André Rougon e Pierre Ubaud.

Que recordações o Sr. guarda do período da Resistência?

Entrei então para o pré-preparatório de Marselha, no outono de 1941, e depois para o curso preparatório no outono de 1942. Ouvíamos de fato falar da Resistência e tive até contato com ela, a partir do verão de 1941, por intermédio do padre De Lubac, o futuro cardeal, com quem me encontrei por acaso e que me convidou para uma reunião. Mas não foi muito além e vejo isso com remorso hoje.

34 *Uma vida para a história*

Em dezembro de 1942, fiquei doente – uma pleurisia bastante grave – e me mandaram para o Alpes para convalescença. Retornei a Marselha em março ou abril de 1943, para me apresentar para os exames de seleção para a École Normale, nos quais fui reprovado. Assim, tive que recomeçar um novo ano em Marselha.

Em dezembro de 1943 colocou-se para mim o problema do STO [Service du Travail Obligatoire].* Eu sabia que poderia me submeter sem risco ao exame médico que precedia a convocação, uma espécie de junta de alistamento, mas, na semana que se seguiu a essa apresentação, para escapar à convocação definitiva, retornei aos Alpes. Um colega de curso, meu amigo André Roujon, por ocasião da minha convalescença, tinha me indicado um vilarejo de onde ele era originário. Foi para lá que eu e ele decidimos retornar juntos, depois do alistamento. Foi para esse mesmo vilarejo que meus pais se retiraram, depois dos primeiros bombardeios a Toulon, estando meu pai já aposentado nessa época.

Entramos em contato com um grupo de resistentes cuja função essencial era reunir armas e medicamentos lançados por pára-quedas nas montanhas, pelos ingleses, para depois encaminhá-los aos maquis da região. Apenas uma vez os membros do meu grupo se envolveram em uma operação contra os alemães. Eu não fazia parte. Acontecia-me com freqüência, depois de ter militado como maqui durante o dia, descer e passar a noite em uma fazenda isolada perto do vilarejo, com meus pais. Não falaria portanto de minha resistência, mas de uma pseudo-resistência e de uma recusa ao STO.

Esse foi um período de férias extraordinárias e especialmente de grandes leituras, graças à biblioteca da escola normal para professores primários de Digne, mantida pelos pais de um amigo. Devorei os romances, em particular as séries com conteúdo histórico, de *Jean-Christophe* aos *Thibault*, e de livros da pequena história à moda de Georges Lenôtre.

Nesse meio tempo, a derrota alemã se acelerava. O ano de 1944 trouxe-nos o desembarque na Normandia, em 6 de junho, e

---

* Estabelecido na França em fevereiro de 1943, pelo governo de Vichy, sob pressão alemã, visando à obtenção de mão-de-obra para as fábricas do Reich. (N.T.)

na Provença, em 15 de agosto. Durante o verão, nosso grupo de maquis se dissolveu, e guardei de alguma forma uma confirmação um pouco excessiva da minha participação na Resistência.

Uma última observação: praticamente não vivi a atmosfera da Libertação, uma vez que permaneci nos Alpes até o momento em que, em novembro, encontrei-me em Paris, já libertada desde 25 de agosto, para ali prosseguir meus estudos. Não vivi nem a Libertação de Toulon nem a de Marselha. A única festa de que tomei parte foi a de 21 de setembro, em comemoração ao aniversário da República e de Valmy, uma grande festa popular em Digne, para onde descemos em companhia dos rapazes do antigo maqui. Foi somente aí que presenciei a alegria popular da Libertação e senti o vento da liberdade, da esperança, da ilusão, do sentimento de uma juventude que acreditava tudo ser possível.

2
Os anos de formação

Da Sorbonne ao Louis-le-Grand

Eis-nos, pois, em Paris, nos fins de 1944. O Sr. decidiu ser historiador e já tinha voltado os seus interesses para a Idade Média.

Foi na classe do 4º ano do Liceu de Toulon, cujo programa de História compreendia a Idade Média, que tive o encontro, decisivo para mim, com um jovem professor, Henri Michel, que foi primeiro da Resistência e depois historiador da Segunda Guerra Mundial. É verdade que a sua obra não se desenvolveu no sentido da renovação histórica para a qual eu mesmo tentei contribuir. Mas ele, pela primeira vez, me pôs em contato com documentos históricos e com as regras rigorosas indispensáveis para seu uso adequado. Ensinou-me que a história, mais que relatar, deveria explicar. Os resultados desse encontro foram confirmados, a partir do 4º ano, pelas minhas numerosas leituras, em especial minha paixão pelas narrativas e heróis de Walter Scott. Minha escolha parecia então feita quando, em 1944, recém-chegado à capital, tive algumas dificuldades de me enquadrar numa vida

38 *Uma vida para a história*

normal. Como o exame admissional à École Normale não pôde ser realizado na primavera de 1944, pelo desenrolar dos acontecimentos, um exame especial foi organizado em dezembro, e fui novamente reprovado.

Foi então que o Sr. resolveu se inscrever na Sorbonne cujo ensino o decepcionou muito.

Passei de fato algumas semanas difíceis, hesitando em relação à minha carreira. Não tinha a menor disposição de voltar a ser bolsista em regime de internato num liceu, a fim de me preparar para novo exame, e me senti tentado, num certo momento, a uma mudança de rumo. Eu possuía três certificados, de Francês, de Latim e de Grego, conseguidos em Aix, por ocasião da disposição de cursos avançados no início da primavera de 1944 – embora, entretanto, eu estivesse no maqui – graças à cumplicidade dos professores e da administração universitária. Recordome ainda de que, enquanto tomávamos um gole, depois do certificado de grego, num café da alameda Mirabeau, fomos prevenidos de uma batida da Gestapo e devemos nossa salvação a uma fuga desabalada pelas ruelas da velha cidade.

Era suficiente acrescentar àqueles certificados um outro de Filologia para completar minha licenciatura e preparar a *Agrégation** em Letras. Foi assim que, durante quinze dias, assisti às aulas de filologia na Sorbonne. Mas essas aulas me pareceram de tal modo enfadonhas que não consegui mais prosseguir. A desoladora Sorbonne do pós-guerra levou-me ao encontro da minha vocação e me fez decidir retornar ao Louis-le-Grand, em janeiro de 1945.

Os cursos preparatórios do Louis-le-Grand eram, como ainda o são hoje, reputados por alcançar bastante sucesso nos exames.

Havia bons preparadores que garantiam a obtenção de bons resultados nos exames, mas o seu valor intelectual me parecia

---

* Concurso de ingresso de professores titulares de liceus ou algumas faculdades, específico do sistema educacional francês. (N. T.)

bem fraco, comparado com o valor excepcional que conheci nos preparatórios de Marselha. Todavia, quase nenhum dos seus alunos entrava na École Normale, ao passo que um terço ou a metade do pessoal do curso do Louis-le-Grand acabava conseguindo, em razão da preparação técnica e psicológica que compensava a pobreza intelectual.

Note-se uma exceção, entretanto. Embora eu nunca tenha sido atraído pela Filosofia, pelo menos a que nos era ensinada, senti-me muito atraído pelos cursos de Ferdinand Alquié, e sobretudo pela maneira apaixonante com que ele nos fazia interpretar os textos. Já disse quanto a interpretação de texto é para mim um exercício essencial. Pude, assim, penetrar um pouco o pensamento de três grandes espíritos, pelos quais guardei uma grande admiração, Descartes, Espinosa e Kant. Nas aulas de Filosofia do liceu eu tinha sido seduzido por Bergson.

É verdade que durante os seis meses que passei no Louis-le-Grand trabalhei com muito afinco, inclusive aos domingos. Eu fazia parte do pequeno número daqueles que desfrutavam a autorização de se dedicar a um estudo especial, levantando-me às cinco e meia da manhã para, com um amigo filósofo, fazer traduções do latim e do grego. Eram as matérias mais "rentáveis" e as mais seguras, ao passo que nas dissertações de Francês, de Filosofia ou mesmo de História, não se podia ter certeza dos resultados. Nesse terceiro e último exame (primavera de 1945), tive boas notas, especialmente em línguas clássicas.

O inverno de 1944-1945, marcado pela falta de aquecimento e de eletricidade, bem como pelas dificuldades de abastecimento, deixou-lhe más recordações?

Não foi para mim um inverno de rigor excepcional; muito diferente, pelo menos do ponto de vista alimentar, que o de 1942-1943 quando, nos preparatórios de Marselha, defrontamo-nos de verdade com a fome. As dificuldades de abastecimento no Mediterrâneo, durante os anos de guerra, são conhecidas de todos. Meus pais não eram ricos e moravam em Toulon. Não era o caso, pois, de recorrer ao mercado negro. O médico não nos escondeu

40   *Uma vida para a história*

que uma das causas que facilitaram o desenvolvimento dessa pleurisia foi a subalimentação. Recordo-me das noites de estudo passadas no Liceu Thiers, quando cheguei a comer papel.

Nada foi assim em 1944. Estava residindo em Clamart, na casa daquele tio que influenciou minha mãe para que se ocupasse de *L'Aube*, antes da guerra. Sem ser rico, ele se virava para que não passássemos fome. Como eu era o mais jovem – seu filho, meu primo, tem seis anos mais do que eu –, ele dava sempre um jeito de deixar mais para mim que para os outros. Muito habilidosos, pai e filho conseguiam fazer que nos aquecêssemos decentemente. Com certa rapidez, passei a ser bolsista no Louis-le-Grand, onde havia iluminação e aquecimento adequados e onde se podia matar a fome – ainda que não fosse o melhor. Nada a ver com a Marselha da guerra. Aliás, eu estava de tal forma empenhado na preparação dos exames, que esses eram a minha idéia fixa e o meu único interesse.

Isso rendeu. Em 31 de julho de 1945, os resultados foram divulgados: eu havia passado. Nessa época de restrições não se tinha o direito de enviar telegrama, a não ser por problemas de saúde. Telegrafei então aos meus pais que estavam em Toulon: "Operação concluída com sucesso". Eu iria passar cinco anos na École Normale que me marcariam profundamente.

A *École Normale*

O Sr. guardou uma boa lembrança do clima da École?

Não quero me juntar ao coro de antigos "normalistas", que dizem que essa escola é a melhor do mundo e que lá passaram os melhores anos de suas vidas etc. Para mim, todavia, devo confessar que isso é bem verdade, mas que é preciso, antes de tudo, levar em conta as circunstâncias. Primeiro, estávamos no pós-guerra; saindo de cinco anos de humilhação, de frustração, a École coincidia com o retorno a uma vida quase normal, ao florescimento e, ao mesmo tempo, já o disse, com a passagem de uma cidade de província culturalmente pouco desenvolvida para esse lugar fabuloso em oportunidades culturais que é Paris.

Desfrutava-se a mais agradável das liberdades. Exigia-se um mínimo de assiduidade às aulas, à École ou ao exterior. O essencial, no fim de contas, era ser bem-sucedido. É preciso dizer que nem todos "normalistas" eram seres excepcionais, e que conheci muita gente intelectualmente notável que não entrou na École Normale. Mas uma grande maioria dos que lá estudavam estava acima do comum e eu ficava impressionado tanto pela sua originalidade e suas qualidades humanas quanto pelo seu nível intelectual. Quanto ao resto, não devo muito de minha formação à École Normale; se havia ali uma atividade intelectual, não me beneficiei muito disso, talvez por minha culpa.

Entrei diretamente na École em outubro de 1945, porque, pertencendo à turma de 44, fui dispensado do serviço militar, como todos os jovens nascidos em 1924.

Que amizades feitas na École o marcaram de modo especial?

O clima da rua d'Ulm favorecia o desenvolvimento da amizade e eu me enriqueci muito com isso. Tive a sorte de dividir o quarto com Alain Touraine, de ser seu calouro/companheiro.

Depoimento de Alain Touraine

Ainda que ambos fôssemos do mesmo período de ingresso (1945), encontramo-nos de fato somente no fim de nossa permanência na École e por ocasião da *Agrégation*. Na realidade tivemos carreiras atípicas: enquanto Le Goff passava um ano na Tchecoslováquia, eu, de minha parte, deixei a École durante um ano. Eu tinha me rebelado contra um ensino que me desagradava e que achava medíocre no seu conjunto, em especial em história. Tínhamos, é verdade, mestres eminentes, mas já em fim de carreira. Ouvia-se com muita dificuldade Georges Lefebvre, Renaudet tossia; estavam muito velhos. Queria antes ir para a casa de Marcos, na Grécia, depois fui parar na Iugoslávia e na Hungria e, por fim, nas minas de carvão do Norte.

42   *Uma vida para a história*

Foi então no último ano que nos encontramos no novo prédio. Dividíamos então um alojamento com dois quartos pequenos, o que era bem mais confortável.

O personagem central do ano que passamos juntos foi um sofá que fomos juntos comprar numa loja de móveis usados, em estado lastimável, mas que nos permitia receber visitas. Fernand Braudel e Georges Friedmann estiveram lá para um chá. Isso foi muito importante para mim, em vias de me tornar sociólogo. Essas relações com Braudel e a gentileza que ele me dispensou no momento da *Agrégation* possibilitaram-me ter o meu problema pessoal encaminhado rapidamente, pois ele me recebeu ainda muito jovem na École des Hautes Études; fui eleito diretor de estudos quando tinha apenas 33 anos.

Touraine e eu tentávamos jogar tênis malgrado as grades que contornavam os pátios instalados sobre o teto dos prédios destinados aos cursos; víamo-nos constantemente obrigados a descer à rua Lhomond para pegar as bolas perdidas.

Foi com Guy Palmade que tive as discussões e trocas de idéias que me foram mais proveitosas para compreender a história das sociedades, dos homens e das mulheres. Era o único dos meus amigos que conhecia intimamente a minha vida e meus sentimentos desde 1942. Era com ele que eu podia manter mais ou menos regularmente uma troca de opiniões sobre os acontecimentos contemporâneos, em particular na França, que ele acompanhava com muita atenção. Ele era solteiro; era notívago e insone, e quando eu precisava, ligava para ele à meia-noite e discutíamos um bom tempo. Permaneceu até sua morte, em 1993, meu amigo mais próximo, um *alter ego*, o padrinho de minha filha, de quem ele gostava muito, no que era retribuído. Sua morte foi o primeiro grande desgosto de nossa filha e, para mim, uma ferida profunda.

Gostaria de evocar também a lembrança de meu amigo Pierre Greco, lamentavelmente morto há pouco, especialista em psicologia e um dos discípulos preferidos de Jean Piaget. Filho de um italiano que tinha uma pequena oficina mecânica em Marselha, onde me recordo de ter-lhe feito visitas, entrou na École primeiro *ex aequo*, por ser estrangeiro. Viria a ser o primeiro colocado na *Agrégation* em Filosofia. Ele era alegre e irradiava essa alegria para os outros, constantemente fazendo brincadeiras. Além da sua extrema facilidade de circular, ele treinava durante longas noites (será que dormia?), na École e fora dela, tocando contrabaixo. Presidente do centro dos estudantes, tinha senso prodigioso da festa e, na École Normale, era o grande mestre de cerimônias, organizador da *Garden party* e de suas atrações. Foi ele quem levou para lá os Frères Jacques, então quase desconhecidos. Sempre atento aos que chamaríamos hoje de marginais, ele conseguia a proeza de ser ao mesmo tempo secretário da Conferência de São Vicente de Paula, católica, e do Bureau de Bienfaisance, que era laico. Ele levou muitos de nós às duas instituições para visitar os deserdados. Caridade burguesa, certamente, mas que cuidava um pouco dos abandonados pela sociedade. Pierre Greco viveu o essencial de sua vida profissional na École des Hautes Études en Sciences Sociales,[1] colocando a serviço dessa instituição algo parecido com uma paixão.

Depoimento de Alain Touraine

Há no mundo universitário pessoas cuja função, que pode ser julgada de diversas maneiras, é fazer viver a instituição, incluindo, em todos os seus aspectos, os menos intelectuais. O caso de Greco é um caso estranho: ultrabrilhante, primeiro em tudo, tornou-se homem de centro, homem de reuniões com um gosto extraordinário pela palavra, que se dedicou muito à École des Hautes Études e que se ligou a Le Goff. Ele não deve ter feito grandes coisas na sua vida, ainda que Piaget lhe tenha oferecido as melhores oportunidades. Era um homem de um charme e de uma cortesia extraordinários, que sacrificou a sua obra pessoal pela instituição. Jacques Le Goff, que não é um homem de organização, um administrador, tinha necessidade de pessoas que o ajudassem e Greco lhe trouxe um calor interpessoal que ele desejava.

Era a época em que nós íamos em grupo a Saint Germain-de-Prés aplaudir *La rose rouge*, da maravilhosa Juliette Gréco, ou a *La fontaine des quatres saisons*, de Serge Reggiani. Tratava-se de prazeres inocentes, mas que contam. Os divertimentos nas sociedades muito me interessam: as canções, os espetáculos

---

1 Sobre Pierre Greco na École Normale, ver LE GOFF, J. *Archives de Psychologie*, 1990, p.81-6.

44 Uma vida para a história

sempre constituíram fontes essenciais para a compreensão de uma época.

Vários outros "normalistas" formaram, ao lado de Guy Palmade, Alain Touraine e Pierre Greco, literatos e cientistas, o terceiro apanhado das minhas mais próximas e fiéis amizades. Alguns já se foram e outros, que vejo muito raramente, estão sempre presentes em minha afeição. Assim, cada etapa da minha formação escolar me ofereceu um novo núcleo do meu tesouro de amizades.

O Sr. é, pois, muito severo com o ensino de História na Sorbonne do período imediato do pós-guerra. O nível dos anos 1960 parece de fato bastante superior, com professores como Roland Mousnier ou Alphonse Dupront. Havia, entretanto, de 1945 a 1950, assistentes que tiveram um papel importante na preparação da Sorbonne que veio a seguir. É o momento de Michel Mollat, Jean-Baptiste Duroselle, assistente de Pierre Renouvin em História Contemporânea, e também René Rémond que formavam, de qualquer forma, um grupo de valor.

Você faz bem em me lembrar e eu gostaria de enfocar de uma maneira mais objetiva meus ataques contra a Sorbonne dessa época. Enquanto "normalista", eu estava dispensado dos cursos dos assistentes, com exceção do de Geografia – e disso eu guardo uma péssima recordação dos assistentes –, no qual aprendíamos, por meio de trabalhos práticos, um certo número de técnicas necessárias não ensinadas na École e que eram exigidas para a licenciatura e a *Agrégation*.

Quanto ao resto, tínhamos os *"caïmans"*, os preparadores-titulares, substituídos pelos assistentes, e entre eles havia gente muito bem qualificada em História. Era o caso de Jean Meuvret, já bastante idoso e que continuava sua carreira na École. Ele não quis mudar de posto e isso lhe permitiu continuar suas pesquisas – e foi um grande historiador, ainda que um pouco enfadonho. Ou ainda René Rémond, embora bastante jovem, mas que já era nosso *"caïman"*, e Pierre Ayçoberry, especialista em história alemã. Diferentemente das Ciências, para as quais todo o ensino era dado na École, no caso das Letras (Humanidades), recorria-se a professores da Sorbonne ou do Collége de France, que ministravam mais alguns cursos na rua d'Ulm.

A biblioteca da École era também um instrumento intelectual importante.

Sim, e ela continua admirável ainda hoje, e a aprecio ainda mais por ser eu um homem de biblioteca. Percebi isso alguns anos mais tarde, por ocasião da minha permanência na École Française de Roma, onde o meu quarto fora arranjado na magnífica biblioteca do palácio Farnésio, o que me permitiu ficar face a face com os livros, a qualquer hora do dia ou da noite. Mas essa afeição pelas bibliotecas eu adquiri na École Normale, numa grande biblioteca rica não somente de livros, mas de uma densa história intelectual.

O Sr. guardou uma péssima lembrança do professor de História Medieval, Louis Halphen?

De fato, Halphen ministrava um curso sobre feudalismo na Sorbonne que eu acompanhava com muita dificuldade, por achá-lo muito pouco atraente. Que dizer do seu *Charlemagne*, publicado em 1947 e ainda inferior ao de outro medievalista de Lyon, contudo mais tradicional, A. Kleinclausz?

Foi Louis Halphen que me reprovou no exame de História da Idade Média, assim como a Alain Touraine. Daí talvez a severidade de minha lembrança.

Depoimento de Alain Touraine

O tema versava sobre sociedade senhorial. Quando fomos ver Halphen, ele nos disse: "Acho até insensato que nos trabalhos de vocês não haja nada sobre a Cavalaria e coisas que tais". Leitores de Marc Bloch, demos um salto: "Como, o Sr. vai nos dizer que a sociedade senhorial, noção de sociedade de produção, é a mesma coisa que um certo tipo de relações feudais! Não misturemos as coisas"! E ele nos reprovou... Acho que tínhamos absoluta razão, mas, de qualquer forma, nossas relações se tornaram bastante difíceis.

46 Uma vida para a história

Não quero me indispor com um historiador, mas me lembro de um imenso artigo de Halphen sobre o lugar do rei no sistema feudal; como era insípido! Esse rei, apresentado como tão fraco, era totalmente desprovido dos poderes essenciais que lhe reconhecia Marc Bloch no seu *Os reis taumaturgos*.

Em compensação, Charles-Edmond Perrin parece ter marcado profundamente o início de sua carreira. Que recordações o Sr. guardou dos seus cursos na École Normale?

Charles-Edmond Perrin foi, na realidade, o meu primeiro mestre de História da Idade Média e ele tinha toda uma outra postura. Eu ministrava um curso na École Normale e toda sexta-feira, das 9 às 10 horas, formávamos um pequeno grupo de cinco ou seis "normalistas", para encontrá-lo no salão de Atos da École. Perrin chegava regularmente quinze minutos adiantado, carregando uma pequena maleta cujo conteúdo durante muito tempo nos intrigou e que, na verdade, servia apenas para guardar um pulôver, que ele tirava na sala bem aquecida.

O ensino de Perrin, devo dizer, oscilava entre um certo desencanto que se desprendia de suas aulas, todavia notáveis, da Sorbonne, e a atenção suscitada pela exposição, bastante mais erudita, que ele nos oferecia na École Normale, e que durante um ano versou sobre a pequena propriedade feudal na época carolíngea, assunto pouco apropriado para suscitar a imaginação delirante ou um extraordinário entusiasmo. E entretanto era apaixonante.

Eu, particularmente, aproveitei muito o curso de Charles-Edmond Perrin. Ele me revelou o que poderia ser uma exploração de texto histórico inédito, e eu já disse como o gosto por esse gênero de exercício foi importante para mim. Foi naturalmente sob sua direção que me preparei para o diploma de estudos superiores em Praga. Voltaremos ao assunto.

O Sr. também freqüentou os cursos de História Antiga de Willian Seston cujas aulas de Agrégation na Sorbonne – que ele sabia animar com talento – constituíram uma boa preparação para o concurso.

Eu não tinha propensão para a História Antiga, mas Seston era de uma inteligência maravilhosa. Talvez o que eu também lhe deva – uma evidência para um jovem aprendiz de historiador – é o fato de ter aprendido a analisar e fazer a crítica de documentos de toda ordem. Eu era particularmente fascinado pelas sessões que ele consagrava à epigrafia; achava isso verdadeiramente extraordinário. Sempre me impressionou a maneira pela qual os historiadores da Antiguidade, com muito menos documentos que em períodos posteriores, inclusive em relação à Idade Média, e particularmente com uma documentação escrita claramente mais restrita, apresentavam técnicas de uma inteligência, de uma engenhosidade e de uma cientificidade extraordinárias.

Não falamos de Henri-Irénée Marrou, nomeado para a Sorbonne com quarenta anos, em 1945, depois de sua tese sobre Santo Agostinho e o fim da cultura antiga, de 1937.

Preferiria não me alongar no assunto, pois não tive oportunidade de freqüentar os seus cursos e porque não gostei de sua obra. Não se pode deixar de citar Marrou quando se trata de Santo Agostinho, mas, mesmo assim, não é por intermédio de Marrou que compreendo Agostinho. Foi Peter Brown quem me revelou Santo Agostinho, e quando li seu livro caí das nuvens de felicidade.

Nunca tive Marrou como professor, mas noto que também ele – como Ernest Labrousse, de quem voltaremos a falar, com um estilo muito diferente e sem a mesma audiência – teve discípulos da maior qualidade, que nutriam por ele um verdadeiro culto. Isso é importante. Devo dizer que, se muitas vezes estou pronto a seguir na vida a palavra de ordem dos anarquistas "nem deus, nem senhor", penso que, no campo científico, é necessário que haja mestres. Essa irradiação me impressiona e certamente deve corresponder a alguma coisa de real. Doutra parte, Marrou é um homem cujos comprometimentos cívicos foram muito corajosos, e, nesse plano, é necessário cumprimentá-lo.

Quanto ao mais, sua abordagem me pareceu mais literária que propriamente histórica, mais humanista e filosófica também

48   *Uma vida para a história*

e, diga-se, mais tradicional. Ele se permitia, dizendo-se amador, pequenas incursões fora de sua especialidade, o que era simpático: todos nós temos essa tentação – e a elas sucumbi algumas vezes – de escrever sobre períodos ou assuntos em que não somos especialista. Mas o seu florilégio de canções populares (sob o pseudônimo de crítico musical Henri Davenson) e o seu livro sobre os trovadores, a meu ver, são contestáveis. E o que ele escreveu sobre sua concepção de história não me foi de muita valia.

Recordo-me de um curso que Marrou oferecia na Sorbonne, no ano de 1946 ou 1947, que ele havia intitulado "De Spengler a Toynbee". Era de fato brilhante, mas não muito sério. Em contrapartida, gostei muito de sua História de educação na Antigüidade. Era o próprio Lucien Febvre quem saudava esse livro, nos Annales, *em 1948, como "uma obra monumental e magistral em todos os sentidos da palavra".*

De minha parte, tenho a lembrança de uma apreciação menos elogiosa, que é a de William Seston, de quem conhecíamos a franqueza. É numa resenha bibliográfica que ele dizia: "No que concerne à história da educação, há um livro que se impõe, *Paidéia* de Jäger. Se você não lê alemão, poderá usar a adaptação que M. Marrou fez dessa obra em francês".

É preciso que se diga que Seston detestava Marrou. Era o protestante diante do católico e, mais no fim de sua vida, sua evolução política tornou as relações entre eles ainda mais difíceis. Seston voltou-se para a extrema direita, tornou-se terrivelmente "Argélia francesa". Ele sabia muito bem o que Guy Palmade ou eu próprio pensávamos e nossos últimos encontros com ele foram bastante penosos; tratava-se um pouco de provocação. Quanto às minhas relações com Marrou – cuja coragem política, particularmente em relação à guerra da Argélia, sempre foi exemplar[2] –, elas permaneceram boas. Quando, em 1968,

---

2   É preciso lembrar as posições anticolonialistas desenvolvidas na revista *Esprit*, à qual Marrou esteve estreitamente ligado. Em 5 de abril de 1956, ele publica no *Le Monde* uma "livre opinião" intitulada "França, minha pátria", que mostra os riscos do prosseguimento da guerra e protesta contra os meios empregados na

inaugurei meus programas de rádio "Les lundis de l'histoire" ["Segundas-feiras da história"], houve uma reedição dos *Troubadours* e eu expressei as críticas que o livro me inspirava. É claro que o convidei, mas o programa se limitou a uma série de perguntas e respostas. Não quis colocá-lo na presença de verdadeiros especialistas em trovadores, porque ele não se sairia bem, mesmo que se tratasse de pessoas que tivessem respeito por ele.

A *caminho da* Agrégation

Porque o Sr. passou cinco anos na École Normale?

Em princípio, um historiador fica lá quatro anos. Depois de dois anos, em virtude de uma autorização prevista nos estatutos da École, mas que normalmente só funciona para os especialistas em língua estrangeira, pude passar um ano em Praga (1947-1948), para ali preparar a minha diplomação em estudos superiores, que tratava dos inícios da Universidade Charles IV, no século XIV.

Quando retornei, fui reprovado duas vezes, na primavera e no outono de 1948 (isso perfazia três vezes no total), para obtenção do certificado de Geografia, necessário para a licenciatura em História, e sempre pelas mesmas razões: cada vez eu recebia uma nota mais lamentável que a outra na prova de corte geológico; não havia nenhum manual sobre o assunto, nenhum curso esclarecedor e eu não era dotado para essa matéria.

Não compreendo por que se impunha aos estudantes de História essa prova, que não lhes servia para nada na seqüência dos estudos. Além do mais, as condições de preparação eram execráveis. Às quintas-feiras de manhã, para o curso

---

Argélia em favor dos poderes especiais. Trata-se de um dos primeiros manifestos de autoria de um intelectual que valeram ao seu autor uma perseguição política.

50   *Uma vida para a história*

do decano André Cholley, era preciso chegar com uma hora de antecedência se se quisesse encontrar um lugar no minúsculo anfiteatro do Instituto de Geografia.

Exatamente, mas para mim as conseqüências foram graves. Eu poderia, de qualquer modo, apresentar meu diploma de estudos superiores, na volta de Praga, porque eu possuía os certificados a que me referi em Letras. Para que o diploma fosse válido bastava apresentar quatro certificados, não necessariamente na mesma disciplina. Mas para ser aprovado na *Agrégation* era um pouco diferente, era preciso ter uma licenciatura em História e, para tanto, obter, enfim, esse certificado de Geografia.

Por ocasião do meu retorno à rua d'Ulm, no outono de 1948, fui "suspenso", mas com muitas circunstâncias atenuantes. Por exemplo, continuaram a me dar morada e alimentação na École sem que eu precisasse pagar. Em contrapartida, eu não tinha mais o direito à bolsa dos "normalistas", na verdade muito ínfima e que servia sobretudo para pequenas despesas. Tive que procurar pequenos trabalhos esporádicos, dando aulas de latim ou de grego, ou aceitando ser *nègre** de personalidades importantes.

O Sr. se lembra dessas personalidades?

Sim, de dois dentre eles. Primeiro, o embaixador da Turquia em Paris, Menemendjoglou, ex-ministro das Relações Exteriores, que escrevia as suas memórias em francês, língua que falava bem, mas que precisava dos meus serviços porque não dominava suficientemente a escrita. Era uma pessoa desagradável cujo livro, pelo seu narcisismo e seu nacionalismo agressivo, me aborreceu bastante. A história terminou rapidamente, no dia em que me permiti uma observação e fui recolocado no meu lugar da maneira mais grosseira, e dispensado.

A outra experiência foi mais divertida. Antes de partir para a Tchecoslováquia, entrei em contato com Victor-Lucien Tapié,

---

* Termo francês para designar pessoas que escrevem mediante encomenda sob assinatura de outrem. O mesmo que *ghost-writer*. (N. T.)

professor da Sorbonne e grande especialista em história tcheca, mesmo não sendo medievalista. Foi muito gentil para comigo e me liguei a ele e à sua mulher, indo com freqüência almoçar em sua casa, no Boulevard Saint-Germain, ou mesmo passar alguns dias de férias em sua casa de La Bernerie, no Loire-Atlantique.

Ora, Victor-Lucien Tapié tinha um primo que, socialista na época, era ministro da Educação Nacional. Trata-se de Pierre-Olivier Lapie, que morreu recentemente, com mais de noventa anos. O nosso ministro estava atrás de um *nègre* para lhe escrever um livro sobre Cromwell que, esperava, lhe abriria as portas da Academia Francesa. Mergulhei na literatura sobre Cromwell e acabei redigindo uma boa parte do livro de Lapie, que não alcançou aliás o resultado esperado. Não gostei de Cromwell, mas Lapie era simpático.

Era o meu quinto ano na École (outono de 1949). Voltei a ser aluno regular e, ao contrário do que muitas vezes se pensa, nunca fui "*caïman*". Foi então que me apresentei para o concurso de *Agrégation*, na primavera de 1950.

Depoimento de Alain Touraine

Eu tinha deixado a École e me encontrava nas minas do Norte quando, certo dia, acidentalmente, em Valenciennes, descobri numa livraria os *Problemas humanos do maquinismo industrial*, de Georges Friedmann. Esse livro foi uma alegria para o espírito; encontrara enfim alguém que falava de coisas que me interessavam. Estava diante de um homem que me fazia descobrir um mundo impossível de me ter sido desvendado na universidade. Friedmann, a quem fui procurar, foi de uma extrema elegância e, como eu lhe dissesse que não queria fazer a *Agrégation*, o que por demais me aborrecia, ele me respondeu: "Tente uma vez e, conseguindo ou não, eu te levo para o CNRS [Centre National de la Recherche Scientifique]". Senti-me então obrigado moralmente a completar o meu ano, mas o acaso fez que André Aymard, professor de História Grega na Sorbonne, me destinasse uma aula sobre os selêucidas para ser preparada. O assunto me apaixonou e, durante três meses, não fiz outra coisa. Daí por diante, cheguei para o concurso sabendo bem poucas coisas e Le Goff, não muito mais que eu. Mas você sabe muito bem, enquanto "normalista", a gente se encontra em condições bem mais favoráveis do que aquele infeliz que leciona num liceu ou numa faculdade, e de fato é preciso fazer esforços desmedidos para não ser aprovado. E fomos ambos aprovados.

Sempre tive um azar absolutamente incrível em meus estudos de História, porque sempre fui interpelado sobre dois temas em relação aos quais eu me sinto completamente impermeável – guerras napoleônicas e história religiosa. No concurso, coube a mim discorrer a respeito de Pio X, sobre o qual existe apenas um livro importante, e em alemão.

Como eu não sabia nada, fiz uma tremenda cena posando de pequeno labroussien. Analisei a queda dos preços de 1873 a 1896, para explicar Leão XIII e a questão social; depois, com a alta dos preços, vinham Pio X e a reação. Braudel achou esse reducionismo econômico um pouco excessivo!

O Sr. então fez parte da primeira "fornada" da banca de Fernand Braudel.

A meu ver, produziu-se um milagre. A banca examinadora da *Agrégation* em História não apenas mudou, mas conheceu uma verdadeira revolução, sob a responsabilidade de um esclarecido diretor do ensino superior, provavelmente já Gaston Berger nessa época. Foi ele quem criou em seguida, para Braudel, a Maison des Sciences de L'Homme, e eles eram muito ligados entre si. O ministério recorreu aos mestres da Escola dos *Annales* e de pronto colocou Fernand Braudel como presidente. Este ainda estava longe de ter o prestígio que iria desfrutar depois: tinha acabado de ser eleito para o College de France, enquanto Lucien Febvre se aposentava; ele estava na Hautes Études e havia terminado a sua tese sobre *O Mediterrâneo e o mundo mediterrâneo na época de Filipe II*, mas não fazia propriamente parte da universidade. Ele foi, pois, obrigado a negociar e especialmente a colocar na sua banca examinadora muitos historiadores tradicionais, como o inspetor geral Maurice Crouzet, pessoa muito cortês.

Para muitos, Braudel representava um pouco o diabo. Houve contra essa banca uma campanha de extrema violência, voltada sobretudo contra os historiadores tradicionalistas, que com freqüência eram igualmente reacionários, mas também muito vigorosamente contra os comunistas. Lembro-me muito bem – e achamos que era um verdadeiro ato de coragem – que Maurice Agrilhon, que era candidato à *Agrégation*, não temeu em escrever, nesse mesmo ano, no jornal dos estudantes comunistas,

Clarté, uma crítica desancando a tese de Braudel, o que não o impediu absolutamente de ser o primeiro colocado no concurso de 1950. Estava também na banca Maurice Lombard, para História Medieval, que seria de grande importância na minha formação. De repente, a poeira da velha Sorbonne foi espanada, levada pelo grande sopro da renovação.

Essa foi a segunda chance de minha carreira, depois da École Normale, mas não o percebi de imediato. Os contatos que eu iria ter com a equipe dos *Annales* só se estabeleceriam depois de muitos anos. Em 1950, dei inicio a uma carreira universitária relativamente comum.

O Sr. se tornou professor de liceu?

Antes dos exames, eu havia solicitado, ao departamento de relações culturais do Quai d'Orsay, uma bolsa para passar um ano em Oxford, porque eu queria dar início a uma tese sobre as universidades medievais. Somente no começo do verão é que eu soube que essa bolsa não me havia sido concedida, quando as nomeações para os liceus já haviam sido feitas. O inspetor geral Crouzet, que também fazia parte da banca da *Agrégation*, como já disse, me estimava bastante, disse: "Meu caro Le Goff, provavelmente não terei coisas brilhantes a lhe propor, pois todos os liceus já foram atribuídos. Mas, como haverá em setembro uma segunda fase, pois há cargos que ficam vagos durante as férias, não vou nomeá-lo imediatamente, e no começo de setembro lhe direi o que há de possível". De fato, ele me comunicou depois que um cargo ficara vago no Liceu de Amiens, onde permaneci por apenas um ano.

Tradições e hábitos

Gostaria que nos detivéssemos sobre alguns traços, hábitos que, desde a sua juventude, caracterizam a sua maneira de viver e que permitem conhecê-lo melhor.

Primeira constatação, o senhor mesmo diz: "Eu sou um homem da cidade". Retornaremos a isso especialmente a propósito do papel que o Sr. desempenhou nos colóquios da RATP [Régie Autonome des Transports Parisiens]. Mas o Sr. se posiciona contra o campo; é muito severo em relação aos camponeses, que escondiam tudo durante a guerra – isso não o agradou por pagar o imposto de escassez – e cujo papel atual é sempre negativo segundo sua opinião. Esse rancor parece tenaz, uma vez que o Sr. ataca duramente um homem do século XII, como São Bernardo, começando por dizer dele: "trata-se de um "rurícola". Como o Sr. sente e valoriza então essa qualidade do homem da cidade?

Sinto que exagero um pouco. Apresentarei talvez algumas atenuantes, não aos meus sentimentos, uma vez que continuo fundamentalmente um homem da cidade e para mim o campo é um lugar de aborrecimento e mesmo de tristeza. Deixando de lado o mar pelo qual tenho uma paixão, pouco me anima a natureza. A tristeza está sobretudo na montanha, mesmo que eu ache tudo muito bonito. Os montanheses são pessoas pelas quais tenho muita estima. Mas na montanha sinto medo. O campo é um tédio terrível.

Sobre os camponeses, é preciso que eu desenvolva e que matize as minhas reações. É verdade que fiquei ressentido durante a guerra pelo comportamento da grande maioria dos camponeses, que não manifestaram nenhuma solidariedade para com seus compatriotas urbanos e se enriqueceram com o mercado negro. Hoje, acho que os camponeses são por demais numerosos num país como a França; condeno seu recurso à violência, deploro sua hostilidade à Europa que, todavia, lhes favorece muito. Mas compreendo as dificuldades de uma mudança, penso que o restante da nação deve manifestar a sua solidariedade, mesmo porque não se trata mais dos camponeses dos anos da guerra e creio que devemos lembrar tudo o que a nossa sociedade, a nossa civilização devem à terra e aos camponeses, em especial na Idade Média e depois. Creio que eles são conduzidos pelas suas principais organizações sindicais, que insistem na recusa em vez de auxiliá-los quanto a uma adaptação.

Nunca tivemos recursos para comprar uma casa de veraneio. Se morássemos no litoral, talvez isso fosse possível, mas uma casa nos arredores de Paris está fora de propósito, e nem é do interesse de minha mulher nem dos meus filhos.

Mas a cidade que o Sr. gosta tem de ser um porto?

Se possível. Donde, apesar de tudo, meu persistente apego a Toulon, o porto e a montanha acima. Mas também Gênova, Nápoles, Barcelona ou Amsterdã e Hamburgo. Há muitas grandes cidades portuárias fascinantes para mim. E não me esqueço de que meu pai também nasceu num porto, Brest.

Segunda constatação, sobre a qual desemboca a enumeração desses grandes portos: o Sr. se considera um mediterrâneo, mas não gosta do sol.

Não se deve confundir sol e luminosidade. Esta eu aprecio profundamente. Mas não gosto de estar ao sol ou recebê-lo nos olhos. Parece que muitos mediterrâneos são assim. Há neles uma busca pela sombra. Além disso, gosto muito de quadros que trazem essas imagens mediterrâneas ou de filmes rodados nesses lugares, onde é marcante esse contraste entre os prazeres da sombra e o charme da luminosidade.

E ao mesmo tempo o Sr. faz a apologia da Holanda, de Vermeer de Delft...

Trata-se de belezas que descobri mais tarde e às quais fui muito sensível, especialmente à qualidade dos céus. Conheci a Holanda em 1946, por ocasião de um convite feito aos "normalistas" por famílias de estudantes holandeses para lá passar um mês. O holandês que me recebeu, na casa de quem fiquei em Amsterdã, me levou para passar o fim de semana com sua família que residia no campo, nos arredores de Leyde. Ali descobri os céus dos pintores paisagistas holandeses e então adquiri um hábito que me acompanha até hoje: o do cachimbo. Meus anfitriões me deram de presente um cachimbo, deixado discreta-

56 *Uma vida para a história*

mente, com um pacote de tabaco, sobre meu criado-mudo. Fumei uma vez por cortesia. Depois nunca mais parei.

O mesmo se deu na Bretanha. Filho de pai bretão, fui à Bretanha pela primeira vez em 1949, com a idade de 25 anos, e tive um choque. Hoje, passamos regularmente nossas férias na Bretanha. Procurei me defender da impressão de "patriotismo regional" um pouco esquemática, o sentimento de estar um pouco na minha casa, de ter reencontrado as minhas raízes bretãs. Se devemos manter vínculos com os lugares e com os espaços, sou profundamente meio-provençal, meio-bretão, e sinto-me ao mesmo tempo celta e mediterrâneo. Sou um homem nascido à beira de dois mares.

Falando de cozinha, sou o produto da manteiga bretã e do azeite de oliva provençal, para retomar o célebre artigo de Lucien Febvre sobre "Les fonds des graisse en Europe". Desde a minha infância, isso não representou uma divisão, mas uma aliança. Havia sobre a mesa o óleo de oliva e o pão com manteiga; minha mãe pendia quase que exclusivamente para o óleo, mas meu pai fazia uso dos dois com a mesma satisfação.

Continuo sendo um homem de climas temperados. Minha angústia suprema seria viver num clima tropical ou equatorial, que provoca um insuportável torpor, povoado pelo mundo obsceno da floresta, da vegetação exuberante e sobretudo desse pesadelo dos insetos. Temo muito mais a estes que aos grandes animais, que só podem ser desafiados em seus próprios territórios, onde devemos deixá-los livres e tranqüilos (os safaris, que horror, que vergonha, sobretudo como são organizados)! Sinto-me mais atraído pelo pólo e o frio. Creio que, sob esses climas, experimentaria alegrias muito profundas. Eu apenas o experimentei de leve, com volúpia, na Islândia.

Terceira observação: o Sr. se considera um homem da noite e explica que, em se tratando de um trabalho que exige uma grande concentração, somente à noite é que ele pode ser bem realizado.

Penso que, nesse meu apego à noite, há vários elementos. Primeiro, trata-se de um acaso, como muitas coisas que se transformam em hábitos, mas que apareceram num determinado momento. Tudo começou quando ingressei na École Normale, pois esta representou para mim a descoberta de Paris, a exploração de domínios culturais que me eram desconhecidos ou que conhecia de uma maneira precária – uma cidade como Toulon não era de forma alguma um lugar de cultura. Descobri os museus, a música – dispunha apenas daquela tocada por minha mãe, nada de concertos, nada de representações líricas de alto nível.

Confesso que me pus também a jogar perdidamente o *bridge*. Dessa forma, toda noite eu tinha uma diversão. Era quando eu voltava para a casa, lá pelas onze horas ou meia-noite, ou depois da minha partida de *bridge*, que me punha a trabalhar até as três ou quatro horas da manhã. Levantava-me relativamente tarde e durante muito tempo fiquei sem o café da manhã.

Acrescento que tenho a sorte de não ter necessidade de dormir muito. O sono é meu inimigo, equivalendo a perda de tempo. Desespero-me com a idéia de que pelo menos um terço de nossa vida permanece no nada, por causa do sono.

Além do mais, entre a noite e mim há uma mediação cultural. É da noite que a literatura, a música, a pintura me impregnaram, com as poesias de Novalis, os "Noturnos" de Chopin, as telas de Magnasco. Há realmente em mim uma cultura da noite. No escuro acontecem coisas, ao passo que, sob o sol, tudo fica superexposto. Parece-me pois natural que o criador – se assim posso chamar o modesto historiador, pesquisador e escritor que sou – procure a noite, essa penumbra propícia ao fervilhar de imagens e de idéias. A inspiração não me vem antes das dez horas da noite. Tenho necessidade da noite para reencontrar o passado; ela me permite esse distanciamento do presente, necessário para escrever, mas carrego comigo o presente na noite, porque a busca do historiador é um vaivém contínuo entre presente e passado e vice-versa. É necessário também que eu esteja diante de uma janela para que eu sinta o espaço. Ao dia, recolho minhas redes noturnas lançadas em direção ao passado e ao futuro.

Uma das conseqüências da noite, nas nossas regiões, é anular as influências climáticas exteriores. Ou me encontro no calor

58 *Uma vida para a história*

noturno da casa, ou então no frescor do verão. Em relação a isso, a noite é um momento sem estação, um tempo artificial. Isso é também conveniente a uma certa "eternidade" de que a Idade Média e a escrita têm necessidade, mesmo que o historiador observe o movimento da história.

Digamos que aquilo que apreendo à noite é o tempo lento, que é também aquele que me interessa em História. Em relação ao espaço, gosto daquele que se sente do outro lado da janela aberta sobre a sombra: à noite experimentamos melhor a sensação do espaço que de dia. A noite nos libera, mergulhando-nos num espaço quase infinito e num tempo quase imóvel.[3]

O dia é feito para trabalhar, para tomar notas, para fazer planos. Mas para escrever artigos, livros nos quais se pretende colocar um pouco de paixão, a noite é incomparável.

Gosto também – mesmo que o pratique cada vez menos em razão da idade e de trabalho – de passear à noite pelas cidades. Sinto-me seduzido pelo título do livro de Richard Böhringer, *C'est beau une ville la nuit!* [*É bela uma cidade à noite!*]. Tive a sorte de viver desde há muito em alojamentos ou em apartamentos praticamente isolados, sem obstáculos à sua frente, onde posso, indo até a janela, desfrutar um certo espaço diante de mim, um pedaço de cidade mais ou menos destacado na noite ou, de dia, longínquos horizontes.

O cinema e a televisão

Quando chegou a Paris, quando da Libertação, o Sr. se tornou rapidamente um apaixonado pelo cinema e o freqüentava uma ou duas vezes por dia. Tratava-se, depois dos anos de ocupação, da descoberta do cinema americano?

---

3 Jacques Le Goff já formulara algumas dessas observações para Guitta Pessis-Pasternak no *Le Monde* de 2 e 3 de junho de 1985 (entrevista retomada em *Dérives savantes*, Paris: Le Cerf, 1994).

Realmente. E eu continuo a ter a maior admiração por toda uma linha da produção hollywoodiana, e também pela produção americana de hoje, em particular pelos filmes dos grandes como Robert Altman, Martin Scorsese, Woody Allen, de quem gosto muito, ou de Jim Jarmusch, Wim Wenders, aliás mais alemão que americano.

Os Estados Unidos chegaram um pouco tarde ao mundo da cultura: sua literatura, de resto considerável, data apenas do século XIX; sua pintura, com algumas belas exceções como Pollock, não está à altura das grandes pinturas européias. Fico feliz de constatar que os americanos ocuparam, na área do cinema, um lugar que se apóia não somente em sua forte dominação industrial, mas também numa produção de grande qualidade.

No imediato pós-guerra, eu me apaixonei pelos diretores americanos, em particular judeus-alemães emigrados para os Estados Unidos, como o maior deles, Fritz Lang. Foi o grande momento de Orson Welles, de John Ford, numa época em que, na França, o "cinema de qualidade" não produzia mais grandes obras. Felizmente veio o período da "Nouvelle Vague". Logo de início, assinei os *Cahiers du Cinéma*, acompanhei com paixão o aparecimento dos Godard, dos Resnais, dos Truffaut. Também no cinema estou longe e perto da Idade Média. Os *westerns* me permitiram uma melhor compreensão dos romances arturianos. Trata-se do mesmo universo de valores e de façanhas masculinas, iluminado por algumas mulheres estonteantes.

O Sr. chega a considerar o cinema uma arte?

Fui moldado pelo cinema e é uma banalidade dizer-se que ele é a grande arte do século XX. Hoje padeço do fato de que minhas ocupações me obrigam a assistir a filmes apenas pela televisão, o que representa uma enorme perda: meu amigo Bertrand Tavernier me explicou como a maioria dos filmes é massacrada na televisão (não só em razão do tamanho da tela, mas também pelas condições técnicas que modificam a realidade da obra cinematográfica).

E depois, para mim, o cinema é a sala escura, que cria uma atmosfera maravilhosa. As condições de recepção de uma obra são muito importantes, e o cinema, apesar de tudo, é uma arte na qual essas condições são as melhores. Lá encontramos a noite: é como uma recepção noturna. Nos museus, há a turba. Fui à exposição da coleção Barnes: era horrível. E nos concertos? A necessidade de conter a tosse, de não fazer movimentos, me constrange. Embora, também nesse caso, eu reconheça que a qualidade de uma obra musical, sua recepção, é muito maior num concerto que num disco, mesmo que tecnicamente este seja melhor. O teatro? Gosto menos. Quase sempre, num filme mediano, aqui ou ali, eu me delicio. No teatro, só vibro com as grandes peças representadas por atores muito bons e montadas por excelentes diretores. Felizmente isso se pode encontrar. O TNP [Théâtre National Populaire] me deixou ótimas lembranças. Mais recentemente, Vitez e, felizmente, sempre, Chéreau, Lavelli...

Ademais, eu de fato somente descobri o cinema em Paris. Foi aí que fui conhecer os meus primeiros grandes amores: Mireille Balin, Simone Simon, Arletty e, naturalmente, Marlene e Garbo, as divinas. Foi então que compreendi que o cinema era uma arte que acabava de nascer, no mesmo nível que a pintura ou a literatura, e da qual eu era quase contemporâneo. E acho isso maravilhoso. O que é grave é ver o cinema desaparecer quase que completamente em muitos países. Que se pense na Itália ou na Alemanha!

Sou ao mesmo tempo muito interessado pelas condições de produção do cinema: não sou completamente hostil aos aspectos comerciais e financeiros, a não ser quando desempenham, como infelizmente acontece com freqüência, papéis castradores e manipuladores. Esses contrastes existem aliás na literatura ou na pintura, mas é algo menos comentado. As dificuldades de existência de um pintor ou de um poeta podem ser expostas destacando-as, se assim posso dizer, da própria obra, ao passo que, no cinema, para apreciar um filme, é preciso levar em conta não apenas o seu conteúdo, sua qualidade, mas também suas condições de produção. Acho tudo isso fascinante.

O Sr. participou, muito mais tarde, em 1986, da realização de um filme histórico quando da transposição de O nome da rosa, de Umberto Eco, sob a direção de Jean-Jacques Annaud. Sei que o Sr. foi muito crítico quanto ao fim do filme, mas creio que apesar de tudo, foi uma experiência interessante.

Não foi uma experiência feliz. Mas de qualquer forma o trabalho foi importante e, antes de tudo, apaixonante, graças à participação dos meus amigos da École des Hautes Études en Sciences Sociales, uma vez que Umberto Eco não quis se envolver na adaptação cinematográfica do seu livro e me recomendara a Jean-Jacques Annaud. Mobilizamos os melhores especialistas franceses em vestimenta medieval, como Françoise Piponnier; em gestualidade, como Jean-Claude Schmitt; em cores, como Michel Pastoureau; em formas artísticas, como Jean-Claude Bonne. Durante quase dois anos, reunimos informações, propusemos modelos, corrigimos desenhos e maquetes, revimos o cenário em amistosa e agradável colaboração com Jean-Jacques Annaud, que queria que a autenticidade geral auxiliasse a autenticidade dos personagens. Depois, afastados das filmagens contrariamente às promessas, fomos avisados pelo diretor de que era necessário que admitíssemos certas "imposições cinematográficas". Esperei para ver o filme num cinema para constatar que todo o final tinha sido transformado num verdadeiro *western* e num melodrama de fancaria, para certamente satisfazer às exigências dos produtores. Assim, nessa história do século XIV aparece uma virgem barroca! Critiquei o filme e Jean-Jacques Annaud me respondeu que "decididamente os acadêmicos são incapazes de compreender os criadores".

Contudo, foi de grande interesse para mim fazer parte de um grupo de produção de um filme, naquilo em que a minha competência pudesse ser útil. Acrescento que sou também fascinado pelo fato de que os planos, as seqüências não se encontram em geral na ordem e que a obra é feita sobretudo na montagem. Estive presente a algumas filmagens, muito interessado na maneira pela qual as cenas são refeitas, logo em seguida. A criação cinematográfica é apaixonante e exige uma ginástica intelectual, física e material extraordinária. Para mim, um grande cineasta

62   Uma vida para a história

equivale a um grande poeta, a um grande romancista. Trata-se de um artista que, aliás, se encontra raramente, e o cinema é, com certeza, uma arte em todos os sentidos.

Essas reflexões são ingênuas mas tiveram repercussões no meu trabalho de historiador. Penso que a escrita do historiador está mais próxima da montagem de um filme do que, por exemplo, da narrativa de um romancista.

O Sr. teve outras experiências cinematográficas?

Nenhuma. Mas tive oportunidade de conhecer melhor esse ofício graças a Bertrand Tavernier. Em 1987, na época em que ele fazia seu filme *La passion Béatrice*, nós mal nos conhecíamos, mas ele me pediu para escrever uma crítica do filme no *Le Monde*. Eu a escrevi de bom grado porque gosto muito de filmes cujos temas, personagens, lugares são autenticamente medievais. Em 1992, Tavernier me fez assistir a uma parte da montagem do seu filme sobre os retornados da Argélia (1954-1962), *La guerre sans nom*. E *Que la fête commence* era também um momento, um relato de história surpreendente por apresentar o inverso do cenário ou, antes, uma outra visão, como também *La vie et rien d'autre*. A obra de Bertrand Tavernier é uma comédia humana que se situa em diferentes séculos da história.

E a televisão? Como o Sr. a vê à luz da sua experiência?

A televisão, tanto no campo da arte, do saber como no do social, me parece desempenhar um papel mais ambíguo. Se pensamos em São Miguel com sua balança, tendo os pecados de um lado e as virtudes de outro, há muito mal a ser pesado. Mas há também o bem. Penso nos filmes mais documentários que narrativos, como Pierre Dumayet, com quem fiz dois filmes produzidos para a televisão, um sobre o purgatório e outro sobre a peste negra. O primeiro, rodamos nas catacumbas, onde passamos um dia inteiro; o outro nos levou por três dias para Florença (Piazza Michelangelo, acima da cidade, depois ao pátio do palácio Davanzati, o mais antigo dos palácios florentinos conservados, e, por fim, à galeria do palácio da "Sinhoria"), com um ótimo diretor, Jean Cazenave. Fazia parte da série "Histoire de gens", de que eu gostava por se situar no nível das aventuras coletivas dos heróis "comuns" da história.

Mantive relações distantes mas amistosas com Jean Vautrin, que foi diretor e que deveria fazer para a TV um filme sobre a conquista da Inglaterra, no qual eu seria o narrador, apresentador dos personagens mudos, em trajes da época, sobre um grande tabuleiro. Fizemos apenas uma cena, que exigiu ser refeita várias vezes. Foi então que ele me disse: "Você não é muito bom, você é melhor historiador que ator"! Lamento um pouco.

Como historiador, deploro a maneira pela qual as transmissões demagógicas e indiferentes ao pensamento e à cultura reforçam os maus demônios da História: o gosto pelo fato, pelo superficial, pelo sensacional, pelo anedótico. Ao passo que a telinha pode levar a uma grande parte da humanidade o deslocamento espacial e temporal, outros lugares e outras épocas, e captar os grandes espaços e os longos tempos, trazer tantas riquezas nesse campo no qual o historiador empreende uma busca milenar: *o testemunho.*

3
Os anos do pós-guerra

1948: O "Golpe de Praga"

Porque o senhor decidiu bruscamente partir para o estrangeiro e fazer suas pesquisas em Praga?

Foi o acaso. Durante o verão de 1945, logo depois de ter ingressado na École Normale, fui convidado, com um grupo de "normalistas", para fazer uma visita à zona ocupada pela 2ª DB no sul da Alemanha e na Áustria. Lá encontrei um oficial, ex-"normalista", que me pediu para levar uma encomenda ao seu irmão que trabalhava no departamento cultural do Quai d'Orsay. Este me recebeu e, por cortesia, perguntou o que eu fazia. Respondi que acabara de ingressar na École, e que pretendia me dedicar à história, especialmente à história medieval. Ele então me explicou que, dentre os inúmeros problemas com que nos defrontávamos nesse pós-guerra, havia o de retomar uma parte do prestígio de que a França gozava na Tchecoslováquia, antes de Munique, de restaurar em particular a influência cultural do Institut Français de Prague, do tempo de Ernest Denis. Por isso,

66   *Uma vida para a história*

o ministério estava pronto a ajudar os jovens que aceitassem trabalhar nesse setor.

Foi então que o senhor resolveu trabalhar sobre a Boêmia do século XIV E SOBRE A FUNDAÇÃO DA UNIVERSIDADE DE PRAGA?

A proposta era tentadora e me abria novos horizontes. Assim, fui aprender um pouco de tcheco na École des Langues Orientales. Foi quando conheci Victor-Lucien Tapié, especialista em história eslava, na Sorbonne, que me demonstrou boa vontade. Obtive o acordo do meu mestre Charles-Edmond Perrin, que me encorajou nesse projeto e me propôs como tema para o diploma de estudos superiores (o que se chama hoje de mestrado) as origens da Universidade Charles e sua fundação pelo imperador Charles IV, em Praga, em 1348. Segundo Perrin, não deviam ter sobrado muitos documentos inéditos; mas os textos seriam em latim, o que seria mais fácil para mim do que ter que traduzir, se fosse o caso, do antigo eslavo.

Assim, fiz o meu primeiro estágio na Tchecoslováquia, durante as férias de 1946, viagem de seis semanas com um grupo de estudantes. Desde a primeira visita fui seduzido pelo país e por essa soberba cidade que é Praga. Como não tinha condições que me permitissem sobreviver no estrangeiro, foi necessário obter uma bolsa do Ministério das Relações Exteriores, para o período 1947-1948.

Quais foram as suas primeiras impressões de Praga em 1947?

Cheguei a Praga em novembro de 1947 e me instalei num colégio não muito longe do centro. Era uma atmosfera simpática, porque aí encontrei um estudante de história tcheca, que havia sido bolsista na França e que falava muito bem o francês. Em contrapartida, o colega com quem eu dividia o quarto só falava o tcheco, e o entendimento foi difícil, ainda mais que dos meus estudos na escola de línguas orientais não tinha ficado muita coisa. Eu falava apenas algumas palavras em tcheco. Ainda hoje, quando quero encontrar uma expressão, é a palavra polonesa, freqüentemente mais próxima, que me ocorre. Felizmente, à época havia no colégio um grupo de albaneses que se virava bem porque todos eles haviam feito os seus estudos secundários no liceu francês de Tirana.

Começo a trabalhar e bem rapidamente constato a exatidão do que me havia dito meu mestre Perrin sobre a provável ausência de inéditos nos arquivos. Foi o que me confirmaram os professores tchecos, que me receberam todos muito amavelmente. Mas dirigi os meus esforços para a leitura de livros e de artigos referentes ao meu tema e trabalhei bastante.

Conheci um jovem professor de História e de Geografia, que reencontraria na França, Jacques Grell; como titular, ele podia supervisionar o meu estágio de *Agrégation*, que acabei fazendo no Institut Français de Praga.

Essa foi também uma época de grandes passeios pela cidade, muito mais bonita, tenho vergonha de dizer, em 1948, que hoje em dia, porque não havia praticamente ninguém. Ao passo que hoje não é mais possível passear pela ponte Charles: é pior que pelo Mont-Saint Michel! É terrível, com seus vendedores ambulantes por toda parte e essas hordas de turistas alemães, americanos ou franceses.

Voltemos a 1947. Dentre os meus colegas do colégio, liguei-me particularmente a um jovem iugoslavo que, para ganhar algum dinheiro, tocava guitarra ou banjo nas tavernas de Mala Strana, bairro onde se bebia aquela cerveja de Smichov (nos arredores de Praga, a melhor cerveja que eu conheço!) e também esse destilado de ameixas (*slivovice*) que não se encontra mais hoje com a mesma qualidade. Como esquecer de dois estudantes que eu tinha conhecido, por ocasião da minha primeira viagem, em 1946, e que recebi na casa de minha família em Toulon durante as férias de verão? Um era tradutor de francês, e o outro estudava ciências (depois foi diretor de uma fábrica). Fui muitas vezes convidado à casa da mãe deste último, extremamente simpática e que fazia maravilhosos bolos de frutas, chamados *knedliky*, decorados com ameixas empanadas por uma massa frita e que era simplesmente delicioso.

68 Uma vida para a história

O senhor é sensível à música tcheca?

Sim, fui muitas vezes a concertos. Aprecio muito Dvorak. Há muita coisa bonita em Smetana, não somente em *La fiancé vendue*, a que assisti numa das primeiras montagens modernas, antes da instauração do realismo socialista. Foi nessa ocasião que tive a revelação de dois grandes músicos tchecos do século XX, Bohuslaw Martinu e, sobretudo, Janos Janacek.

O senhor estava então numa posição privilegiada de observador quando ocorreu o chamado "Golpe de Praga", ou seja, a demissão da maioria dos ministros não comunistas do governo Gottwald, imposta ao presidente Eduardo Benes pelas "manifestações" (17-25 de fevereiro de 1948) que precederam as eleições a partir da lista única do 30 de maio seguinte.

Fazia dezoito graus abaixo de zero na praça do mercado da velha cidade, para onde eu tinha ido ouvir o discurso de Gottwald que marcou a verdadeira tomada de poder pelos comunistas. Creio que estávamos em 22 de fevereiro. Vi como se instalava uma democracia popular, não pelo movimento do povo, mas simplesmente pela tomada do poder por um aparelho político sustentado do exterior. No colégio onde eu morava, pude ver a divisão dos estudantes socialistas entre oportunistas, que se juntavam ao novo poder, e os que começavam a viver dolorosamente uma oposição democrática. Apesar de tudo, decidiu-se festejar o sexto centenário da Universidade Charles, o que se deu num clima fúnebre.

O Sr. chegou a ter contatos com os antigos chefes da República tcheca?

Não de fato. Em relação a Jan Mosaryk, ministro das Relações Exteriores e filho do fundador da Tchecoslováquia em 1918, Thomas Mosaryk, eu estava na praça Wenceslau no dia 10 de março, ao meio-dia, quando os alto-falantes anunciaram o seu "suicídio", e vi as mulheres se ajoelharem na rua. Suicídio ou assassinato, não sei o que me poderia ajudar a decidir entre essas duas teses, ambas plausíveis. A defenestração é uma tradição em Praga, ou nos costumes da polícia secreta bolchevista. Um suicídio, expiação de fracasso ou de uma desordem, é também possível.[1]

Quanto a Eduardo Benes, pude vê-lo alguns meses depois, no pátio do castelo. Ele estava num veículo conversível, passou muito perto de mim. Sabia-se que estava muito doente, com câncer, e seu semblante lívido e trágico exprimia todo o drama do seu país. Morreu algumas semanas depois.

É difícil fazer algum juízo sobre o homem, tanto mais que a conduta da França em relação à Tchecoslováquia em 1939 nos impede qualquer crítica. Com certeza, ele teve momentos de fraqueza em relação à União Soviética, cavando assim sua própria sepultura. Mas podia ele proceder de maneira diferente em seu pequeno país incrustado entre a Alemanha e a Rússia, com uma tradição pró-russa muito forte na Boêmia? Ele não contava mais com o mundo ocidental e infelizmente tinha razão. Não podia se apoiar na direita tcheca, reacionária e pró-americanista. O Partido Comunista dispunha na Boêmia de posições muito fortes, mesmo sem o suporte soviético. Ele era certamente um desses democratas moderados para quem é preferível limitar o estrago interno.

O Sr. retornou pouco depois desses acontecimentos. Todo o ocorrido certamente tornava impossível sua permanência na Tchecoslováquia?

Não, eu poderia ter continuado, eu estava protegido pela minha condição de bolsista francês. Devo dizer que não sofri nenhum tipo de pressão. Retornei porque meu tempo se esgotara, porque era necessário que eu apresentasse o meu certificado de Geografia e que eu conseguisse, ainda que um pouco atrasado, o meu diploma de estudos superiores.

---

1 Os sobrinhos em segundo grau de Mosaryk, hoje cidadãos americanos, realizaram um documentário, com o auxílio de Nick Read, em 1993, e divulgado na *Arte* de 24 de maio de 1994, que, sem resolver o enigma Mosaryk, apresenta do homem um retrato tocante e justo.

70 Uma vida para a história

O Sr. voltou a Praga, depois da revolução de veludo de 1989?

Não imediatamente. Eu a atravessei duas vezes com minha mulher, entre 1962 e 1968, indo para a Polônia. Não quis voltar para lá depois da intervenção das forças do Pacto de Varsóvia em 1968, e resolvemos passar pela Alemanha Oriental, sem nenhuma parada.

Na verdade, só voltei para lá em novembro de 1992, quando fui convidado pela Academia de Ciências para receber uma condecoração, a Medalha de Ouro Polacky, grande historiador do século XIX, o que me deixou orgulhoso e feliz. Fui com minha filha, que tinha grande interesse em conhecer Praga e que ficou encantada. Tivemos bastante sorte, com um tempo muito típico, um céu de outono com uma luminosidade dourada e, felizmente, poucos turistas.

O que o Sr. pensou da divisão da Tchecoslováquia em dois Estados distintos?

Trata-se de um erro que foi imposto por uma minoria de políticos eslovacos, pois todos os membros dos meios universitários e intelectuais que eu encontrei em Bratislava me disseram ser contra a separação e me afirmaram que, se tivesse havido um referendo, a maioria votaria em favor da conservação de uma forma de união. Um dos dois Estados não tem sequer nome, uma vez que não se pode dizer "Tchecos", nem Boêmia, nem certamente Tchecoslovaquia; fala-se "República tcheca". Mas fiquei muito emocionado nos dois dias que passei em Bratislava, onde pude encontrar pessoas de alto nível. Sempre digo nos congressos internacionais: "Não esqueçamos os eslovacos".

Compromissos dos anos do pós-guerra

O Sr. continuou, naturalmente, a se interessar pela política. Como votou nas eleições legislativas de outubro de 1945 e nos diferentes referendos que precederam a difícil instalação da Quarta República?

Fui tentado a permanecer fiel à tendência do cristianismo de esquerda que marcou a minha infância e, por isso, votar no MRP [Mouvement Republicain Populaire]. Isso por pouco tempo, de vez que fiquei fortemente decepcionado e ainda hoje guardo por essa corrente política muito ressentimento. A meu ver, a maior catástrofe política do pós-guerra na França foi o fracasso político dos homens da Resistência, em particular do MRP, que evoluiu progressivamente para a direita, responsável por uma política colonialista indefensável na Indochina, em Madagascar, como também no Norte da África. Enquanto em 1936 eu estava entusiasmado com a Frente Popular e Léon Blum, não pude reencontrar este último no velho senhor do pós-guerra e ainda menos na SFIO [Section Française de l'International Ouvrière] de Guy Mollet. Esses partidos centristas da Terceira Força, obrigados a procurar a direita como base de sustentação para substituir os comunistas, depois da ruptura de 1947, provocaram em mim um sentimento de desânimo, de distanciamento da política, que me permitiu dedicar-me com afinco às minhas pesquisas de historiador.

O Sr. não foi tentado pelo Partido Comunista?

Eu deveria ter sido, como muitos de meus colegas. O Partido Comunista, aureolado pelo seu desempenho na Resistência, apareceu no alvorecer de 1945, para muitos jovens intelectuais, como o único futuro possível. Fui preservado dessa tentação por um acaso muito singular, minha estada na Tchecoslováquia, na época do golpe comunista de fevereiro de 1948. Voltei de Praga vacinado. Isso não me impediu de assinar o Manifesto de Estocolmo, em março de 1950, sem ter tido discernimento da manobra stalinista por detrás desse gesto que eu acreditava, sinceramente, ser em favor da paz.

Lembro-me também, com algum divertimento, das censuras e das injúrias a que tive que me submeter, na École, por parte dos militantes comunistas que se tornaram, hoje, figuras de proa do

72 *Uma vida para a história*

anticomunismo; não foi o caso de Emmanuel Le Roy Ladurie,[2] hoje um excelente amigo.

Mas atenção à cronologia. Quando Alain Touraine e eu entramos na École, no outono de 1945, tratava-se de uma dupla promoção, que compreendia igualmente prisioneiros libertados, a geração anterior à guerra, Althusser, Moussa, todo um grupo de 1939, 1940, ou 1941. Aliás, vivíamos no clima da Libertação, diversa, aberta, é a reconstrução, o reerguimento, a industrialização, a previdência social. Só dois anos mais tarde, com o início da guerra fria, é que cada um se sentiu obrigado a escolher entre o Leste e o Oeste. E foi somente depois de 1949 que a preponderância comunista se instalou de fato na École, um normalista dentre quatro ou cinco, ou seja, quarenta ou cinqüenta "enquadrados", dentre os duzentos estudantes no total.

Além da advertência recebida em Praga, houve uma outra razão que me impediu de entrar para o PC. Jamais fui militante católico, mas tinha sido católico praticante e tratava-se do momento em que eu me desligava do catolicismo, por duas razões que se combinavam. Uma residia no fato de eu reconhecer que não tinha mais fé; e a outra, no fato de que eu, cada vez menos, podia suportar a Igreja, tanto da perspectiva histórica, pois tinha começado a fazer os meus estudos históricos, quanto em relação à sua realidade atual. Respeito a maioria das pessoas da Igreja e guardo em relação a alguns, igualmente, bastante respeito, admiração e amizade. Mas, como instituição, não aceito a Igreja; e Roma, à sua frente, foi o que colocou definitivamente um fim na minha indulgência. E o que eu via, principalmente na École Normale, é que o Partido Comunista funcionava de maneira semelhante ao que ocorria na Igreja. No recente debate no *Bouillon de Culture* sobre o livro de François Furet,[3] discutiu-se para saber se o comunismo era uma crença, uma fé etc. Com base nisso, seguramente, não iria deixar uma Igreja para ingressar em outra.

---

2 Sobre o ceticismo contrário aos relatos de Jacques Le Goff sobre a situação de Praga, ver LE ROY LADURIE, E. *Paris-Montpellier*. PC-PSV – 1945-1963. Paris: Gallimard, 1982. p.45.

3 FURET, F. *Le passé d'une illusion*. Essai sur l'idée communiste au XXᵉsiècle. Paris: Laffond Calmann-Levy, 1995.

Todavia, em meio a esses governos da Quarta República houve um curto período de esperança em 1954, correspondente ao governo de Pierre Mendès France. Ele foi importante para o Sr.?

Com certeza. Ainda hoje me ocorre repetir, quando falo com estrangeiros, que verdadeiramente admirei apenas um político: Mendès. Mas não o conheci intimamente.

Fui, se ouso dizer, recompensado por meu amigo Claude Nicolet, que foi membro do gabinete de Mendès durante o governo deste último, ainda muito jovem, e que dividia as suas atividades entre dois campos: de um lado, a defesa de República encarnada no partido radical – ele é hoje "chevènementista" –; de outro, a história romana, particularmente a dos cavaleiros romanos, o que acabou por conduzi-lo à École Française de Roma, até a sua recente aposentadoria. Foi um bom amigo e um dia ele me disse: "Você teria interesse em almoçar em *petit comité* com Mendès?". Tivemos assim um encontro muito simpático – para mim também muito intimidante, apesar da simplicidade do homem Mendès – do qual tomaram parte cinco pessoas – Mendès, sua segunda esposa, Nicolet, o historiador britânico Ronal Syme e eu.

Aliás, nem tudo me agradava em Mendès. Achava seus compromissos com a esquerda um pouco limitados, especialmente no plano social. Não compreendia sua atitude de hostilidade ou, antes, sua total incompreensão, recíproca aliás, em relação ao Partido Comunista, de quem ele tinha razão de não gostar, mas que estava errado de excluí-lo de toda maioria parlamentar (como o fez em 1954). Não participei do seu sectarismo em relação à política argelina do general De Gaulle, e o "gargarejar" militante me irritava.

Contudo, em vista disso tudo, o Sr. não se decidiu a se engajar?

Havia em mim sempre um militante enrustido. Historiador, eu devia ser um cidadão e como tal devia ter um certo comprometimento. Eu era assistente em Lille: não pensava em seguir

74 *Uma vida para a história*

um PC stalinista ou uma SFIO molletista. Voltei-me, assim, para o sindicalismo. Curiosamente, porque eu jamais havia me engajado em movimentos católicos como a JEC [Jeunesse Étudiante Chrétienne] e não havia participado do movimento estudantil e da UNEF [Union National des Étudiants Français]. No universo do ensino, as coisas se davam diferentemente. Apesar de uma forte ingerência comunista, o SNE-Sup de Lille era um lugar aberto. Ele reunia colegas de sensibilidades muito diferentes, cujo verdadeiro cimento era, na verdade, o laicismo.

Foi lá que vivi o terrível choque de 1956. Resistimos à tentação fácil de estabelecer um paralelo entre a intervenção soviética em Budapeste e a lamentável expedição a Suez. Todavia, não nos perturbamos, a seção do SNE-Sup e eu, que respondia pela secretaria, permanecendo na expectativa...

Mas em 1958, acontecimentos importantes se produziram. Os governantes da Quarta República, mostrando-se incapazes de promover na Argélia a guerra ou a paz, viram se voltarem contra eles os franceses da Argélia e uma parte das forças armadas. Era 13 de maio. Os insurretos concordaram em apelar para De Gaulle, acreditando erradamente que o general realizaria a Argélia francesa. Explorando habilmente a situação e o temor da guerra civil, este influenciou a Câmara dos Deputados, que lhe concedeu plenos poderes.

Esse retorno de De Gaulle ao poder e sobretudo as conseqüências disso provocam uma redistribuição do mapa político. Produz-se um racha na SFIO, que recusa ao mesmo tempo a política argelina de Guy Mollet e a sua aproximação de De Gaulle. Assim nasce, em setembro de 1958, o PSA, ou Partido Socialista Autônomo que, em março de 1960, torna-se PSU [Partido Socialista Unificado]. O Sr. passou a participar dele?

Sim. Já disse várias vezes quanto me fazia falta a militância política, mas não uma carreira política. Já com mais de trinta anos, eu sentia profundamente uma necessidade de militar, e muito especialmente contra a guerra da Argélia. Dessa forma, aderi à seção de Issy-les-Moulineaux, mas no meu caso só se poderia tratar de uma militância de base. Permito-me pensar que, se eu tivesse tentado, teria talvez desempenhado algum papel nas instâncias superiores do PSU, mas não era o caso.

Guardo dessa curta experiência uma recordação muito boa. Lá eu encontrei pessoas maravilhosas e fui levado a uma útil reflexão sobre os temas de Serge Mallet, da CFDT [Confédération Française Démocratique du Travail], sobre as condições do socialismo democrático hoje. A tendência, em geral, é fazer um balanço negativo do PSU, mas continuo persuadido de que ele conseguiu mexer com algumas coisas, lançou algumas idéias e um certo número de pessoas.[4]

Experimentei em minha seção a excitação de um debate num grupo de vinte pessoas, com enfrentamento entre moções, antes de nos reencontrarmos todos para colar cartazes até muito tarde da noite. Revejo a luta contra os fascistas da OAS [Organisation Armée Secrète] – eu estava a uns duzentos metros do local da explosão de um carro-bomba, que acabou provocando três mortes e quarenta feridos em Issy-les-Moulineaux, no dia 10 de março de 1962, diante do recinto onde deveria ser inaugurado um congresso do Movimento da Paz.

Interrompi minha militância nos fins de 1962, porque tinha acabado de me casar e queria dedicar à minha esposa, que vinha da Polônia, a maior parte do meu tempo. Mas também porque, uma vez terminada a guerra da Argélia, tendo esta adquirido a sua independência, muitos foram atingidos por uma certa desmobilização, enquanto o PSU se perdia em disputas internas, sem alcançar a sua recomposição.

Uma das forças do PSU foi a sua capacidade de militância. Não a reencontramos quando da subida do Partido Socialista ao poder em 1981. Os membros do partido do governo não agiam mais, em geral, pelo espírito de militância, mas por carreirismo ou exercício de poder. Reconheço uma contradição em relação à política: é uma atividade necessária e benéfica no regime democrático mas, mesmo que não seja no plano da honestidade pessoal – pouquíssimos políticos, estou certo disso, são desonestos

---

4 Ver HEURGON, M. *Histoire du PSU*. Paris: La Découverte, 1994. t.,1: "La fondation et la Guerre d'Algérie (1958-1962)".

76   Uma vida para a história

na França –, o poder corrompe. Aprovo os compromissos, não os comprometimentos. Felizmente, jamais fui tentado por uma carreira política.

Durante os onze anos em que De Gaulle esteve no poder, depois de 1958, o Sr. esteve na oposição e o combateu. Assim mesmo, gostaria de pedir-lhe que tentasse apresentar um balanço sobre a atuação desse personagem.

Há inicialmente o De Gaulle que contribuiu para liquidar o colonianismo, especialmente o da África negra; nisso ele prestou um imenso serviço ao país. No caso argelino, creio que o general, e não o censuro, no início acreditou com sinceridade que poderia salvar uma Argélia francesa não explorada pelos "pieds-noirs", mas justa, liberal e aberta. Depois, quando ele viu que isso não era possível, teve a coragem de aceitar a independência, não sem fazer uso de uma tática maquiavélica; mas é verdade que se tratava de um problema terrivelmente difícil.

Infelizmente, em relação aos assuntos internos franceses, De Gaulle não conseguiu senão, por razões compreensíveis, se juntar a pessoas de direita, e, ainda mais a um pequeno grupo de idealistas utópicos, os gaulistas de esquerda, e praticou uma política reacionária que, creio, não era a melhor.

Desde o seu retorno em 1958, combati sua política interna, votei constantemente contra ele, menos no referendo sobre a Argélia, e não me arrependo disso. Mas guardo em relação ao homem uma grande admiração e um grande reconhecimento. Por ocasião do centenário do seu nascimento, pediram-me para participar de um programa de televisão, sobre o tema "De Gaulle e a História da França". Tentei explicar as diferentes facetas do personagem, incluindo o seu tradicionalismo, que não me agrada, mas fazendo um balanço positivo do conjunto. Disse que, embora ele tivesse dado uma virada um pouco monárquica e reacionária ao seu governo de 1958 a 1969, no geral portou-se, como democrata. Nós dois certamente estaremos de acordo sobre esse ponto.

Trata-se de um ponto sobre o qual, contudo, penso que não estamos inteiramente de acordo. O Sr. tomou vigorosamente posição contra a eleição do presidente da República pelo sufrágio universal, juntando-se aos defensores do parlamentarismo tradicional como Pierre Mendès France, que falava de um "governo de legislatura" e que expôs suas idéias sobre esse assunto num de seus livros, La République moderne.[5]

De minha parte, eu não seria tão afirmativo: constato que as instituições da Quarta República são indefensáveis e que as da Quinta mostraram grande flexibilidade, adaptando-se a situações diferentes. De qualquer modo, o princípio do sufrágio universal parece-me um fato adquirido e durável. Não se retirará dos franceses o direito deles próprios elegerem o seu presidente.

Tal como você, considero a reforma de 1962 irreversível, e o lamento. Permaneço de fato muito hostil à eleição do chefe de Estado pelo sufrágio universal. Nunca assumi uma posição pública sobre esse assunto, mas mantive inúmeras conversações privadas com meus amigos italianos atraídos por um regime presidencialista e os desaconselhei, mesmo que a sua evolução política atual possa trazer alguma inquietação. Encontrei políticos na Polônia que me disseram quanto lamentavam ter escolhido a eleição para presidente da República pelo sufrágio universal. Se fizermos, na França, um balanço dos últimos trinta anos (1965-1995), pode-se constatar que essa eleição do presidente pelo sufrágio universal permitiu à esquerda chegar ao poder em 1981. Mas a que preço? Ao da perversão da vida política do país. Continuo firmemente partidário da democracia parlamentar representativa, na qual o poder executivo pertence ao governo responsável, diante de uma Assembléia Nacional eleita pelo sufrágio universal.

Nesse plano, o sistema britânico é certamente melhor, mas é, de modo evidente, incompatível com a tradição repu-

---

5 MENDÈS FRANCE, P. *La République moderne.* Paris: Gallimard, 1962.

blicana da França. Há inúmeros países nos quais o presidente da República, eleito pelo parlamento e por um colégio de grandes eleitores, é um verdadeiro árbitro, que não pretende exercer o poder executivo. É o que se pôde ver na República Federal da Alemanha quando da substituição de Richard von Weizsäcker, em 1994.

Certamente. Veja a crise italiana de que volto a falar. Qual é atualmente o último ferrolho que protege a democracia desde os inquietantes resultados das eleições de março de 1995? É o presidente da República, Oscar Luigi Scalfaro, um homem que tem apenas os poderes de um árbitro, e que não foi eleito pelo sufrágio universal, mas por um Parlamento. Isso deveria levar a refletir: com o sufrágio universal, certamente Silvio Berlusconi é quem teria sido eleito.

Daí, você vai me dizer: o Sr. não tem confiança no sufrágio universal? Respondo que, na democracia tal como me parece possível e conveniente para muitos países, em particular os da Europa ocidental, deve haver um certo número de direitos e de exercícios desses direitos que emanam do sufrágio universal e outros para os quais o sufrágio universal seria mais perigoso que legítimo. Não sou um fanático por essa ou aquela democracia e, em particular, sou hostil, repito, à democracia direta, que não é, para mim, um bom modelo de democracia. Vem daí a minha hostilidade à extensão do referendo.

Um ano em Oxford, 1951-1952

Uma vez titular, o Sr. foi nomeado professor do Liceu de Amiens na abertura do ano letivo de 1950, mas pretendia que essa experiência do ensino secundário fosse a mais curta possível.

Sentia em mim uma vocação de pesquisador e parecia claro que não seria nos limites de um liceu que ela poderia se desenvolver, embora eu tivesse gostado da minha experiência de um ano no Liceu de Amiens. Consegui então uma bolsa para Oxford, solicitada já no ano anterior, e para lá segui a fim de continuar as minhas investigações sobre a história das universidades medievais, especialmente com base nos documentos da Bodleian Library. Queria também aprender inglês, que eu falava muito mal, o que infelizmente não mudou muito.

O Sr. teve dificuldade de se habituar aos ingleses?

Trata-se do povo mais estrangeiro que tive oportunidade de encontrar em todas as minhas viagens. Se falasse como etnólogo, diria que se trata de uma tribo de costumes muito curiosos, que me parecem mais estrangeiros que o que me foi possível ver entre os índios ou entre os mexicanos – não fui à África negra. O que me desconcerta profundamente entre os ingleses é que os sinto próximos de mim, enquanto todo seu comportamento parece-me obedecer a um código que ignoro, que não chego a traduzir. E quando acredito tê-lo decifrado, não tenho disposição de aplicá-lo a mim mesmo. Não me sinto à vontade e, ao mesmo tempo, espero não ter sentimento de superioridade a seu respeito. Mas o que me exaspera também é que, na Inglaterra, tenho um sentimento de inferioridade, porque tenho a impressão de ser mais ou menos excluído, mesmo quando são muito gentis, muito polidos comigo.

Minha admiração, devo confessar, permanece abstrata: é pela sua longa tradição parlamentar, sua luta contra Napoleão, sua coragem em 1940 e, é claro, pela sua magnífica literatura.

Que contatos o Sr. fez no seu colégio?

Confesso ter tido uma reação de rejeição em relação ao Colégio de Oxford, onde eu estava. Quando de minha chegada, em outubro, o quarto que me era reservado ainda não estava livre e assim passei um mês numa pensão de família. Pude constatar que havia apenas um tema de conversação, ao qual era absolutamente preciso se submeter: o tempo. E a polidez consistia não apenas em dizer "O tempo está bom" ou "Vai chover", mas ia além disso, sendo preciso ser capaz de desenvolver uma conversação sobre esse tema.

As coisas eram então muito diferentes da atmosfera que conhecera na Sorbonne, na medida em que não havia nenhum ensino a seguir. O Colégio era para mim um hotel, uma pensão com um certo número de regras que me enervavam. O fato, por exemplo, de que depois de oito e meia não se servia mais *breakfast*: passei sem tomar o café da manhã até o dia em que o meu "*scout*",[6] tendo ficado doente, foi substituído por uma faxineira que percebeu que eu não gostava de me levantar cedo e que, quando ela via que eu me levantara, me trazia uma xícara de chá. Isso durou até a semana das grandes corridas de cavalos – eu ficava sabendo por seu intermédio tudo sobre essas corridas –; muito excitada, ela havia apostado em um cavalo francês, que foi derrotado. De repente, não tive mais o chá...

Devo dizer que eu era, em grande parte, o responsável por essa situação. Não tinha vontade de ter muito contato com os estudantes do meu colégio. Eu falava mal o inglês e não fazia um esforço verdadeiro para aprendê-lo. Essencialmente, eu ia trabalhar na biblioteca e assim levava uma vida solitária. Além do mais, as manifestações coletivas do colégio me desagradavam, incluíndo os concertos de música clássica. Teria ido com algum prazer, mas eles adoravam Haendel, de quem não gosto, e eles ouviam Tchaikovski, que eu suporto com dificuldade. Os fins de semana eram particularmente tediosos, na medida em que a maioria dos estudantes aproveitava para visitar suas famílias. Mas, de vez em quando, nos sábados à tarde, havia reuniões com bebidas. Sendo o *whisky* e o conhaque muito caros para os estudantes pouco abonados, contentavam-se com a cerveja com o objetivo claro e constante de "encher a cara". De minha parte, gosto de beber, mas detesto me embebedar e tenho horror de estar entre bêbados.

---

6 O "*scout*" é um homem de uma certa idade (com freqüência um militar reformado) que serve alguns estudantes como criado.

O Sr., contudo, conservou laços com os ingleses?

Quando parti, no começo de julho de 1951, praticamente todos os jovens do meu alojamento, mais de uma dezena, vieram se despedir, dizendo que apreciaram a minha presença, esperando que eu não tivesse sido muito infeliz, e tudo isso feito com muita cortesia. Confesso que fiquei com vergonha da minha atitude durante o ano.

Outro testemunho, bem mais recente. Em 1994, um grupo de colegas resolveu fazer-me uma homenagem por ocasião dos meus setenta anos e organizaram um colóquio a meu respeito, sobre meus trabalhos. Esse colóquio internacional de três dias, em Cambridge – eu estava hospedado no magnífico Kings' College –, foi apaixonante e os colegas ingleses, de uma gentileza extraordinária. O que mais me sensibilizou foi que eles tinham tido essa iniciativa, ao passo que minhas relações foram maiores com os medievalistas franceses, certamente, mas também com italianos, alemães, americanos ou suíços, ou ainda poloneses.

Na *École Française de Roma, 1953*

Foi por essa época que o Sr. conseguiu um ano de permanência na École Française de Roma, em circunstâncias bastante curiosas. Poderia contar como isso aconteceu?

Devo dizer que sou muito atento ao acaso; ele parece ter um grande peso nas carreiras, inclusive nas dos funcionários, como eu, que parecem seguir caminhos previamente traçados. Um primeiro acaso me levou a trabalhar em Praga em 1947; um segundo foi a nomeação de Braudel para a presidência da banca examinadora da *Agrégation* em História em 1950, ano em que me apresentei ao concurso. Um terceiro acaso foi a imprevista vaga para um cargo, do qual pude me beneficiar, na École Française de Roma.

82   Uma vida para a história

Por essa época essa instituição recebia os alunos da École Normale, especialistas em Antigüidade, alunos da École de Diplomates e os da IV Seção da Hautes Études. Esses bolsistas, então mais jovens que hoje (22 a 24 anos), faziam em geral o serviço militar apenas na volta de seus dois anos passados em Roma. Nisso reside o acaso a meu favor: um colega, tendo a possibilidade de completar um serviço de menor duração, pediu licença por um ano da École de Roma. Surgiu assim uma vaga disponível, não por dois, mas somente por um ano, estando seu titular dispensado de escrever o memorial que habitualmente deve ser redigido.

Aconteceu que Lucien Febvre, com quem havia tido pouco contato, e Maurice Lombard, que eu apenas conhecia do exame de *Agrégation*, perguntaram-me se o lugar me interessava. Fiquei radiante, pois não tinha nenhuma disposição de retornar ao secundário. O meu memorial de estudos inferiores foi transformado em memorial da IV Seção da École des Hautes Études (Lucien Febvre, como também Fernand Braudel e Charles Morazé estavam ao mesmo tempo na IV e na VI Seções). Acabei me beneficiando de um certo número de manobras nos limites da legalidade: inscrição retroativa na IV Seção, apresentação como trabalho original de meu diploma de estudos superiores, apreciações muito elogiosas de Maurice Lombard e de Lucien Febvre. Para um trabalho de tese sobre as universidades medievais, Roma, com os arquivos do Vaticano, era o lugar sonhado, meu segundo jardim das delícias, tendo sido o primeiro a École Normale.

A presença de Jean Bayet como diretor da École foi importante?

Sim, e por duas razões, uma positiva, outra negativa. O antigo diretor, Albert Grenier, pouco ligado à disciplina, tinha acabado de se aposentar e, segundo rumores então difundidos, certamente muito exagerados, a École passara a ser um centro de costumes dissolutos. O novo diretor, o latinista Jean Bayet, tinha a reputação de ser um homem severo e autoritário. Ele certamente entendeu que tinha que retomar a rédeas da situação e restabelecer uma certa disciplina. Por exemplo, ele exigia que nosso trabalho fosse feito não nos nossos quartos, mas num salão especialmente preparado, e ele ia dar uma espiada para anotar as ausências, o que não era muito agradável. Ao lado disso, quando se falava com ele, quando se lia o que ele havia escrito, ele parecia ser um homem de inteligência muito aguda e portador de um saber de primeira ordem, um excelente latinista que se impunha particularmente. Num dos programas "Les lundis de l'histoire", prestei homenagem, infelizmente póstuma, a esse grande sábio, que trouxe benefícios com seu prestígio intelectual ao Palácio Farnésio, quando foi seu diretor. Mais tarde, meu amigo Georges Vallet, um arqueólogo, também lá deixou uma lembrança inesquecível e me fez muitos convites.

Nessa época houve um confronto entre Bayet e mim que só se explica no contexto da mudança de direção da instituição. Meu tio, de quem já falei, irmão de minha mãe, antigo regente do cassino de Toulon, veio a morrer bruscamente: uma crise de septicemia o levou em poucos dias. Desde minha infância eu o chamava de "Tio Gala". Sua filha me enviou então um telegrama: "Gala morto, funerais no dia tal". Primeiro fato desagradável: o telegrama fora lido por Bayet, que me pediu explicações. Desconcertado pelo texto do telegrama, ele se perguntou se não se tratava de um trote e não pareceu inteiramente convencido com as minhas explicações.

Fiquei furioso quando ele me disse: "Obviamente, você não irá. Você sabe que proibi a todos os membros da École de deixar a Itália antes de 15 de julho". Respondi calmamente: "Desculpe-me, mas eu não o obedecerei. Fui muito ligado a esse tio para não ir ao seu enterro e vou comprar uma passagem de trem o mais depressa possível". Eu o vi tornar-se vermelho quando me replicou: "Não posso impedir, mas estou muito aborrecido". Fui enterrar o meu caro tio. Na minha volta, fui chamado pela Sra. Bayet, que era uma pessoa maravilhosa, de uma gentileza extraordinária, muito atenta a todas as nossas necessidades. Ela disse ter compreendido muito bem quanto essa morte tinha sido cruel para mim, assegurando-me que não restaria nenhum ressentimento no coração de seu marido. O caso foi

84 *Uma vida para a história*

efetivamente arquivado e pudemos manter, na seqüência, relações muito boas.

Na verdade, seu temperamento era difícil por razões muito pessoais: sofrera uma paralisia em virtude de uma poliomielite, mas detestava quando alguém se propunha a ajudá-lo a superar suas dificuldades, o que desencadeava desagradáveis incidentes.

Tinha duas filhas, uma delas advogada, casada com o musicólogo e compositor André Boucourechliev, e outra solteira nessa época, historiadora da filosofia das ciências e professora na Universidade Paris-I. Ambas eram muito dedicadas, mas isso não permitia que ele se esquecesse de seu único filho homem, fuzilado aos dezenove anos quando estava na Resistência.

Sua estada na Itália foi essencial para o seu trabalho nas bibliotecas?

Foi lá que fui definitivamente tomado pela paixão das bibliotecas, a do Palácio Farnésio, onde eu ocupava um quarto imenso, e depois a Vaticana. Foi nessa época que mudei o meu campo de pesquisa e o tema do que deveria ter sido a minha tese. Eu havia partido para estudar as universidades, mas comecei a me interessar pelo fato de que o universitário teve origem, se se pode assim dizer, no "mestre" do século XII, que era remunerado pelos estudantes em troca do seu trabalho. Era a noção do trabalho intelectual, do trabalho universitário que me interessava. Terei oportunidade de voltar ao assunto.

Foi em Roma que o Sr. teve encontros importantes para a continuidade dos seus trabalhos?

Dentre as pessoas que freqüentei quando estava em Roma, havia um antigo capelão da École Normale Supérieure, o abade Brien, com quem conservei alguns laços afetivos e era um ser maravilhoso, tanto do ponto de vista intelectual quanto do humano. Continuava firme, apesar de bastante idoso, depois de ter sido reitor do Institut Catholique. Na época, terminava a sua tese de teologia e residia com as freiras no Tivoli, numa colina, onde Cícero teve sua casa e donde se desfrutava uma vista soberba.

O abade Brien me convidou para a sua casa, creio que por três vezes, no dia em que as irmãs convidaram também o cardeal Tisserand: eu tinha a reputação de não detestar os prazeres da mesa e as irmãs nessa ocasião se esmeravam ao máximo.

Foi em Tivoli que ele me indicou uma fonte que deveria me interessar em minhas pesquisas, os manuais para confessores, redigidos para orientar os padres na maneira de interrogar os fiéis que se confessavam. Esses manuais datam do século XIII, pois foi o IV Concílio de Latrão, em 1215, que determinou que todos os cristãos deveriam se confessar pelo menos uma vez por ano, por ocasião da Páscoa. Como Michel Foucault, considero essa data muito importante: ela está na origem do exame de consciência, da introspeção e de toda uma série de práticas intelectuais que desempenharam um papel muito significativo no desenvolvimento da psicologia coletiva do Ocidente. O confessionário (que só aparecerá no século XVI) foi o precursor do divã do psicanalista. Esses manuais estabeleciam de forma precisa as questões que deviam ser postas aos fiéis não apenas em virtude dos seus pecados, mas também em razão de seu ofício, de sua situação profissional e social. Era portanto uma fonte muito rica e me pus à procura de manuais de confessores nas diversas bibliotecas italianas.

Dessa forma, trabalhei em Sienna e em Mântova, em Florença, na Biblioteca Laurenziana e na Biblioteca Nacional. Em Pádua, desenvolvi pesquisas na biblioteca do famoso convento franciscano dedicado a Santo Antônio, bem perto de Veneza, onde eu ia passar todos os fins de semana. Visitas bastante interessantes porque permitiam o enriquecimento de minha experiência italiana em outras cidades além de Roma.

Foi também em Roma que o Sr. se encontrou com Michel Mollat, que teria importância na sua futura carreira universitária.

Michel Mollat foi a Roma por ocasião do colóquio e me anunciou que ia ser criado um cargo de assistente de História Medieval

86   *Uma vida para a história*

em Lille, onde ele próprio era professor, e que ele queria saber se isso me interessaria. Naturalmente que me interessava, pois não tinha nenhuma disposição de retornar ao secundário e tratava-se de um favor, uma vez que havia muito poucos assistentes naquele momento. Por fim, trabalhar em Lille não me impedia de morar em Paris. Aceitei pois essa proposta com entusiasmo. Isso posto, o cargo acabou não sendo criado logo e, quando do meu retorno de Roma, acertou-se a minha permanência por um ano como adido de pesquisa no CNRS [Centre National de la Recherche Scientifique].

A descoberta dos intelectuais da Idade Média

Mais uma chance que lhe permitia fazer progredir o seu trabalho de tese. Mas o Sr. não se sentiu isolado durante esse ano no CNRS?

Na verdade, padeci nesse ano melancólico em que eu tive de trabalhar sozinho e experimentei o que já havia sentido em Oxford. Há aí seguramente um traço de personalidade: não fui feito para a solidão. Ademais, se o ensino sem pesquisa é frustrante, a pesquisa sem ensino é triste. Creio profundamente que a pesquisa é uma coisa para ser conduzida coletivamente, com diversas fórmulas de coletividade. Continuo pensando que deva haver um trabalho pelo qual sejamos individualmente responsáveis – por exemplo, não aprecio teses feitas a duas ou três mãos, que são feitas principalmente no campo das ciências exatas. Mas me parece que se deva indiscutivelmente submeter a pesquisa à discussão, seja no seio de uma equipe de pesquisa coletiva sobre um mesmo tema, seja falando com outros pesquisadores que trabalham em temas diferentes. As duas fórmulas me agradam bastante e as considero muito enriquecedoras. É o que fui constatar com mais clareza alguns anos depois, quando eu teria a experiência de trabalho em equipe tal como é praticada na VI Seção da École des Hautes Études.

Mais adiante, quando der a minha opinião sobre esse assunto – veremos em que circunstâncias –, procurarei formular claramente o meu pensamento sobre essa importante questão.

Em 1954, o Sr. seguiu para Lille como assistente de Michel Mollat. Que recordações guarda dessa longa permanência em Lille?

Uma lembrança muito boa. Foi no outono de 1954 que tomei contato com a Faculdade de Letras de Lille, onde deveria permanecer durante cinco anos. Encontrei no meu chefe, Michel Mollat, um homem e um historiador igualmente admiráveis. Primeiro, era um docente universitário particularmente liberal e cheio de atenções para com o próximo. Depois, um historiador de grande amplitude, interessado com igual disposição pelos mais diversos assuntos. Por exemplo, pela história da navegação, por ter sido oficial da Marinha. É originário de uma família de Nantes, na qual se era tradicionalmente oficial da Marinha ou padre. Um outro Mollat religioso, parente seu, foi historiador dos papas. Interessa-se também pela história econômica e social. Dirigiu, por exemplo, um seminário sobre o sal na história medieval, do qual, a seguir, me confiou a direção. Foi ele que fez, no Congresso Internacional de Ciências Históricas de Roma, em 1955, o grande relatório sobre a história econômica da Europa no fim da Idade Média. E, finalmente, é um grande especialista em história religiosa, área na qual lançou uma investigação sobre os pobres que marcou época. Seu fervor cristão nutria a sua sensibilidade sem diminuir seu rigor científico e seu senso crítico. Hoje ele tem 84 anos, numa forma física e intelectual deslumbrante.

Conservo muito boa recordação do meu amigo Marcel Gillet, assistente de História Moderna e Contemporânea, grande conhecedor dos mineiros e das pessoas do Norte, excelente historiador, com quem mantive relações de amizade. E ainda mais, tive em Lille alunos maravilhosos, graças ao espírito aberto de Mollat e de Gillet. Eles eram interessados nos vastos problemas compreendidos pelo programa, muito longe do "nhenhenhém" tradicional que eu próprio conhecera na Sorbonne.

88   Uma vida para a história

Foi em Roma, vimos, que o Sr. resolveu reorientar o tema de suas pesquisas.

Meus primeiros trabalhos, já começados por ocasião do meu primeiro diploma de Praga, depois continuados em Amiens e em Oxford, tratavam das universidades na Idade Média. Eu queria fazer a história intelectual, não a história das idéias, mas da encarnação destas nos grupos sociais, de uma determinada civilização.

Foi efetivamente no transcurso de minha permanência em Roma, trabalhando na Biblioteca Vaticana, falando com um certo número de especialistas e pesquisadores, em especial com o abade Brien, que pensei em redimensionar um pouco o tema da tese e passei a me interessar pela concepção do trabalho e pelo mundo do trabalho na Idade Média, e particularmente no domínio intelectual. A idéia que me ocorreu então, como hipótese de trabalho, foi a de apresentar as universidades que nasciam nos séculos XII e XIII como uma nova espécie de "trabalhadores intelectuais".

Foi também nesse momento que o Sr. conheceu o padre Chenu?

É preciso, com efeito, mencionar tudo o que devo a esse homem excepcional, um padre dominicano. Ao me iniciar na história das universidades medievais, comecei a ler em Oxford alguns trabalhos, em particular *La Théologie comme science au XIII siècle* e a um pouco maior *Introduction à l'étude de Saint Thomas d'Aquin.* No momento de desenvolver um curso para estudantes de Lille, sobre o movimento intelectual nos séculos XII e XIII, escrevi ao padre Chenu pedindo-lhe que me recebesse. Ele logo respondeu e eu o reencontrei muitas vezes no convento dos dominicanos do Saulchoir, escondido entre a rua da Glacière e a rua das Tanneries.

O padre Chenu já havia recebido censuras do Vaticano pelo seu ensino em Saulchoir, no qual tomava direção oposta às teses neotomistas, esclerosadas, que constavam então como ortodoxia teológica em Roma. Além disso, tinha sido castigado com o exílio por ter defendido os padres operários, condenados por Pio XII na última fase calamitosa (que eu acabava de ver de perto em Roma) de um pontificado que não foi o mais glorioso da história do papado.

Já arrebatado pelos seus escritos e por suas idéias, fui conquistado pelo homem, uma das pessoas mais vivas, mais apaixonadas, mais abertas, mais intrépidas, mais atentas para com o próximo que eu já conheci. No plano histórico, ele me mostrou (por vezes me apoiando numa direção em que eu me havia comprometido) que a teologia não pode ser separada da sociedade e da história (e reciprocamente), que o século XII é uma época de extraordinária efervescência social e intelectual, que a escolástica universitária e o aparecimento das ordens mendicantes estão relacionados às cidades, que os docentes universitários são homens de ofício, profissionais agrupados em corporações (*universistas*), como os outros homens de ofício, em favor da promoção de um determinado trabalho. Meu ensino em Lille e o pequeno livro que saiu na ocasião, *Les intellectuels du Moyen Âge*, nutriram-se dessas leituras e dessas conversações. Escrevi e publiquei esse trabalho antes de ter lido a obra-prima do padre Chenu, *La théologie au XIIe siècle*, um grande livro de história social, religiosa e intelectual.

Padre Chenu morreu em 1990, com 95 anos. Os dominicanos do convento de Saint-Jacques, herdeiros do Saulchoir, preferiam celebrar as exéquias na intimidade da ordem. O cardeal Lustiger quis exéquias solenes em Notre-Dame. Esse gesto pareceu, aos dominicanos, juntar reparação e recuperação. Eles se resignaram a aceitar, mas o cardeal não foi o celebrante e, a pedido dos dominicanos, apoiados pelo cardeal, pronunciei algumas poucas palavras de adeus ao padre Chenu. Esse foi um dos momentos mais emocionantes de minha existência, entre tristeza, emoção e temor de não corresponder inteiramente à expectativa, em meio a inúmeros dominicanos e alguns prelados, diante do altar de Notre-Dame, diante de uma nave repleta.[7]

---

7 Ver, CHENU, M. D. La théologie comme science au *XIIe siècle*. 3.ed. Paris: Vrin, 1969; e o grande clássico que é *Lathéologieau XVe* siècle. 3.ed. Paris: Vrin, 1976. Ver também *Saint Thomas d'Aquin et la théologie*. Paris: Seuil, 1959. (Col. "Maître Spirituels"); e *Introduction à l'étude de saint Thomas d'Aquin*. Paris: Vrin, 1976.

90   Uma vida para a história

*Voltemos ao seu ensino em Lille. Universitários e merca-
dores pareciam, ao Sr., duas categorias sociais que apresentavam numerosos pontos em comum?*

Uma ocasião, em Lille, ministrei um curso sobre a economia
e os comerciantes da Idade Média, que me permitiu descobrir
uma espécie de parentesco entre os comerciantes e os universitários: essas duas categorias adquirem uma nova importância, econômica, de um lado, intelectual, de outro, num contexto social e
em condições quase idênticas. Primeiramente, a relação com a
cidade: os universitários são intelectuais urbanos, e o movimento
que conduz às universidades é o das corporações que estão ligadas ao desenvolvimento urbano dos séculos XII e XIII –
universistas, você sabe, quer dizer "corporação". Essa corporação carrega uma certa dificuldade para se fazer admitida numa
sociedade onde o exercício intelectual é algo a ser considerado
inteiramente desinteressado e era desenvolvido, sobretudo pelas
escolas monásticas. E eis que os novos mestres escolares, para
viver, passam a receber pagamento pelos serviços prestados aos
estudantes. Os tradicionalistas, tendo à frente São Bernardo, cen-
suram-nos por vender uma coisa que pertence apenas a Deus, a
ciência. Por seu turno, o grupo dos comerciantes começa a adquirir importância e, aí também, trata-se de uma nova categoria
social, uma categoria puramente laica, ao passo que, na alta Idade Média, o grande comércio estava muito limitado e, em geral,
nas mãos de comerciantes orientais, sobretudo judeus, ou de comerciantes ligados às abadias. E eis que surge um novo grupo
social urbano, igualmente censurado por vender alguma coisa
que só pertence a Deus, o tempo.

Cada vez menos o Sr. pensa no seu projeto de tese?

É hoje apenas um fantasma, e se há algo de que eu me alegre é o fato de não ter feito a tese, e digo-o francamente. Meu
caro mestre, Charles-Edmond Perrin, não me apressava. Eu havia
lido muito e havia adquirido uma verdadeira familiaridade com o
conjunto da Idade Média, em especial com o período do século
XI ao século XIII, que me interessava mais. Acabei por inscrever

um tema de tese sobre o trabalho intelectual nas escolas urbanas e universidades do século XII ao século XIII, que ampliei no *Les idées et les attitudes à l'égard du travail au Moyen Âge*. Mas eu duvidava da minha formulação e, mesmo, confesso, da minha disposição de fazer uma tese de Estado.

Foi então que o Sr. publicou o que chamou de sua "primeira obra".

Mais exatamente dois pequenos livros. Tive a sorte de receber encomendas quando ainda jovem e, em relação a essas, tiveram a bondade de me deixar escolher o assunto. Paul Angoulvent, o diretor da PUF, perguntou-me se eu teria um tema para a coleção "Que sais-je?". Em Lille, eu ministrava um curso sobre o comércio e os mercadores na Idade Média. Assim, fiz a proposta de tratar o tema de *Marchands et banquiers du Moyen Âge* (1956). Fiz o possível para integrar trabalhos estrangeiros, em particular os italianos e os artigos dos *Annales*, pouco conhecidos na época, para delinear a religião, a cultura e a mentalidade dos mercadores.

Mais pessoal é o pequeno livro *Les intellectuels au Moyen Âge* (Os intelectuais na – e não da – Idade Média), que Michel Chodkiewiz me encomendou no mesmo momento para a coleção "Le temps qui court", que ele publicava na editora Seuil (1957). Escrevi com muito prazer essa atualização, na qual esboçava o que me interessava nas relações entre os fenômenos urbanos e o mundo das escolas e as mudanças na representação e na prática do trabalho intelectual.

Esses dois livros alcançaram algum sucesso e tiveram várias reedições. Em 1993, o *Marchands...* estava na oitava edição e tinha alcançado 58 mil exemplares. *Les intelectuels* foi reimpresso em 1985 na coleção "Points-Histoire". Devo somente observar que, na primeira edição e nas seguintes, a editora Seuil me obrigou – era a fórmula da coleção – a indicar na bibliografia apenas títulos em francês e apenas livros. Nada de estudos em línguas estrangeiras nem artigos. Para a recente reedição, organizei eu

92   Uma vida para a história

próprio uma farta bibliografia, que creio bastante atualizada, para o ano do seu lançamento, e acrescentei um prefácio de dez a quinze páginas, em que apresento os principais pontos sobre os quais a minha posição mudou.

Maurice Lombard e a VI Seção

Em 1958, o Sr. deparou com uma mudança em sua carreira, dado que Michel Mollat foi eleito para a Sorbonne.

De fato, não tendo avançado em minha tese, me via agora sem condições de lhe dar prosseguimento. Seu sucessor, Guy Fourquin, foi muito correto comigo, e permaneci um ano como seu assistente, sem ter vontade de continuar, ainda mais que tinha completado os cinco anos normais de assistente. Eu deveria retornar ao liceu, o que não me agradava nem um pouco, nem tampouco cair de novo no CNRS.

Dessa forma, havia para mim duas soluções possíveis. A primeira, que não teria descartado em outras circunstâncias, era ir para o estrangeiro. Havia institutos franceses, a Aliança Francesa. Propuseram-me mesmo uma vaga na Universidade de Dakar: o Senegal acabava de se tornar independente e estava à procura de professores de francês. Mas meu pai tinha morrido havia pouco, minha mãe estava sozinha e eu não queria me distanciar muito dela, o que lhe seria doloroso.

A segunda solução seria conseguir um lugar na École des Hautes Études, e especialmente nessa VI Seção de que, depois da morte de Lucien Febvre em 1956, Fernand Braudel era diretor. Não tinha tornado a ver Braudel depois da *Agrégation* a não ser em dois encontros no Centre de Recherche Historique, na rua de Varenne; uma vez, a convite de Lucien Febvre, para receber Armando Sapori, economista italiano, que depois se tornou meu amigo, hoje já falecido; outra, a convite premonitório, devido certamente a Maurice Lombard, para um colóquio franco-polonês sobre as cidades.

Já que evocamos Maurice Lombard, o Sr. poderia explicar em que consistia seu prestígio de professor?

Maurice Lombard é o historiador que mais admirei e creio ter sido o que mais me ensinou. *A priori*, é bastante curioso, pois ele era especialista em Islã medieval, e nunca me interessei em fazer pesquisas sobre o Islã (direi até que os meus trabalhos sobre o Ocidente medieval pecam, talvez, entre outras coisas, por uma insuficiente presença do Islã). Então, por quê? Em primeiro lugar, como acontece com muita freqüência, foi o acaso que ajeitou as coisas.

Maurice Lombard tinha sido, com André Aymard, professor de História Grega e deão da Sorbonne, o maior preparador para uma aula de *Agrégation*. A maneira como ele sabia amarrar uma exposição era maravilhosa: o tempo necessário, as partes a serem separadas, as relações entre os fatos e a problemática, tudo isso era verdadeiramente admirável e era uma espécie de justificação desse gênero muito contestado entre nós que é a *Agrégation*.

Lombard era um homem não muito alto, atarracado, de ombros largos, de fisionomia muito viva. Exprimia-se sem gesticulação, mas com gestos largos e, quem o visse, sem saber o que dizia, sentiria que ele abarcava os continentes. Tinha um senso prodigioso do espaço e compreendemos, com ele, que não se pode fazer boa história se não a situamos no espaço. Não era talvez o que se poderia chamar de geografia histórica ou até história geográfica, não se tratava de geopolítica, que era sobretudo coisa de alemães, como se sabe; era verdadeiramente um espaço no qual aconteciam as coisas, no qual havia mercadorias, produtos, a moeda, os metais preciosos e, depois, sobretudo, pessoas: guerreiros, peregrinos, mercadores... Era a história de um mundo que se desloca e depois pára, porque se tratava também de sedentários, no caso das invasões bárbaras e da conquista árabe, era um mundo de sociedades que se definiam como territórios e seguiam caminhos.

Tínhamos assim uma ancoragem da história no espaço, que era uma prodigiosa revelação. Depois havia a importância que ele conferia à tecnologia. Lombard ministrava um curso extraor-

94   *Uma vida para a história*

dinário sobre as invasões dos bárbaros e sobre um assunto que *a priori* nos interessava muito pouco, as técnicas militares e os armamentos; ele explicava as matérias-primas indispensáveis, a necessidade de domínio de uma ciência das ligas – esses povos usavam a fundição –, o que resultava na eficiência das armas, a espada longa de corte duplo, que foi o instrumento da vitória quando das invasões desses bárbaros metalúrgicos. Havia o lado militar, se é possível dizer, e depois havia o lado artístico, extraordinário esse também, sobre as artes dos metais.

Essa concepção da história, muito diferente das construções tradicionais, não acabou conduzindo Maurice Lombard a uma carreira muito marginal?

De fato. Ele nascera na Argélia, onde havia feito uma carreira docente no secundário. Foi lá que conheceu Fernand Braudel, quando este lecionou no Liceu de Argel. Braudel o apresentou a Lucien Febvre, que se entusiasmou com ele e o encorajou a redigir pelo menos uma parte da sua tese sobre a civilização do Islã do século IX ao século XI, o que Lombard chamava de "Islã em sua primeira grandeza". Ele foi encarregado pelo ensino na Universidade de Rennes durante um ano, depois da guerra.

Mas o que ele havia redigido na tese, e que normalmente seria suficiente para a sua inscrição na lista do exame de aptidão, pareceu aos historiadores tradicionais insuficiente e sua inscrição foi recusada. Vindo mais uma vez em seu socorro, Lucien Febvre fez que ele fosse eleito para a École des Hautes Études, na VI Seção, que acabara de ser criada.

Foi Fernand Braudel quem nomeou Maurice Lombard para a banca do exame de Agrégation *em História?*

Sim, para a História Medieval. E isso acabou sendo favorável a mim: pois tinha alcançado notas medianas em muitas das provas do concurso. Lombard me deu uma nota muito boa em Idade Média. Acrescento que ele não permaneceu por muito tempo na banca: aquilo o aborrecia e ele me confessou que só aceitava a incumbência para agradar Braudel.

Depois da Agrégation *o Sr. seguiu os cursos de* Lombard?

Eu estava de fato fascinado e continuei a seguir, especialmente durante os cinco anos que permaneci em Lille, seu seminário que se realizava num dia em que, exatamente, eu estava em Paris. Formávamos em torno dele um grupo de discípulos fiéis; penso particularmente em Pierre Toubert, que acaba de ser eleito para o Colège de France, em Francis Rapp, mais tarde professor em Estrasburgo, e em alguns pesquisadores estrangeiros, porque Lombard tinha mais reputação no estrangeiro do que na França, onde esta se baseava apenas em três artigos que Braudel conseguira lhe arrancar para os *Annales*.

Trabalhar com ele era algo de apaixonante. Compreendi a relação entre história e espaço, essa importância da tecnologia e da economia, que ele não separava uma da outra. Ele ministrou uma série de cursos sobre as grandes cidades muçulmanas que era uma coisa prodigiosa; ele as estudava em razão do espaço da cidade, do espaço econômico, do espaço do poder. Esse empreendimento talvez nos pareça hoje relativamente banal, porque entrou de uma maneira ou de outra na gramática dos historiadores. Na época isso estava longe de ser assim.

E ainda, havia os seus admiráveis mapas. Fui convidado à sua casa de campo de Versailles, onde ele mandou construir no primeiro andar uma enorme janela com um só vidro em meio-círculo, a que chamava a rotunda dos mapas. Ele construía seus mapas históricos do mundo mulçumano, da China à Espanha, sobre uma imensa mesa que, mesmo com a grande envergadura dos seus braços, não conseguia abarcar.

E foi graças a Maurice Lombard que o Sr. ingressou na VI Seção, no outono de 1959?

Fui ao encontro de Maurice Lombard e lhe disse: "O Sr. acha que há alguma coisa para mim na VI Seção? Ele me respondeu com a sua cortesia que o impedia de chamar diretamente seus alunos pelo sobrenome ou pelo nome: "Sr. Le Goff, devo dizer que estava persuadido de que a VI Seção não lhe interessava, que o Sr. desejava fazer uma carreira universitária normal, porque o Sr. teria vindo me procurar depois da *Agrégation*, ou pelo menos depois da École de Roma, e a École estava aberta para o Sr... Vou falar sobre o assunto com Fernand Braudel e penso que vou convencê-lo".

É o que iria acontecer. Mas as coisas não foram tão fáceis assim com Fernand Braudel. Eu sabia que ele havia gostado do meu comportamento na parte oral do concurso – ele me havia dito e estava sendo sincero –, mas soube mais tarde que ele havia sido prevenido contra mim. Foi necessária a pressão amiga de Maurice Lombard e de Ruggiero Romano, um jovem historiador italiano de grande talento, que gozava da confiança de Braudel, para que ele se dispusesse a ler *Les intellectuels au Moyen Âge*, de que lhe tinham falado mal. Propôs-me um cargo de diretor de trabalhos a partir do início de 1959. No mesmo ano, como haviam sido criados alguns cargos de mestre assistente e como tinham sido distribuídos alguns deles para a VI Seção, fui o primeiro a ocupar essa função.

Como mestre assistente eu estava subordinado a um diretor de estudos que foi Maurice Lombard. Dessa forma eu era mestre assistente de um professor especializado no Islã medieval, mas logo a seguir ele me tranqüilizou, dizendo tratar-se de uma medida administrativa e que eu permaneceria livre e independente. Todavia, isso não durou muito tempo, uma vez que a partir de 1962 fui eleito diretor de estudos, o que correspondia, na Hautes Études, à função de professor.

Era para mim o começo de uma nova carreira, e eu disse o que eu devia a Maurice Lombard. Mas ele estava muito debilitado desde 1961-1962 e não queria falar, também sua mulher não queria, mas ele emagrecia e alguns sinais levavam a pensar em câncer. Quando retornei no outono de 1964, recebi a triste notícia: Maurice Lombard morrera. Eu estava em férias e foi difícil encontrar-me. Conservei afetuosas relações com sua viúva e com seu filho, ambos excelentes historiadores.

Tal como minha mulher e meus filhos, a amizade conta muito em minha vida. Além de uma carreira, a Hautes Études iria me proporcionar um novo grupo de amizade, provavelmente o último, constituído sobretudo no decorrer dos anos 1970 – esses amigos mais recentes mas não menos queridos, pertencendo em sua maioria à geração seguinte. Numa certa idade, felizmente vinte anos de diferença não impedem a reciprocidade da amizade. Não nomeio aqui esses amigos. Eles se reconhecerão ao me ler. Saberão que nutro por eles a mesma intensa amizade que dedico aos meus amigos mais velhos.

4
O ofício de historiador.
Mestres e inspiradores

Os precursores

Data de 1929 a criação da revista dos Annales, *que traduz uma verdadeira revolução na concepção da história. Seus dois fundadores, Lucien Febvre e Marc Bloch, tiveram, contudo, predecessores na sua tentativa de construir uma nova história.*

De fato, com os *Annales* pode-se falar em uma verdadeira revolução na concepção da história, pela busca de uma história total, não deixando de lado nenhum aspecto, das sociedades e dos homens, quer se trate da história das técnicas, da história econômica, da sensibilidade, da alimentação. Perguntei-me se no passado historiadores já não haviam esboçado esse tipo de história e me dei conta que tinha havido mais do que se poderia pensar.

Voltar aos historiadores do século XVI, o que poderia parecer criterioso, seria do mesmo modo uma tarefa por demais erudita. Assim, encontrar em *La popelinière* (de que se fez recentemente uma edição interessante, por iniciativa de Michel Serres) os primeiros traços desse tipo de história não é algo evidente. Mas há

100   Uma vida para a história

pelo menos quatro grandes escritores franceses que apresentaram o programa que seria o dos *Annales*, ou pelo menos as suas orientações.

Quais são esses grandes escritores que o Sr. considera precursores?

De início, Voltaire, em particular nas *Nouvelles considérations sur l'histoire* (1744) e no *Essai sur les moeurs*, que contém páginas admiráveis e muito lúcidas onde ele explica que a evolução do preço das especiarias em Amsterdã constitui um acontecimento mais importante que as aventuras das amantes reais ou as ocupações próprias dos reis.

Em seguida, e sei que isso causa espanto, Chateaubriand. O que mais seduz nas *Mémoires d'outre tombe* é a maneira pela qual o próprio autor se coloca em cena, nos faz encarná-lo, é a evocação daqueles que ele conheceu, é esse tom inimitável, mas há também nessa autobiografia uma concepção de história extremamente profunda. Chateaubriand escreveu, nos seus *Études historiques* (1831), páginas auspiciosas sobre o que devia ser uma verdadeira história.

Há ainda Guizot, político desprezível mas grande historiador, de quem é necessário reler o *Cours d'histoire moderne* (1828). François Furet, certamente, veria nele um ancestral, mas devo, entretanto, reconhecer que, em sua análise sobre o feudalismo, Guizot é insuperável. Não é por acaso que foi nele que Marx encontrou a noção de luta de classes.[1]

Victor Hugo? Certamente é um admirável escritor, digo-o de coração, mas não teve o mínimo de profissionalismo necessário para ser considerado historiador. Assim chegamos a Michelet.

---

1 Citações de textos de Voltaire, Chateaubriand e Guizot em EHRARD, J., PALMADE, G. *L'Histoire*. Paris: Armand Colin, 1964. (Col. "U"). Sobre o conjunto do problema, LE GOFF, J. *Introduction à la Nouvelle Histoire.*, 2.ed. Bruxelles: Complexe, 1988. [Ed. bras. *A história nova*. São Paulo: Martins Fontes, 1993].

A descoberta de Michelet

Walter Scott e Michelet foram para o Sr. leituras de juventude?

No liceu, lá pelos treze ou quatorze anos, enquanto muitos dos escritores ditos clássicos, cuja leitura nos era imposta, me pareciam enfadonhos, eu era apaixonado por Walter Scott com seu talento romanesco e por Michelet, mais difícil, mas ainda mais entusiasmante. Foi pela sua leitura que a história me fascinou.

Cheguei a tirar da leitura de Walter Scott algumas idéias sobre a história: por exemplo, em *Ivanhoé*, a luta entre os saxões e os normandos, ou a luta de classes entre a aristocracia e as revoltas de Robin Hood, ou ainda a posição dos judeus na sociedade da Inglaterra medieval. Tudo isso vai ser confirmado pela minha leitura de Augustin Thierry, certamente preocupado demais com o tema étnico que domina *L'histoire de la conquête de l'Angleterre par les normands*. Todavia, Walter Scott nunca me pareceu um historiador, mas um romancista cujas narrativas suscitavam uma imagem muito sedutora dessa Idade Média que seria objeto de meus estudos.

Michelet é diferente. Muito rapidamente compreendi tratar-se, além de um grande escritor, de um mestre da disciplina que me atraia.

Em que Michelet pareceu ao Sr. um verdadeiro historiador?

A *Histoire de France* de Michelet é incontestavelmente uma grande obra literária, mas tem uma fundamentação científica, ela se nutre de um conhecimento e de uma utilização de arquivos e de documentos, e não apenas de crônicas, o que distingue Michelet de Walter Scott ou Victor Hugo.

Todavia, quando exprimo essa admiração pelo trabalho de Michelet, provoco reações muito vivas de muitos de meus colegas medievalistas, que acham que Michelet é literatura, que não é muito sério. De fato, seu célebre texto sobre os arquivos, do qual se conserva apenas um aspecto visionário, descreve um

102 *Uma vida para a história*

fato real. Michelet devorou os arquivos e se lançou sobre eles como um verdadeiro trabalho. É verdade que não era o primeiro: um certo número de historiadores da Idade Média e do século XVI, os beneditinos de Saint-Maur, no século XVII, já tinha trabalhado nos arquivos, sobre manuscritos.

Em 1830, seus amigos estão no poder e o jovem Michelet é nomeado chefe da seção histórica dos Arquivos Nacionais. Ele é contemporâneo à criação da École de Chartes. Não se pode acusá-lo de inventar acontecimentos, longe dos documentos; é a interpretação destes que pode ser contestada, não sua realidade.

Michelet teorizou sua concepção de uma história nova?

Ele o fez no *Préface à l'Histoire de France*, de 1869, texto essencial, verdadeiro manifesto de uma história nova. Michelet não se sente satisfeito com tudo o que se escreveu no domínio histórico até ele. Ele quer uma história ao mesmo tempo mais "material" e mais "espiritual".

História mais "material" é algo claro e começou a ser largamente praticado, em nossa época. É o que chamamos de história da cultura ou da civilização material, a história dos materiais e das matérias, a história das técnicas e do cotidiano. O que seria de uma história sem o ferro ou a madeira, sem as habitações, sem as vestes, sem as ferramentas, sem as armas, sem alimentação etc.?

História mais "espiritual"? A palavra está hoje fora de moda e o conteúdo que lhe conferia Michelet, também não é, penso, o mesmo conferido hoje pelos historiadores. Ele pensava essencialmente nas idéias nacionais: um povo não vive somente de pão, mas também de idéias e de paixões. Dessa forma, reencontra-se a história das mentalidades, da sensibilidade, dos valores, a história do imaginário. Nosso programa, em muitos pontos, decorre pois do programa de Michelet, claro que com fontes, métodos que ele não tinha à sua disposição.

O que faz a importância de Michelet é a união entre seu conhecimento dos documentos e sua força criadora, que lhe permitiu colocar em evidência fenômenos muito significativos do passado, que tinham escapado a outros historiadores ou que não tinham sido apresentados com a força da sua visão. É por isso que se pode fazer dele um dos predecessores dos *Annales* e compreende-se que Lucien Febvre lhe tenha consagrado um belo livro.[2]

No que me diz respeito, foi certamente lendo Michelet que tive essa idéia – a expressão foi cunhada por Pierre Nora, mas pareceu-me desde logo exprimir o que eu desejava – de *Un autre Moyen Âge*. Antes de colocá-la como título de uma coletânea de meus artigos, foi em Michelet que encontrei a inspiração.

O que pensa o Sr. da ambição de Michelet de alcançar uma ressurreição integral do passado?

Essa idéia seduziu muito particularmente a Lucien Febvre. Ela foi difundida e comentada à exaustão. De minha parte, estou cada vez mais distanciado desse projeto que creio tratar-se de um equívoco. É verdade que a vontade de Michelet desemboca numa história viva, na qual não se fala apenas de pessoas que estão mortas, mas sobretudo das pessoas que venceram o tempo, pessoas do passado com certeza, mas que apresentamos como vivos, não simplesmente como peões das instituições e das estruturas, mas homens e mulheres de carne, com um coração.

Mas o que é ilusório nessa concepção – percebi em seguida – é que não apenas é impossível para um historiador ressuscitar integralmente o passado, como não é esse o seu objetivo. A história, mesmo que recorra a uma escrita, à narrativa, a retratos, permanece um esforço de explicação. Mergulhar no passado como está implicado na idéia de ressurreição integral é uma empresa que não apenas é vã e ilusória, como anticientífica. Temos que tentar reencontrar o sabor do passado, a vida, os sentimentos, as mentalidades de homens e de mulheres, mas em sistemas de exposições e interpretações de historiadores do presente. A evocação deve servir para ajudar a compreender.

Acrescento que a ressurreição integral do passado não apenas é vã, como também uma negação do tempo, enquanto o historiador é um especialista do tempo. Tentando chegar aos limites

---

2 FEBVRE, L. *Michelet*. Lausanne: Éd. des Trois Collines, 1946. (Col. "Les Classiques de la Liberté").

104   Uma vida para a história

do que acreditava ser a vocação do historiador, Michelet corre o risco de uma concepção anti-histórica.

Em 1974, o Sr. publicou um artigo intitulado "Les Moyen Âge de Michelet" lembrando as suas diferentes atitudes em relação à Idade Média, e demonstrando que estas são funções de seus juízos ou de seus comprometimentos com as lutas internas da França do século XIX.[3]

Tratava-se de um pedido de meu amigo Paul Viallaneix, diretor da admirável edição das obras completas de Michelet que ele desenvolvia para a editora Flammarion. Parti da afetividade de Michelet, de sua extraordinária paixão, de sua sensibilidade em relação aos seres. A França era para ele uma pessoa. Alguns anos mais tarde (em 1846), ele se deixará enveredar por um caminho perigoso com o seu livro *Le peuple*, onde há contudo belas páginas. Mas o povo raramente é uma realidade histórica, é uma imaginação, não é uma boa noção para o historiador.

Michelet não apenas foi um espectador, mas um ator da vida política francesa. Conhecemos suas lutas contra a Monarquia de Julho, suas aulas inflamadas em sua cátedra no Collége de France, a partir de 1838 (até sua suspensão pelo governo de Guizot, no início de 1848, e sua destituição sob a presidência de Louis-Napoléon, em 1851). É difícil que isso não repercuta de alguma maneira em sua obra.

No início, nos anos 1820, como Victor Hugo, encontramo-nos diante de um homem da Restauração, do romantismo, e mesmo que ele tenha conservado a herança das Luzes, permanece sensível aos valores a que chamará espirituais e que, naquele momento, são em grande parte valores religiosos. A Revolução havia praticamente matado a história colocando-se como um começo absoluto e indo buscar os seus heróis na Antigüidade romana, negação dessa continuidade que é a história. A Restauração, paradoxalmente, é uma liberação da história e foi então

---

3   LE GOFF, J. Les Moyen Âge de Michelet. In: MICHELET, *Oeuvres complètes*. P. Viallaneix (Ed.), I, IV, *Histoire de France*, I. Paris: Flamarion, 1974 (reimpresso em *Pour un autre Moyen Âge*, p.19-45).

por essa época, até 1841, que Michelet escreveu os primeiros volumes de sua *Histoire de France*, que vão até Luís XI e Carlos, o Temerário.

Sente-se em Michelet o seu fascínio pela Idade Média, na qual via o aparecimento do povo; ele se apaixona pela arte gótica, anticlássica, para ele a expressão da modernidade.

Contudo, nosso historiador vai cada vez mais se tornando antimonárquico, cada vez mais hostil à Igreja e ao catolicismo. É esse o momento em que, na redação da sua *Histoire*, ele atinge o século XVI e, bruscamente, tem a impressão de se ver enganado. Diante da Idade Média arcaica e intolerante, sente repentinamente que a luz e a liberdade chegam com a Renascença e a Reforma, e com esse personagem que é para ele a encarnação de uma libertação dos homens, Lutero. Lucien Febvre foi certamente inspirado por Michelet nesse ponto, e foi provavelmente isso que o levou a escrever *Un destin, Martin Luther.*[4]

De minha parte, não comungo dessa visão de Lutero, por Michelet, de quem não nego, nem por isso, a grandeza e a importância. O que me impressiona é, sobretudo, a maneira pela qual Lutero, muito rapidamente e ainda que sob outras formas, retoma as posições da Idade Média do ponto de vista propriamente religioso, nos conflitos alemães, na guerra dos camponeses, na concepção de uma religião cristã. Esta, como a de Calvino, se é traduzida por um certo número de reformas, aos olhos do cristão não-praticante que sou, não me parece ter trazido uma resposta à renovação que os dois reformadores tinham a intenção e impressão de oferecer.

Daí a ruptura está definitivamente consumada entre Michelet e a Idade Média e, a partir dos anos 1850, ele não fará senão se aprofundar nessa linha nos prefácios e nas introduções. Foi somente pelo fim da sua vida que – diante da grande revolução industrial que se desenvolve e passa a constituir o verdadeiro Terror contemporâneo – Michelet parece tentado a se voltar para a Idade Média da sua juventude, que ele evoca como o ventre materno ao qual sonha retornar.

---

4 FEBVRE, L. *Un destin, Martin Luther.* 1.ed. [1927], 2 e 3.ed. Paris: Presses Universitaires de France, 1945 e 1951.

106 *Uma vida para a história*

O pequeno livro que Roland Barthes dedicou a Michelet[5] ajuda a compreender o personagem?

Sim, para mim, profundamente. Com grande inteligência e muita sutileza, e mesmo não sendo historiador, Roland Barthes sentiu Michelet em seu tempo, analisando em conjunto o ho- mem e a obra. Ele viu sobretudo em Michelet, segundo suas próprias palavras, uma rede de obsessões.

Essa noção me interessa, primeiro porque ela me faz compreender melhor a obra e a pessoa de Michelet. Depois, porque tentei introduzir em alguns de meus artigos recentes, e em particular no prefácio do volume coletivo sobre *L'homme médiéval*,[6] esse estudo de "obsessões" dos homens da época, que me parece muito esclarecedor para o historiador.

Dessa forma, o sistema ideológico e cultural no qual é tomado o homem medieval, o imaginário que o habita impõem à maioria dos homens, clérigos ou leigos, ricos ou pobres, poderosos ou fracos, estruturas mentais comuns, objetos semelhantes de crença, de imaginação, de obsessão. O homem ocidental de hoje conservou, mais ou menos atenuadas, remodeladas em novas síndromes, algumas dessas sinuosidades de mentalidade ou de comportamento. Mas a evocação dessas obsessões nos mostra sobretudo nossas diferenças do homem medieval. Para restituir sua imagem, o historiador deve recorrer ao seu sentido de mudança.

Os temas dessas observações são conhecidos: a obsessão do pecado, da outra vida, da memória, do simbólico. Outros são menos evidentes: nessa linha, o homem medieval é fascinado pelo número, primeiro o número simbólico, depois, sob a pressão das novas necessidades da sociedade, o número aritmético e o movimento intelectual que o envolve, paixão bem estudada por

---

5 BARTHES, R. *Michelet*. Paris: Seuil, 1954. (Col. "Écrivains de Toujours"). Reimpresso e atualizado em "Points", 1988.

6 Ver *L'homme médiéval*, obra coletiva publicada na coleção "L'Univers Historique", com prefácio de Jacques Le Goff, ed. original em italiano; edição francesa, Paris: Seuil, 1989.

Alexander Murray.[7] Enfim, as imagens tanto quanto a cor traduzem o universo simbólico e a sensibilidade medievais de uma maneira obsessional.[8]

Voltando a Michelet, estão em vias de publicação sua *Correspondence générale* e seus *Cours au Collège de France.*[9] Aí o gênio do homem e historiador resplandece. Sabe-se que ele quis fazer de sua *Histoire de France* uma autobiografia. Nessa história, pelo ódio e pelo amor, o que o torna mais ele mesmo é a Idade Média com a qual durante toda a sua vida coabitou, lutou, fascinado por ela. Essa autobiografia tornou-se a nossa biografia coletiva. Essa Idade Média era ele e somos nós.

De maneira geral, fico feliz em constatar a atualidade de Michelet: não apenas um gigante da escrita, e na exaltação de que tem sido objeto há provavelmente uma certa sedução do estilo, mas também não deixa de ser o mestre da história nova. E o que ele ensinou a todos nós, em todo caso, é que a história é a vida.

Marc Bloch e os primeiros *Annales*

Quando o Sr. conheceu a obra de Marc Bloch?

Meu primeiro contato data da época em que eu era estudante, nos anos de 1945 e 1950. Não tinha ouvido falar dele antes, mesmo no curso preparatório, onde, na verdade, não havia no

---

7 MURRAY, A. *Reason and Society in the Middle Ages.* Oxford: Oxford University Press, 1978.

8 Falei em outro lugar do trabalho feito em comum com Michel Pastoureau, de quem é necessário ler *Figures et couleurs.* Études sur la symbolique et la sensibilité médiévales. Paris: Le Léopard d'Or, 1986. Lembro os trabalhos essenciais de Jean-Claude Schmitt e de sua equipe sobre a "Imagem medieval".

9 *Correspondence générale*, por Jules Michelet, edição estabelecida por Louis Le Guillou, três volumes publicados por Honoré Champion, Paris, e um quarto anunciado. *Cours au Collège de France*, por Jules Michelet, dois volumes publicados por Paul Viallaneix, Paris: Gallimard, 1966. (Col. "Bibliotèque des Histoires"). Ver FURET, F. Michelet, le réveil du volcan, *Le Nouvel Observateur*, 12.10.1995.

108 *Uma vida para a história*

programa curso de História Medieval. Não pude encontrá-lo, uma vez que somente cheguei a Paris alguns meses depois de sua morte. Em compensação, veria muitas vezes Lucien Febvre, que morreu em 1956.

Marc Bloch é de longe para mim o maior medievalista e historiador que, ainda que eu não o tenha conhecido, deixou em mim, com Maurice Lombard, a marca mais profunda. É aquele cuja obra e personalidade mais me impressionaram. Acontece-me de dizer, quando escrevo alguma coisa: "O que será que Marc Bloch pensaria disso?" Como ele era muito severo, essa questão tem a vantagem de me levar a procurar respostas um pouco rudes. É um convite à autocrítica, ao rigor.

Foi à La societé féodale, *depois aos* Les caractères originaux de l'histoire rurale française *a que o Sr. se ligou em primeiro lugar?*

Tive de ler seus livros muito rapidamente, um após outro, e confesso que não me lembro em que ordem. Mas aquele que causou em mim, de imediato, a mais forte impressão foi *La societé féodale* (1939-1940), vigorosa e original síntese que transfigurava a história das instituições através de uma concepção global da sociedade, integrando história econômica, história social e história das mentalidades. A impressão em mim produzida foi muito grande na medida em que, sou obrigado a repeti-lo, a imagem que eu possuía do caráter feudal era a que Halphen me havia proporcionado, e que me decepcionara profundamente. De repente, consegui ver o que se poderia dizer da sociedade feudal.

Depois, no transcorrer da minha carreira, fui levado a ter grande apreço por *Les caractères originaux de l'histoire rurale française*. Trata-se de conferências que Marc Bloch fez em 1931, em Oslo, a convite do Institut pour l'Étude Comparative des Civilisations. Fui me tornando muito sensível, com a idade, aos aspectos "profissionais" desse livro, à utilização de novas fontes, de novos documentos – os cadastros –, ao estudo das paisagens, dos solos, da forma dos campos, ao que nisso pudesse ter de utilização inteligente dos aspectos técnicos e materiais na história econômica e social.

É a Marc Bloch que eu devo, e em seguida a Georges Duby, a compreensão da importância fundamental da terra, da economia rural na Idade Média, quando 90% da população era camponesa. Esse não era o campo sobre o qual mais particularmente eu havia privilegiado minhas reflexões e minhas investigações. Não trabalhei muito, então, sobre o mundo rural – afora alguns pequenos estudos sobre os camponeses da Idade Média –; e à vezes lamento um pouco isso. Trata-se evidentemente de um mundo de capital importância, e Marc Bloch foi primeiramente o homem da sociedade rural.

A seguir vem a experiência, particularmente importante, de Os reis taumaturgos, o primeiro livro de fato de Marc Bloch, escrito em 1924.

Confesso que *Os reis taumaturgos*, que se tornou em seguida um dos meus livros de cabeceira, não me causou, de princípio, uma impressão tão forte. Primeiro, fui um pouco desencorajado pela enorme erudição presente nessa obra, pelo aparato crítico, pelas notas etc. E depois, devo dizer que eu não tinha percebido a novidade, o caráter pioneiro da obra. Foi quando me senti atraído pela etnologia e antropologia, no fim dos anos 60, que senti o caráter absolutamente inovador desse livro e a forma como ele abria novos caminhos à história política. Sob a influência dessa obra, escrevi um artigo intitulado "L'histoire politique est-elle toujours l'épine dorsale de l'Histoire?" ["A história política é sempre a espinha dorsal da História?"],[10] onde respondia "sim", com a condição de fazer uma história política renovada. E o modelo desta seria *Os reis taumaturgos*.

Eu de fato via como o que se começava a chamar de representações, o imaginário, o símbolo, era um componente essencial da história política. A seguir, eu próprio e muitos historiadores passamos a considerar que essas orientações, esses aspectos

---

10 LE GOFF, J. L'histoire politique est-elle toujours l'épine dorsale de l'Histoire?, publicado pela primeira vez in: *Daedalus*, 1971, reimpresso no *L'imaginaire médiéval*, p.333-49. Ver prefácio de Jacques Le Goff à nova edição de *Les rois taumaturges*, Paris: Gallimard, 1983. [Ed. bras. *Os reis taumaturgos*. São Paulo: Companhia das Letras, 1993].

110 Uma vida para a história

eram fundamentais para todos os tipos de história, incluindo a história econômica, por exemplo, mas era no campo político que essas considerações, me parece, poderiam trazer as maiores inovações.

Pareço ter mania de perseguição contra o mesmo historiador, mas me recordo do caudaloso artigo de Halphen sobre o lugar do rei no sistema feudal. Era bastante superficial...

Os medievalistas tradicionais nos conduziam por maus caminhos para compreender o crescimento do poder real, em particular na França, quando falavam de um rei extremamente fraco, um Hugo Capeto, a respeito de quem sempre surgia a anedota: "Quem te fez conde? Quem te fez rei?".[11] Este dispunha desde o começo de um poderoso trunfo que é o caráter sagrado da realeza. Naturalmente, era necessário ampará-lo com uma força militar, com um poder constitucional, com um verdadeiro poder político, no sentido tradicional do termo, mas havia no caso um trunfo que fazia do rei um personagem sem par.

Com Marc Bloch podíamos compreender: o rei era o único entre os poderosos a mobilizar essa aura sagrada, esse conjunto de símbolos e de imagens.

Todavia, guardei a lembrança de Charles-Edmond Perrin dando início a um curso de licenciatura de 1946 ou 1947 prestando homenagem ao historiador desaparecido e nos dizendo: "Não se esqueçam jamais de que os alemães mataram Marc Bloch".

É verdade. Tinha havido um relacionamento estreito entre Bloch e Perrin. Antes de mais nada, estiveram juntos na École Normale Supérieure, depois em Estrasburgo. Penso sempre que a obra de Charles-Edmond Perrin foi mais ou menos sufocada, em parte conscientemente, em parte inconscientemente, por dois acontecimentos: um deles foi a morte prematura de sua mulher ainda muito jovem, muito bonita e apaixonantemente amada; o outro, a rápida notoriedade de Marc Bloch, que passou

---

11 Essa apóstrofe lançada por um senhor vassalo a Hugo Capeto era visto como ilustrativa da fraqueza do rei ante os senhores que o elegeram em 987.

a ocupar o lugar de medievalista francês número um, que Perrin, de uma maneira ou de outra, talvez pensasse estar reservado para si próprio. Ele reconheceu a preeminência de Marc Bloch, sem nenhuma amargura. Simplesmente, não querendo competir com ele pelos mesmos caminhos, não procurou sair de uma história mais tradicional, mais institucional, mais jurídica, mas levada a efeito com uma grande força, com uma profundidade muito grande e uma enorme inteligência. Ademais, Charles-Edmond Perrin era da Lorraine, perfeitamente consciente de que dele se esperasse uma indomável forma de patriotismo. Ele sentia cada vez mais a necessidade de afirmar esse patriotismo por ser portador de uma cultura germânica aprofundada (de todos os meus professores, era o que melhor conhecia não apenas a língua alemã, mas a historiografia e a bibliografia alemãs). Tinha-se a impressão de que ele receava ser lido, mais ou menos, como um membro dessa ciência medieval alemã entre a qual ele teria podido de fato figurar. Daí essa insistência na lembrança do sacrifício de Marc Bloch. Eles se encontravam plenamente no patriotismo.

Voltamos a Marc Bloch, a essa grande qualidade que constitui seu espírito de síntese.

Esse espírito de síntese sempre me tocou. Quando descobri a mensagem daquilo que chamamos de história global, a história total dos *Annales*, penso que o primeiro sentido que teve para mim foi justamente o de síntese. A seguir vinha esse rigor no uso das palavras, essa atenção ao vocabulário que se distinguia ao mesmo tempo em sua própria linguagem, em sua própria escrita e na importância que conferia às palavras, a maneira como ele as analisava para explicar um problema histórico. Uma aula de método que entendo sempre fundamental, e que eu lhe devo, ainda que essa atenção às palavras fosse reforçada exatamente pelas interpretações de textos de Charles-Edmond Perrin. Este procedia, apesar de tudo, de uma maneira mais filológica, enquanto em Marc Bloch prevalecia a semântica, disciplina essa

112   Uma vida para a história

que lamento não esteja muito nas graças dos lingüistas, pois talvez seja a principal ciência auxiliar da história.

Os reis taumaturgos *fazem pensar em soberanos de outras épocas. Pode-se considerar Marc Bloch o iniciador do que foi chamado de "comparatismo".*

De fato, descobri que Marc Bloch era o mestre de uma outra orientação da história que entendo mais do que nunca fundamental; que sem dúvida alguma, se ele tivesse sobrevivido, teria querido aprofundar e enriquecer e que permanece ainda hoje como um campo muito aberto. Trata-se da história comparada, de que ele foi um dos pioneiros; é por meio da comparação dos fenômenos e dos sistemas históricos que ele pensava que o historiador poderia aproximar, ao mesmo tempo, essas generalidades que formam a ossatura da história, de resto submetida ao acaso e à individualização, e reconhecer por isso mesmo a especificidade, a originalidade de cada época, de cada sociedade, de cada civilização. Essa história do poder era feita de uma maneira antropológica. Marc Bloch utilizou o que dispunha em sua época e é preciso que se diga que, embora instigante, não era muito sólido. Foi o caso de James-Georges Fraser, o maior teórico de então, no campo da antropologia; foi o caso do *Ramo dourado*, do qual sabemos hoje encerrar tanta imaginação quanto verdade científica, mas esse grande livro visivelmente deu um impulso a um novo método histórico.

Creio que não podemos compreender o que foram os reis medievais se não os compararmos aos reis da Antigüidade, especialmente do Oriente, ou aos "pequenos reis africanos" de hoje. Vi recentemente um documentário na televisão sobre esses reis africanos e era extraordinário! Excelentes etnólogos contemporâneos também descreveram esses soberanos africanos, com essa mistura de familiaridade e sacralidade, de ultramodernismo (carros, computadores etc.) e ritos mais ancestrais, a maneira, por exemplo, como se prostram diante deles do mesmo modo como se prostravam diante dos basileus ou diante do *Xá*, há séculos e séculos. Toda essa longa duração num grande espaço, atravessando as sociedades. Eis os horizontes que *Os reis taumaturgos* abriram.

Foi essa insistência de Marc Bloch sobre a dimensão sagrada dos "reis taumaturgos" que permitiu ao Sr. esclarecer o famoso episódio do encontro entre Carlos VII e Joana d'Arc?

Penso na verdade que Marc Bloch permite pelo menos que se apresente uma hipótese sobre esse episódio quase lendário da história da França, quando Carlos VII, rei de Bourges, recebe Joana d'Arc em Chinon. O episódio é um lugar-comum dos contos: o delfim se escondera entre os outros senhores para ver se ela sabia de fato quem era o rei. Naturalmente, ela se dirigiu a ele sem nenhum embaraço, mas o que me interessa sobretudo é o fato que parece verdadeiro de que Carlos quis ter com ela uma conversa a sós, e que depois de terminado esse diálogo ele foi visto muito mais feliz, muito mais tranqüilo como não o era no início. Penso que Joana d'Arc foi a portadora de uma lenda que talvez não tivesse alcançado a corte de Bourges sobre o sinal real que os verdadeiros filhos de rei tinham no corpo, verossimilmente uma semente de beleza, e que provavelmente ela lhe tenha revelado essa marca, essa possibilidade de prova. Como ele sempre duvidara de sua legitimidade, provavelmente deve ter sido isso que conferiu à visita de Joana a sua plena eficácia. Ora, isso eu imagino com base no que Marc Bloch disse sobre a importância do signo real em *Os reis taumaturgos*.

Marc Bloch assinala também a importância dos rituais, porque o poder taumatúrgico dos reis que conseguiram difundir essa crença na Idade Média – ou seja – o rei da França e o rei da Inglaterra – vem de um ritual, visto tratar-se da sagração real – no caso do rei da França, a sagração em Reims – que lhes confere esse poder. Mas, ao mesmo tempo, ainda que Marc Bloch o tenha indicado, não se insistia suficientemente no fato de que tocar as escrófulas obedece propriamente a um ritual; pois – e isso permite compreender melhor como se pôde acreditar na eficácia do milagre real –, o rei o faz apenas em algumas ocasiões, em algumas festas, em certos lugares, segundo um determinado rito que compreende não somente o contato da mão, mas o sinal

114   Uma vida para a história

da cruz e uma fórmula: há nisso todos os ingredientes, se assim se pode dizer, que conduzem ao sentimento de autenticidade e de crença. Marc Bloch nos permitia assim, a mim pelo menos, ver todo o interesse do recurso aos métodos dos etnólogos e dos antropólogos.

Passando para um outro plano, o Sr. admirou as resenhas escritas por Marc Bloch e a maneira pela qual ele sabia apresentar as obras que o haviam interessado.

Essa arte da resenha constitui uma das minhas importantes lacunas pessoais. Não as escrevo, reservando-me para uma difusão do resultado de minhas leituras junto a um público mais amplo que o das revistas especializadas: leitores de jornais e de revistas de grande divulgação, ouvintes de rádio. Eu desejo, e creio que isso será feito, que se reúnam e que se editem todas as resenhas de Marc Bloch, sobretudo nos *Annales*, mas também na *Revue Historique* e em outras revistas. As resenhas desempenharam, no que chamamos de primeiros *Annales* de Febvre e Bloch, de 1929 a 1940, um papel muito importante. Conhece-se o cuidado na escolha dos livros ou dos artigos de que ele falava, para fazer o elogio ou a crítica. Os dois diretores da revista é que escreviam a maioria das resenhas – o que infelizmente não mais fazemos – e isso conferia a esses textos um valor muito grande.

Ora, Lucien Febvre e Marc Bloch, que eram, como se sabe, muito diferentes – foi essa complementaridade que conferiu a eficiência aos *Annales* – não intervinham da mesma maneira. Eu diria, retomando uma metáfora agrícola que, talvez, agradasse a Marc Bloch, que Lucien Febvre fazia a resenha extensiva e Marc Bloch, a intensiva.

Lucien Febvre tinha ao seu lado uma pilha de livros – chamava aliás sua rubrica de "A espátula"; era a época em que se precisava cortar as páginas dos livros – dos quais ele lia um parágrafo aqui outro acolá. Dessa forma ele concebia uma idéia do livro, destacava uma passagem que lhe parecesse muito interessante ou, ao contrário, que o arrepiasse, e escrevia a sua resenha em geral em algumas linhas; pode-se falar de uma crítica de humores, mas que era feita por um homem muito erudito e muito inteligente, dotado de uma bela escrita, e que contribui para conferir um ar impetuoso à revista.

Para Marc Bloch, o método era diferente: tinha-se a impressão de que ele começava por escolher o que iria ler e que nisso mergulhava. Dedicava à obra uma análise de uma extensão proporcional ao interesse; podia-se já saber, ao longo da resenha, se a leitura do livro valia a pena ou não. Aliás, ele ia em geral ao essencial, via qual o problema colocado pelo livro, se o seu autor havia ou não encontrado uma boa solução, e só acrescentava a essa crítica essencial, positiva ou negativa, apenas alguns detalhes. Mas estes, creio eu, nada deviam ao acaso da leitura rápida e eram sempre significativos. Havia então uma adequação entre o livro e a resenha e, para o leitor, isso correspondia a um guia de leitura de uma qualidade excepcional. Devo dizer que raramente voltei a encontrar uma tal qualidade em resenhas nas revistas.

Em suma, dois apaixonados pela história?

Provavelmente, nunca se falará o suficiente a respeito daquilo que foi uma das grandes virtudes dos *Annales* e que explica a sua justa influência: a revista era dirigida por dois historiadores que nada tinham de burocratas da história, mas que eram apaixonados por ela, com uma enorme erudição, diferente em cada um deles – retomaria os termos extensiva, em Lucien Febvre, intensiva, em Marc Bloch. Ao passo que, quantas teses, quantos trabalhos de historiadores mais tradicionalistas parecem ter sido feitos com um sério constrangimento, com uma espécie de tédio que, lamentavelmente, são comunicados ao leitor! Não vou dizer que se trata de uma história alegre, de jeito nenhum; mas sim de uma história que, sendo apaixonada, é, por conseqüência, apaixonante.

Era, provavelmente, em definitivo, a melhor herança de Michelet.

É difícil saber qual dos dois desempenhou o papel essencial?

Havia entre eles, ao mesmo tempo, uma ligação pessoal e uma importante cumplicidade que explicava essa amizade, es-

116   Uma vida para a história

sencialmente fundada sobre o fato de que juntos tinham criado algo e que juntos viviam uma grande aventura intelectual. Mas eles tinham também temperamentos muito diferentes, concepções da história em certos pontos bastante diversas, e suas relações deviam ser bastante estranhas.

Talvez não tenhamos ainda a explicação minuciosa que exige esse grande problema. Cada um deles, segundo o seu temperamento, tinha um desejo igual de fazer essa revista e não sei qual deles teria sido o primeiro a ter a idéia. Às vezes se adianta que foi Lucien Febvre. Certamente eles pensaram de modo muito rápido e quase em conjunto que o instrumento para desempoeirar a história – e até mais do que isso, para falar como Michelet, o meio para ressuscitar a história – era uma revista. O que se pode supor é que Lucien Febvre colocou nisso mais chama e Marc Bloch, mais concentração.

Lucien Febvre, um pouco mais velho, tinha nessa época mais desenvoltura que Marc Bloch e, certamente, pôde beneficiar-se de apoios, de relações que ajudaram muito o nascimento e o desenvolvimento da revista.

Muitos historiadores, Jacques Revel em primeiro lugar, trabalharam sobre os *Annales* e sobre Mac Bloch, e tenho a intenção de, por minha vez, retomar essa história, mais essencialmente para tentar desenvolver o que chamaria de perfil intelectual de Marc Bloch, ou seja, o que ele recebeu dos sucessivos meios intelectuais nos quais viveu e como reagiu a essas influências.

No que me toca, as coisas são claras: Lucien Febvre não exerceu sobre mim o mesmo impacto que Marc Bloch; primeiro, simplesmente porque sou medievalista e Marc Bloch também o era; mas também porque suas aulas de método me influenciaram mais que as de Lucien Febvre. Todavia, penso que é bom diferenciar um do outro; não se deve pensar que se trata de duas cabeças para o mesmo chapéu: cada cabeça era bem separada e tinha o seu próprio chapéu, e isso pode explicar um certo número de caracteres originais dos *Annales*, como diria Marc Bloch. Ao todo, até a guerra, penso que não se pode dissociá-los e, menos ainda, hierarquizá-los.

A experiência da guerra mudou tudo. Como considerar a atitude de Lucien Febvre em relação a Marc Bloch?

Tentei dizer, num colóquio publicado em Moscou, em 1989, sem dissimular, o que pode ter havido de desagradável na atitude de Lucien Febvre em relação a Marc Bloch. Não se deve entretanto exagerar nem a deslealdade de Lucien Febvre, nem a irritação de Marc Bloch. Quanto às elocubrações em torno de se saber se teriam continuado a trabalhar juntos depois da guerra, caso Marc Bloch não houvesse desaparecido, os testemunhos são contraditórios e esse é o tipo de questão insolúvel que é melhor não ser levantado. Ainda uma vez, penso que Lucien Febvre não avaliou suficientemente a questão de que, pretendendo a todo custo continuar a publicar os *Annales* sob a Ocupação nazista, era necessário que aceitasse, em razão das leis racistas de Vichy, a retirada do nome de Marc Bloch da capa da revista.[12]

Isso é grave. Foi dessa forma que Gaston Gallimard, por exemplo, se comportou e é dessa maneira que se pode justificar toda atitude de colaboracionismo ou, simplesmente, de passividade em relação à Ocupação.

Sim, é grave. A razão que levou, creio eu, Lucien Febvre a aceitar essa exigência foi exatamente a maneira pela qual ele amava apaixonadamente, como Marc Bloch, mas de um outro jeito, os *Annales*. Ele certamente foi persuadido de que interromper a publicação, e não apenas por alguns meses, correspondia a afundar uma revista que não tinha mais que dez anos de existência. Ele aceitou então pagar o preço. O mais desagradável é que ele não se deu conta de quanto havia – não sei que palavra usar – de ofensivo, de incompreensível com respeito a Marc Bloch, e de condenável em si nessa atitude.

---

12 Dessa forma, a revista, fundada em 1929 com o título de *Annales d'Histoire Économique e Sociale*, sob a direção conjunta de Marc Bloch e de Lucien Febvre, tornou-se, com a guerra, *Annales d'Histoire Sociale*, tendo o nome de Marc Bloch sido retirado da capa. A revista adotará em 1946 o nome de *Annales: Économies – Sociétés – Civilisations*; o subtítulo mudou em 1994 para *Histoire, Sciences Sociales*.

118 Uma vida para a história

Isso, infelizmente, revelava que um homem como Lucien Febvre, que estou persuadido de que não era anti-semita – suas relações e sua colaboração com Marc Bloch excluem de forma absoluta que se possa admiti-lo –, pensava que os judeus franceses, sendo verdadeiros franceses e, no caso não isolado de Bloch, grandes patriotas, não eram totalmente franceses como os outros. Do ponto de vista do historiador, seria necessário analisar esse caso com cuidado.

Quanto a Marc Bloch, ele certamente viveu uma crise interior muito forte e de início expressou, em maio de 1941, numa carta a Lucien Febvre, seu desacordo em relação à continuação da publicação da revista sob o regime de Vichy. Contudo, ele colaborou na revista sob o pseudônimo de Marc Fougerès e, em outubro de 1942, numa nova carta a Lucien Febvre, reiterou sua desaprovação e admitiu o direito de Febvre à sua decisão.[13]

---

13 Esse problema da atitude de Lucien Febvre durante a Ocupação e o reaparecimento dos *Annales* voltou à tona nos últimos anos, com o livro do historiador suíço Philipe Burrin, *Les français à l'heure allemande* (Paris: Seuil, 1995) e com a entrevista por ele concedida à revista *L'Histoire*, em dezembro de 1994. Burrin prefere empregar a palavra "acomodação" em vez de colaboração. Ele cita o caso de Joliot-Curie, que aceitou a presença de cientistas alemães em seu laboratório do Collège de France para salvar a existência da instituição, ao mesmo tempo que, a partir de 1941, ele se compromete ativamente com a Resistência. Da mesma forma, para Burrin, os sentimentos antialemães de Lucien Febvre estão fora de questão, mas este procura a qualquer preço fazer reaparecer os *Annales*, donde a troca de correspondência entre Febvre e Bloch, na primavera de 1941, mostrando as divergências entre os dois homens. Febvre teria dado provas de uma "desconcertante falta de tato". Marc Bloch acaba por ceder e a revista reaparece nas condições dos responsáveis pela Ocupação. Pierre Daix, em seu *Braudel* (Paris: Flammarion, 1995), não dedica mais que treze páginas (p.187-200), à "atitude de Lucien Febvre sob a Ocupação". Trata-se, em termos polêmicos em relação a Philipe Burrin, de uma defesa incondicional de Lucien Febvre e o relançamento dos *Annales* é apresentado como um ato de Resistência: "Fazer passar quando possível uma presença intelectual francesa pelo livro ou por outro impresso legal, enganando a censura". Pierre Daix baseia-se essencialmente no antigo testemunho de Fernand Braudel, *Hommage à Lucien Febvre* (Paris, 1953), e no artigo recente de Paule Brandel, "Ce que je sais de Lucien Febvre", *Liberation*, 24.3.1995 (M. H.).

O interessante é que as diferenças entre os pais tornaram-se, pelo que me pareceu, uma franca hostilidade entre os filhos. Étienne Bloch defende seu pai e critica Lucien Febvre, e Henri Febvre, sem propriamente atacar Marc Bloch, afirma a superioridade intelectual e a primazia do papel de seu pai nos *Annales*. É difícil fazê-los colaborar: foi necessária muito diplomacia para que autorizassem a publicação da correspondência de seus pais, e Pierre Nora, cansado depois de muitos esforços, deixou o livro escapar-lhe das mãos quando parecia ter obtido uma promessa firme de contrato. Henri Febvre não quis procurar a Gallimard, embora tenham se dirigido à Fayard.[14]

Foi sob a Ocupação que Marc Bloch escreveu o belo livro L'étrange défaite, *que só foi publicado depois de sua morte.*

A guerra de 1914-1918 já havia marcado esse jovem capitão de 28 anos que, ferido e titular de cinco menções honrosas, obrigado a se retirar em convalescença em virtude de uma doença grave, escreveu as suas recordações dos cinco primeiros meses do conflito e tirou, como historiador, as conclusões da sua experiência.[15] A partir disso, Marc Bloch ficou convencido de que "se a incompreensão do presente nasce fatalmente da ignorância do passado, não é menos verdadeiro que é necessário compreender o passado pelo presente". Assim se esboça a importância do "método regressivo",[16] que ele já aplica ao escrever seu *Os reis taumaturgos* (em 1924), quando nota que a psicologia dos soldados e dos homens de 1914-1918 esclarece a atitude das pessoas da Idade Média diante do milagre real.

---

14 Ver BLOCH, M., FEBVRE, L. *Correspondance*. Edição estabelecida, apresentada e anotada por Bertrand Müller. Paris: Fayard, 1994. "La naissance des *Annales*, 1929-1933".

15 Ver BLOCH, M. *Souvenirs de guerre, 1914-1915*. Paris: Cahier des *Annales*. 1969.

16 É preciso aproximar esse método das concepções de arqueologia e de genealogia de Michel Foucault que, de uma maneira mais geral, manteve relações intelectuais complexas com os historiadores da "Nova História", mas que foi para mim um grande desbravador de caminhos, numa relação única entre filosofia e história, longe de toda filosofia da história.

120 *Uma vida para a história*

No outono de 1939, Marc Bloch não hesita, apesar dos seus 54 anos e seis filhos, em retomar o serviço no exército francês, com o qual teve que recuar até Rennes, e é aí que, a partir de junho de 1940, começa a escrever *L'étrange défaite*,[17] um extraordinário esforço de compreensão e de interpretação do desastre.

O que se chamou mais tarde história imediata encontrou aí seu modelo de uma maneira particularmente incisiva. Marc Bloch tenta explicar essa derrota que o marcou profundamente e que, tanto como patriota quanto como historiador, muito o "espantou", no sentido forte do termo, porque ela é estranha, repentina, surpreendendo um povo aturdido, que se imaginava protegido de um desastre desse gênero. Ele assinala com exatidão como o historiador que se esforça na busca de continuidades ou semelhanças deve também ser sensível à novidade, ao estranhamento.

Esse ensaio é particularmente bem-sucedido por transformar a simples reflexão sobre o que acabava de acontecer em análise que se beneficia do distanciamento e da prática do historiador. O que poderia ter sido uma crônica jornalística revelou-se uma verdadeira reflexão histórica.

Para designar essa porção de história muito próxima de nós, na qual de certa forma ainda vivemos, empregam-se em geral dois epítetos: contemporânea ou presente. Marc Bloch emprega, de preferência, uma outra palavra, "atual", e penso que essa palavra é por todos os títulos notável porque indica duas coisas: de um lado, que se trata de uma história com a qual estamos comprometidos e, de outro, como disse Benedetto Croce, num outro

---

17 A primeira edição de *L'étrange défaite* foi publicada pelas Éditions Franc-Tireur (Paris, 1946), com um prólogo de Georges Altman e o emocionante testamento de Marc Bloch, escrito em 1943: "Eu afirmo pois, se é necessário, perante a morte, que nasci judeu; que jamais sonhei em me negar esse fato nem encontrei nenhum motivo de ser tentado a fazê-lo ... Estrangeiro a todo formalismo confessional, como a toda solidariedade pretensamente racial, eu me senti durante toda a minha vida, antes de tudo e muito simplesmente, francês. Ligado à minha pátria por uma tradição familiar já longa, nutrido de sua herança espiritual e de sua história, incapaz, na verdade, de conceber uma outra onde pudesse respirar à vontade, muito a amei e servi com todas as minhas forças... Morro como vivi, como um bom francês" (M. H.).

contexto, numa outra ideologia, mas que se pode aplicar aqui, porque toda história é uma história contemporânea. A atual é, com certeza, o presente vivido, transformado em história, mas é também a indicação de que fazer-se história do passado se valoriza tornando esse passado atual em relação ao momento em que ele existiu, tal como os homens e as mulheres então o viveram e que alguns o escreveram, mas atual também porque suas conseqüências ainda mexem conosco e estão sempre presentes, reinterpretadas à luz do presente.

Foi na Creuse, um dos seus primeiros refúgios, que Marc Bloch assinou seu livro, *L'étrange défaite*, com essa data um pouco imprecisa: setembro de 1940.

Depoimento de Georges Altman, membro da rede Franc-Tireur,* sobre os últimos meses de Marc Bloch

Foi em Lyon que um dos nossos jovens amigos da luta clandestina me apresentou "seu novo recruta", um senhor de cinqüenta anos, condecorado, rosto fino sob os cabelos prateados, olhar agudo por detrás dos óculos, com sua pasta numa mão, uma bengala na outra. Ele me disse que tinha recusado o armistício e Pétain. Foi assim que o professor Marc Bloch entrou para a Resistência. E logo vimos esse professor da Sorbonne compartilhar com uma fleuma espantosa essa extenuante vida de cães de rua que foi a Resistência clandestina em nossas cidades. Assim, imaginem esse homem feito para o silêncio, para a brandura estudiosa de um gabinete cheio de livros, correndo de rua em rua, decifrando conosco numa mansarda de Lyon a correspondência clandestina da Resistência. Ele teve, como todos, que abandonar sua verdadeira identidade por um duplo, triplo ou quádruplo nome. Foi, assim, sucessivamente, Arpajon, Chevreuse, Narbonne, M. Blanchard. Tornou-se logo delegado da Franc-Tireur no diretório regional dos MUR [Mouvements Unis de Résistance] em Lyon. Junto com os delegados do Combat e da Libération, logo foi um dos principais dirigentes da Resistência de Lyon. Aceitara essa vida de risco e de ilegalidade, não hesitando em viajar clandestinamente para participar, em Paris, das reuniões do CGE (Comité Général et d'Études de la Résistance)... E depois veio a catástrofe: depois de um ano de esforços, a Gestapo (a de Klaus Barbie) conseguiu botar as mãos sobre uma parte do diretório dos MUR. Marc Bloch foi detido, torturado, preso. Soube-se

---

* Movimento da Resistência da região Sul da França. (N. T.)

122 Uma vida para a história

que foi fuzilado em Trévaux, em 16 de junho de 1944. Suas roupas e documentos foram reconhecidos. Eles o mataram ao lado de alguns outros a quem ele incentivava com sua coragem.

Muito mais tarde, o Sr. dará importância à L'apologie pour l'Histoire ou métier d'historien?

É um tratado póstumo sobre o método histórico, publicado aos cuidados de Lucien Febvre em 1949, ensaio inacabado no qual algumas colocações profundas e originais se misturam aqui e ali a rascunhos que o autor certamente teria revisto para a publicação. Naquele momento, esse livro não me impressionou muito porque, desde os anos 1950, meus mestres, em particular Fernand Braudel ou Maurice Lombard, tinham integrado à sua visão da história, ou ao seu ensino, uma grande parte das idéias de Marc Bloch. Depois, tornei a considerar essa obra e, bem recentemente, pediram-me que lhe escrevesse um novo prefácio.[18] Fiquei impressionado não somente pelo caráter inovador, observado desde a primeira leitura, mas também pelo seu aspecto sempre atual, o que reforçou em mim a idéia de que os problemas de metodologia são essenciais para os historiadores. Encontram-se nessas páginas as interrogações fundamentais sobre o nosso trabalho, sobre nossos métodos, as relações com o tempo, sempre essenciais, e questões infelizmente apenas esboçadas sobre as relações entre a história e o futuro, sobre o ofício de historiador e os deveres de um professor em relação não apenas aos estudantes, mas também ao grande público.

É, sob todos os aspectos, notável que Marc Bloch tenha partido de uma interrogação que lhe havia feito um de seus filhos: "Papai, explique-me então para que serve a história". O autor, logo de cara, situava o ofício do historiador numa interrogação de terceiros, a das crianças, dos jovens, o que quer dizer que a história é e deve ser constitutiva do espírito das crianças e daqueles que se tornarão homens. É para mim uma justificação do

---

18 *Apologie pour l'Histoire ou métier d'historien*, edição crítica preparada por Étienne Bloch, o filho mais velho de Marc Bloch (Paris: Armand Colin, 1993), prefácio de Jacques Le Goff.

fato de que a História deve ser considerada como uma matéria fundamental no ensino, em pé de igualdade com as grandes disciplinas escolares, o Francês ou a Matemática.

Tomarei apenas um exemplo nessa obra: não é para diminuir a importância do artigo de Fernand Braudel "La longue durée", que exerceu uma merecida influência, mas, ao se ler atentamente o *Métier d'historien*, constata-se que Marc Bloch exprime de uma maneira talvez menos eficaz que Fernand Braudel, mas mais próxima das realidades históricas o fenômeno fundamental da diferença de ritmos históricos, dos diferentes tempos da história. Fernand Braudel estilizou, se assim posso dizer, essa concepção exprimindo-a essencialmente em três formas de ritmos: os lentos e profundos da longa duração, das estruturas; o médio da conjuntura; e o rápido, ofegante, o dos acontecimentos. Bloch diz que esses ritmos são muito numerosos e que um dos deveres do historiador é esclarecer a ação na evolução da sociedade dessa multiplicidade de tempos da história, constituindo uma cadeia e uma polifonia que não vai mais longe que as relações entre estrutura, conjuntura e acontecimento. Isso foi para mim, sem que eu me desse conta perfeitamente no começo, algo de fundamental e que permanece uma das minhas grandes reflexões sobre a história objetiva e sobre a maneira do historiador fazer história.

E depois, essa obra certamente influenciou meus esforços para escrever para crianças, para escrever manuais escolares. Essa era uma das grandes preocupações de Marc Bloch[19] e sabemos que ele tinha a intenção de se ocupar, depois da guerra, especialmente de uma reforma do ensino, de modo geral, e do ensino da História, em particular. Aliás, com Lucien Febvre, quando dos grandes congressos internacionais de ciências históricas, particularmente em Zurique, ele estava muito atento a esses problemas do ensino da História. É porque ele era um cidadão e queria que a História servisse não apenas à instrução,

---

19 Ver BLOCH, M. *Histoire et historiens* (textes réunis por Étienne Bloch). Paris, 1995. Parte VI: "L'enseignement de l'Histoire".

124 Uma vida para a história

mas também à formação cívica dos jovens, e mais amplamente do grande público. Confesso que é uma ambição com a qual compartilho e em relação à qual ele foi também meu mestre.

Os Annales *de Lucien Febvre e de Fernand Braudel*

Poder-se-ia dizer que depois da guerra os Annales se tornaram essencialmente a revista de Lucien Febvre?

Não tenho nenhum conhecimento direto desse período; eu mantinha relações distantes com Lucien Febvre, não tinha ainda me relacionado com Fernand Braudel e não conhecia ninguém que pudesse estabelecer uma ligação entre mim e os *Annales*. É, pois, em parte, pelo que ouvi dizer e pelo que reconstrui, que posso tentar responder a essa questão.

Creio que o essencial é uma situação consumada. Marc Bloch desaparecera. Lucien Febvre acabou se vendo sozinho; não sei se ele procurou ou não ser o único responsável pela revista; sou levado a crer, antes, que ele não encontrou ninguém que pudesse assumir, ao seu lado, o papel de Marc Bloch. O que o levou a evitar a todo custo procurar um associado foi o fato de ele estar rodeado de pessoas que lhe permitiam efetivamente que dirigisse sozinho a revista. Havia, em primeiro lugar, os colaboradores dos *Annales* de 1929 que continuavam por lá. Na primeira linha destes estava Paul Leuilliot (desaparecido em 1987) cuja carreira se desenvolveu inteiramente sob o selo dos *Annales*, antigo professor do Liceu Kléber, de Estrasburgo, que Lucien Febvre fez nomear para o liceu parisiense, depois, em 1954, para a IV Seção da EPHE [École Pratique des Hautes Études]. Autor de uma tese sobre *L'Alsace au début du XIX* siécle, erudito tradicional mas verdadeiro historiador, Leuilliot foi essencialmente o homem das tarefas administrativas e da redação.

Mas Lucien Febvre tinha à sua volta seus ex-alunos e, em primeiro lugar, Fernand Braudel?

Depois da guerra, Lucien Febvre pôde recorrer àqueles que se tornariam seus discípulos queridos, sua ninhada, poder-se-ia dizer. O primeiro, claro, era Fernand Braudel. Mas estou muito mal informado – Braudel quase nunca falava disso, pelo menos não comigo – sobre o papel que ele pôde então desempenhar nos *Annales*. Penso que esse papel foi relativamente secundário e breve, porque ele defendeu sua tese sobre *O Mediterrâneo* em 1949, e após a aposentadoria de Lucien Febvre, ele foi quase que imediatamente eleito para a sua cátedra no Collège de France. Discípulo de Febvre, tendo vinte anos menos que ele, dificilmente poderia ter sido seu parceiro na direção da revista. Como professor no Collège de France, não pegaria bem para ele ocupar uma função subalterna nos *Annales*.

Mas havia Robert Mandrou.

De fato, era um discípulo mais jovem, o segundo filhote depois de Braudel, e nutria por Lucien Febvre uma admiração mais incondicional ainda que a que lhe devotava Braudel. No plano intelectual, Robert Mandrou defendia antes de tudo a noção de "mentalidades", que não era fundamental para Lucien Febvre. Foi Marc Bloch quem antes tinha falado de mentalidades, sem tê-las feito entrar explicitamente na sua metodologia da história.

Lucien Febvre, por sua vez, tinha contribuído com uma noção importante, que é a de "ferramenta mental" cuja ilustração notável figura no seu *Rabelais*,[20] onde ele mostra como os termos que existiam na língua francesa, as palavras e os conceitos de que se servia Rabelais eram mais palavras e conceitos da

---

20 FEBVRE, L. *Le problème de l'incroyance au XIV*ᵉ *siècle. La religion de Rabelais.* Paris: Albin Michel, 1942. (Col. "L'Évolution de l'Humanité").

126   Uma vida para a história

Idade Média que da Renascença. Febvre foi atacado nesse ponto com rara violência por Abel Lefranc, partidário da modernidade do século XVI e da Renascença. Mandrou enriqueceu essa noção de ferramenta mental, oferecendo à história das mentalidades um dos seus primeiros textos teóricos, na *Encyclopaedia Universalis*.

Foi nessa época que Mandrou foi trabalhar com Georges Duby, levado por Lucien Febvre e Fernand Braudel, e eles escreveram juntos o primeiro tomo, que lamentavelmente não foi seguido de outros, da *Histoire de la civilisation française*.[21] Ambos foram os promotores das mentalidades em história, Duby escrevendo o artigo sobre a história das mentalidades no volume da Pléiade, dirigido por Charles Samaran em 1961 e dedicado à *L'Histoire et ses méthodes*, e Robert Mandrou, mais ou menos na mesma época, encarregando-se da *Encyclopaedia Universalis*.

Qual foi o papel de Robert Mandrou como secretário dos Annales?

Apesar da admiração quase incondicional de Mandrou por Febvre, não houve entre eles uma perfeita adequação, na medida em que ideológica e politicamente Mandrou estava mais à esquerda. Envolvido alguns meses nos domínios do PSU, ele foi atraído pelo marxismo e se pretendia um militante leigo. Curiosamente, um de seus pesadelos era Max Weber, de quem ele fazia uma crítica, na minha opinião não muito feliz, negligenciando, entre outras coisas, a influência real de Marx sobre o jovem Weber, antes que este se libertasse.

Todavia, para os *Annales*, dos quais carregava o espírito, Mandrou era o nome ideal, inteligente, adequado em razão de sua ainda jovem idade, ausência de uma posição universitária importante – ele era, graças a Lucien Febvre, um simples diretor de estudos e não havia ainda defendido sua tese. Completamente

---

21 DUBY, G., MANDROU, R. *Histoire de la civilisation française*. Paris: Armand Colin, 1969 (reedição revista e corrigida).

disposto a aceitar uma posição e um modo de trabalho relativamente subalternos, Robert Mandrou tornou-se então secretário de redação. Essa função e esse termo encobriam uma atividade científica tanto quanto administrativa, e assim até a morte de Lucien Febvre, no verão de 1956.

Fernand Braudel recolheu então toda a herança de Lucien Febvre?

Por ocasião da sua aposentadoria, ele o sucedeu no Collège de France e, quando da sua morte, ele se tornou presidente da VI Seção da Hautes Études. Restavam os *Annales*. Aí ele poderia encontrar um obstáculo na pessoa de Charles Mozaré, que possuía tantos títulos quanto Braudel para a direção da revista, mas que não era ambicioso. As relações entre os dois homens sempre foram ambíguas, ainda que cordiais. Finalmente, Mozaré foi posto de lado e relegado, com Georges Friedmann, a um comitê de direção que tinha apenas uma função representativa.

Restava o problema de Robert Mandrou. Já dissemos quanto este tinha sido próximo de Lucien Febvre nos últimos anos de vida do velho homem. Ele havia publicamente se colocado como herdeiro, publicando depois de sua morte uma *Introdution à la France moderne*, preparada conjuntamente com Lucien Febvre. Isso era inadmissível para Fernand Braudel, que não podia suportar que a herança de Febvre não fosse toda para ele. Muito rapidamente, os dois homens se opuseram, devotando um ao outro uma profunda inimizade. Foi um duelo desigual, pelas diferenças de idade e de *status*. Robert Mandrou sofreu um processo normal numa monarquia: a desgraça do favorito depois do desaparecimento de seu protetor.[22]

---

22 Ver o número 192 de *L'Histoire*, outubro de 1995, um dossiê intitulado "Faut-il brûler Fernand Braudel?", bastante severo, e em especial o artigo de François Dufay "Portrait d'un mandarin", que conta em detalhe o caso Mandrou, acusando Braudel de ter querido "livrar-se de um rival perigoso". Em contrapartida, procurar-se-á em vão no *Braudel* de Pierre Daix (op. cit.) qualquer alusão à desgraça de Mandrou (M. H.).

128 Uma vida para a história

Como Mandrou caiu em desgraça?

Não sei tudo sobre esse caso e eu não tinha de tomar partido numa pequena guerra lamentável. Braudel todavia cometeu, segundo penso, um erro: Mandrou era um excelente historiador, cujo seminário tinha sido marcante, e ainda hoje, na França ou no estrangeiro, encontro historiadores de respeito que me dizem o quanto lhe devem. Mas Braudel o laçou para a secretaria de redação dos *Annales* e Mandrou fracassou tanto na gestão administrativa como, também, segundo Braudel, na intelectual da revista. Um chefe como Braudel se contentava em acompanhar as coisas de longe e de dar alguns empurrões. Estávamos bem longe de os encargos cotidianos da revista serem enfrentados por dois diretores, como no tempo de Marc Bloch e Lucien Febvre. Ora, Mandrou não deu provas das qualidades necessárias no trato com o mundinho de autores e problemas da redação e da edição de uma revista.

Essas dificuldades acabaram por envenenar suas relações com Braudel, que chegou a acusá-lo de sabotagem. Até que em 1962, de um dia para o outro, Mandrou soube que não exercia mais nenhuma função nos *Annales* e que a secretaria tinha sido confiada a Marc Ferro. "Nesse dia, segundo testemunho de uma das pessoas próximas dele, o mundo desabou sobre sua cabeça."[23] A seguir surgiram acusações graves: uma história de um manuscrito de Lucien Febvre, que tinha desaparecido e que Mandrou foi acusado por Braudel de tê-lo açambarcado.[24] Muito isolado, Mandrou "terminou tristemente seus dias com o sentimento da perseguição e da doença";[25] morreu em março de 1984.

---

23 Citado em *L'Histoire*, n.192, outubro de 1995.

25 A história desse manuscrito de Lucien Febvre, intitulado *Honneur et patrie*, é rocambolesca. Ela deve ser publicada ao mesmo tempo que o texto. Aqui é suficiente mencionar que esse manuscrito, desaparecido por aproximadamente trinta anos, foi encontrado em 1993, por François Furet, enquanto pesquisava sobre Tocqueville num castelo normando (M. H.).

25 *L'Histoire*, n.192, outubro de 1995.

Esforcei-me, e acredito ter conseguido, por manter um bom relacionamento com Braudel sem participar das suas querelas com Mandrou. Ele sabia disso e nunca me censurou, porque também sabia ser liberal e compreensivo. Encarreguei-me, por exemplo, de escrever um artigo nos *Mélanges Mandrou*, testemunho do lugar que ele ocupa na historiografia francesa.

O Sr. mesmo se aproximou dos Annales *por essa época?*

Desde o meu ingresso na VI Seção da Hautes Études, em 1959, tive a sorte de me beneficiar por muitos e muitos anos da amizade, da cortesia e do apoio de Fernand Braudel. Desde que tinha lido *La Mediterranée* nutria pelo historiador tal admiração que, para mim, que o considerava o maior historiador vivo, a idéia de me tornar seu colaborador, de me aproximar e de ouvi-lo era uma grande oportunidade.

Num momento em que, como hoje, a imagem de Braudel é atacada e em que uma revista como *L'Histoire*, que sem dúvida acolheu o meu testemunho, celebra o décimo aniversário da sua morte sob o título "Faut-il brûler Braudel?", tenho a dizer com vigor que isso seria uma abominação. Primeiro porque queimar-se-ia o maior historiador francês da segunda metade do século XX, como também um escritor de uma qualidade excepcional, que exerceu uma considerável ação formadora e criadora em relação à história e aos historiadores. Tratava-se, de resto, de um homem – e sou daqueles que não mascaram as suas fraquezas, por havê-las sofrido – que tinha também traços de generosidade real e de encanto brilhante. E para mim é sempre um orgulho e uma honra ter sido distinguido por Braudel, ter-me beneficiado de sua generosa amizade durante um longo tempo, mesmo que isso tenha sido um pouco enfadonho pelo que se passou depois. Não são os anões que atacam o gigante que me farão mudar de posição.

Voltando aos anos 1960, Braudel teria gostado de me ter perto dele, mas eu não aceitei responsabilidades nos *Annales*, em particular porque eu não podia aceitar a maneira como Robert Mandrou tinha sido tratado. Contudo, era necessário que eu fizesse um gesto

130 Uma vida para a história

para corresponder à confiança de Braudel. Em 1960, depois do XI Congresso Internacional de Ciências Históricas, realizado em Estocolmo, Braudel tornou-se presidente da Association Internationale des Historiens Économistes. Ele me fez aceitar, invocando o pequeno livro que eu havia escrito sobre *Marchands et banquiers du Moyen Âge*,[26] a função de secretário dessa associação, da qual assumi a gestão em seu nome e sob sua direção.

Encontrei-me assim perto dos *Annales*, nos quais publiquei então alguns artigos, em particular meu estudo sobre "Temps de l'Église et temps du marchand".[27] A revista continuou a sua existência, sob a direção um pouco distante de Fernand Braudel e sob a animação real de Marc Ferro. Foi em 1969 que Braudel, desejando retirar-se, confiou a direção dos *Annales* a um trio formado por Emmanuel Le Roy Ladurie, Marc Ferro e por mim mesmo, nova etapa da história da revista, ligada, como veremos, a uma ampliação do horizonte de suas orientações.

---

26 LE GOFF, J. *Marchands e banquiers du Moyen Âge*. 1.ed. Paris: Presses Universitaires de France, 1956. (Col. "Que sais-je?"). Ver p.91 deste volume.

27 LE GOFF, J. Au Moyen Âge: temps de l'Église et temps du marchand, *Annales E.S.C.*, 1960.

5
A École des Hautes Études
1960-1972

O papel da École des Hautes Études

É certo que uma grande oportunidade da minha carreira foi ter sido nomeado chefe de trabalhos, no outono de 1959, e mestre assistente, em 1960, por Fernand Braudel, e depois eleito, em grande parte graças a ele, diretor de estudos, em 1962, no que ainda era a VI Seção da École Pratique des Hautes Études, e que se tornou, em 1975, a École des Hautes Études en Sciences Sociales. Por que uma oportunidade? Porque as condições de trabalho são excepcionais nesse estabelecimento. Foi Victor Duruy, ministro liberal do Império que, em 1868, fundou a École Pratique des Hautes Études. Mas a VI Seção, econômica e social, só pôde vir à luz depois da guerra, em 1947, graças aos esforços de Lucien Febvre.

Quais são as vantagens de uma instituição que se volta essencialmente para o ensino da pesquisa?

Esta não se dedica ao ensino para o primeiro e o segundo ciclos; ela se concentra no terceiro ciclo, o que acarreta duas conseqüências essenciais. Primeiro, os professores da Hautes

Études são desobrigados da tarefa de ensinar, no sentido de que o peso desse encargo, em geral muito grande, tornou-se insuportável com o desenvolvimento do sistema universitário de massa na maioria dos países ocidentais. Não se trata apenas de dar respostas a dezenas de milhares de estudantes, mas da pesada sobrecarga das tarefas administrativas, relacionadas ao ensino nas universidades.

A segunda conseqüência é que a École se define primeiro pela sua atividade de pesquisa. Nossa missão não é a de ensinar nossa pesquisa, mas tomá-la como matéria do nosso ensino. Um fato essencial que nos distingue não somente dos professores universitários, mas das outras seções da Hautes Études é a existência de "centros de pesquisa" – cujo mérito da criação se deve a Lucien Febvre, mas sua multiplicação e desenvolvimento a Fernand Braudel – aos quais estão ligados os ensinos das direções de estudos.

Isso, como entendo, relembra o que era a finalidade das universidades medievais, quando começaram a se desenvolver no fim do século XII. O que faziam um São Boaventura, um Santo Tomás de Aquino, um Roger Bacon senão ensinar as suas investigações na ordem filosófica e teológica ou, para alguns deles, nessa parte das artes liberais que corresponde ao que chamamos ciência?

Trata-se teoricamente de seminários com efetivos reduzidos?

É o que queria Victor Duruy tomando como modelo o ensino prussiano nos seminários de pesquisa. Na verdade, isso só se realizou em seminários muito especializados, reunindo um pequeno número de estudantes e de pesquisadores. Outros, como o meu, recebiam muitos ouvintes para funcionar verdadeiramente como um seminário: todo mundo podia assistir dado que não há exigências de matrícula na École, mas sim uma simples verificação dos suficientes conhecimentos dos ouvintes para que possam acompanhar, ou participar. E também, a maioria dos meus colegas fazia e faz o que eu próprio fiz durante grande parte da minha carreira, não distinguindo o curso do seminário: há um seminário garantido para o essencial e a cargo do diretor de estudos, correspondendo pois a um curso, mas os participantes que desejarem poderão dirigir-se a um seminário mais restrito, no qual os pesquisadores, julgados aptos pelo diretor de estudos, expõem suas pesquisas e discutem seus resultados. Desde a última guerra, e sobretudo depois de 1968, muitos professores de universidade mantêm também seminários do mesmo tipo.

Outra vantagem: o tempo dedicado ao ensino é reduzido em comparação com o dos professores das universidades.

Por ocasião da minha chegada, a situação era excepcionalmente favorável, pois éramos obrigados apenas a duas horas de curso e de seminário por semana, na suposição de que devíamos, pelas nossas publicações, provar que consagrávamos uma grande parte do nosso tempo à pesquisa que fazia parte da nossa missão. Pareceu-me que, em relação aos professores das universidades, obrigados a quatro horas de curso, esses privilégios eram quase um acinte e, quando da minha presidência, apresentei para votação sem nenhuma dificuldade pela assembléia a mudança de duas para três horas. De fato, muitos fizeram o que eu mesmo fiz, ministrando quatro horas de ensino divididas como já disse: um seminário de duas horas, de um lado, aberto a muitos participantes, no qual o diretor de estudos tinha um papel comparável ao curso magistral das universidades, mesmo que houvesse mais diálogo; de outro, um seminário mais especializado, igualmente de duas horas de duração, no qual o diretor de estudos era mais orientador do jogo que um docente e um orador.

Enfim, o Sr. dispunha de uma liberdade muito grande na École.

Conforme um hábito que não se concretizava nos textos legais e nos estatutos, desfrutávamos efetivamente uma liberdade muito grande. Não estávamos sujeitos a programas definidos pelo ministério ou pela universidade no seu conjunto, mas cada um

134 Uma vida para a história

escolhia o seu tema e assunto no âmbito de sua direção de estudos. Por exemplo, sendo minha própria direção de estudos a "antropologia histórica do Ocidente medieval", eu dispunha de um amplo leque de assuntos num período que, mesmo que não fosse a "longa Idade Média", permitia situar-me dentro de dez séculos.

O presidente era eleito pelo conjunto dos diretores de estudos, mesmo se na época de Braudel isso não passasse de uma simples formalidade. Ele dispunha de uma autoridade intelectual mas também administrativa, vivendo a École sob um regime presidencial, bastante mais rígido que o da maioria das universidades em que os deãos possuíam apenas poderes limitados e estavam submetidos à autoridade dos reitores. Dependíamos e dependemos ainda apenas do ministério. Mesmo por ocasião da mudança dos estatutos, sob a minha presidência, quis e obtive que o presidente fosse ao mesmo tempo presidente da assembléia, presidente do conselho científico e, o que acarretou o maior número de problemas, presidente do conselho de administração.

Uma situação portanto não comparável à das universidades.

Comparemos com a universidade: em Lille, encontrei-me numa situação excepcional, graças a Michel Mollat que tinha criado um verdadeiro seminário de pesquisa, no qual o pequeno número de estudantes permitia relações favoráveis. Ao contrário de outros colegas que sofriam ao ter de manter o propedêutico, tive a sorte de não precisar me ocupar disso. Em compensação, os cursos de *Agrégation* – a minha cruz –, nos quais eu devia respeitar programas definidos nacionalmente, para os quais às vezes tinha de estudar um grande número de questões a serem tratadas, pois devia ensinar História Antiga e História Bizantina, exigiam um pesado trabalho de preparação. Se eu tivesse querido fazer minha tese, à qual logo renunciei, teria levado bastante tempo para concluí-la, permanecendo na universidade. Muitas vezes eram precisos mais de dez anos para realizar uma tese de História, e os assistentes que o conseguiram têm um grande mérito. Havia um problema de escolha.

Alguns de nós guardam em relação aos nossos colegas universitários sentimentos ambíguos: por um lado, entendemos que o seu ofício é essencial, e os admiramos por executá-lo; achamos quase insuportáveis as condições em que eles trabalham levando em conta a façanha e a estafa, e ficamos um pouco com um peso na consciência por ver tantos professores perdidos para a pesquisa. Mas, por outro, condenamos muitas vezes o conteúdo tradicional que constituía o ensino nas universidades. Há atualmente uma evolução: o conteúdo e a qualidade evoluíram bastante, ainda que as condições de trabalho tenham piorado. Ainda há muito a ser feito para que, nas universidades renovadas, a pesquisa consiga, enfim, o lugar a que tem direito.

A descoberta da Polônia

Foi exatamente no momento em que a minha situação profissional se modificou com o meu ingresso na Hautes Études que minha situação pessoal se transformou. Descobri a Polônia: iria ali me casar, fundar uma família e ter dois filhos. Sem resvalar para fatos muito íntimos – que não são o tema destas conversações –, é meu desejo salientar desses fatos o que é importante para mim mesmo e para o meu trabalho.

Desde 1956, na Polônia Comunista, ocorria a experiência de Gomulka?

Em 1959, eu ainda era chefe de trabalhos na VI Seção da Hautes Études, na qual viria a me tornar mestre assistente e estabeleceria relações muito próximas com Fernand Braudel. Um dos grandes empreendimentos de Braudel na época foram os liames que ele acabara de estabelecer não apenas entre ele e alguns professores e pesquisadores, mas também entre as instituições.

136 Uma vida para a história

Ele era assistido em seus projetos por Clémens Heller, esse *manager* científico que ele havia trazido dos Estados Unidos, a quem ha-via confiado responsabilidades importantes, das quais falarei depois.

A partir de 1956, é o outono de Varsóvia, o vento de um certo liberalismo marcado pela volta de Gomulka ao poder. Não se pode deixar de ser severo para com esse *apparatchik* ligado à União Soviética, que criou uma espécie de ilusão para os próprios poloneses. De fato, na época de Bierut (1948-1953), ele se tornara um exemplo simbólico das perseguições stalinistas, durante esse tenebroso período em todas as "democracias populares". Ele apareceu depois mais polonês que comunista, como uma encarnação do patriotismo polonês. Muito rapidamente, entretanto, perceber-se-ia que a realidade não correspondia a essa imagem.

Assim se apresentava a oportunidade de um encontro entre um mundo ocidental, muito anticomunista mas preocupado em se abrir, em não abandonar o mundo do Leste europeu e em permanecer em diálogo com ele, e uma sociedade, seja não comunista, seja se libertando numa certa medida do comunismo, e para a qual as trocas, os contatos com a Europa ocidental eram extremamente importantes.

Foi Braudel quem assinou um acordo de intercâmbio cultural com a Polônia]?

Ele parte para a Polônia em 1958, com a bênção dos ministérios franceses da Educação Nacional e das Relações Exteriores. Em Varsóvia, assina um acordo de intercâmbio entre professores e estudantes ligando o Instituto de História da Academia de Ciências polonês (equivalente ao nosso CNRS) e a VI Seção da École des Hautes Études. A parte mais importante desse acordo consistia na liberação, a cada ano, de um número nada desprezível (várias dezenas) de bolsas para jovens historiadores e pesquisadores poloneses para trabalhar na França, e que nós estávamos encarregados de acolher. A maioria desses jovens era privada de revistas e livros publicados no Ocidente, em razão da censura soviética e da falta de relações culturais, e aí eles encontravam um meio excepcional de informação e de formação.

Foi então nesse quadro que o Sr. descobriu a Polônia e Bronislaw Geremek?

Braudel estabeleceu pois esse acordo em 1958 e, a partir do ano seguinte, dentre os jovens membros da VI Seção que ele quis enviar à Polônia, ele me escolheu, com palavras de que não me esqueço: "Eu gosto da Polônia (tinha sido para ele um amor à primeira vista e ele soube reconhecer a existência de uma verdadeira escola histórica polonesa), gosto bastante de você, em vista disso eu te envio para a Polônia!". Por que não acolher com gratidão esse favor tão sedutor e expresso de modo tão fraternal? Varsóvia representava também para mim o atrativo retorno ao mundo eslavo, do qual eu guardava uma certa nostalgia, desde Praga.

Assim, chego a Varsóvia para uma estada de três semanas. Como sempre acontece nos países do Leste, quando uma personalidade universitária do Oeste chega para passar uma temporada, é-lhe designado um jovem pesquisador de sua especialidade – um jovem historiador, no meu caso – como "piloto", encarregado de guiá-lo num mundo do qual ele ignora a língua e o sistema da vida cotidiana. Esse piloto tem também outra função, a qual ele cumpre mais ou menos bem – na *intelligentsia* polonesa há sobretudo resistentes passivos ao regime comunista –, que é a de apresentar um relatório das atividades do convidado. Tentou ele se encontrar com dissidentes? Teve iniciativas que poderiam interessar ao regime?

O acaso fez que meu piloto fosse um jovem historiador, Bronislaw Geremek – tínhamos oito anos de diferença, ele tinha 27 anos e eu, 35. Ele tinha sido presidente da União de Estudantes Comunistas. Tratava-se de alguém excepcionalmente inteligente e simpático, que falava perfeitamente o francês. Nós nos entendemos muito bem e ele se pôs logo a falar livremente comigo. Qual não foi minha surpresa ao ver esse "quase" oficial julgar severamente o regime, abrir-me os olhos e dizer-me, já em 1959, que Gomulka estava traindo as esperanças nele depositadas.

138 Uma vida para a história

Geremek me disse também que permanecia identificado com o que se poderia chamar de o ideal comunista. Trata-se de algo raro: minhas experiências nas democracias populares, tanto na Polônia quanto na Hungria, mostraram-me, para minha grande estupefação, que quase todo o ideal desapareceu, e particularmente na classe governante; por toda parte reinam o carreirismo, a ambição do poder, o psitacismo na recitação do catecismo marxista-leninista, e o ideal se dissipou. Geremek ainda tem a esperança; ele pensa que poderia talvez haver um verdadeiro chefe comunista, patriota e aberto, como se tinha imaginado Gomulka. De qualquer forma, nossos vínculos tornaram-se bastante estreitos e iriam se fortalecer ainda mais no curso dos anos seguintes.

O Sr. teve outros encontros nos meios universitários poloneses?

Fernand Braudel me havia feito também uma recomendação de um historiador econômico, um pouco mais velho que eu, Witold Kula. Fui procurá-lo e o encontrei numa posição muito mais reservada que a de Geremek em relação ao regime, do qual estava muito distante, sem ser propriamente um oposicionista. Nunca fora membro do partido. No plano científico, sua abordagem era mais marxista, mas não era esclerosada e se nutria diretamente de Marx. Desde essa primeira viagem, ele tornou-se para mim um verdadeiro amigo e muito próximo.

O Sr. retornou à Polônia depois de 1960?

Eu também tive uma paixão à primeira vista pela Polônia. Amo o país e sua gente e eis-me transformado num polonófilo pronto a aceitar todos os convites que viriam em breve.

No outono de 1960, foi anunciado um colóquio oficial de historiadores franceses e soviéticos em Moscou. Havia praticamente apenas os "bambas" e era um encontro entre barões. O chefe da delegação francesa foi o medievalista Yves Renouard, acompanhado de Ernest Labrousse, Roland Mousnier, Jean-Baptiste Duroselle; esperava-se Fernand Braudel.

Porém, no fim de agosto, quando estávamos todos reunidos em Estocolmo, para o XI Congresso Internacional de Ciências Históricas, Braudel me chamou de lado: "Jacques, não irei a Moscou, mas gostaria que a École fosse representada. Você quer ir em meu lugar?". Aceitei a proposta, mas aproveitei para avisar aos poloneses e àqueles que me convidaram que eu iria dar uma parada em Varsóvia, quando da minha volta.

Não posso me esquecer do incidente cômico provocado em Moscou por Ernest Labrousse, grande historiador, mas uma dessas pessoas de esquerda incapazes de abrir os olhos em relação ao regime soviético, que ele ainda assimilava ao socialismo "guesdista"* de sua juventude. Para preencher o fim-de-semana, os soviéticos nos propuseram o tentador projeto de uma excursão a Leningrado. Labrousse, imperturbável, diante dos seus colegas estupefatos, mais soviéticos que franceses aliás, respondeu que gostaria de substituir esse passeio turístico por uma visita comentada a um Kolkhoze, de modo a permitir conhecer-se concretamente a URSS atual.

De minha parte, não hesitei, no sábado de manhã, em renunciar à visita ao "simulado" Kolkhoze, preferi telefonar a Geremek e comunicar-lhe que chegaria mais cedo a Varsóvia. No ano seguinte, eu voltaria ainda à Polônia.

Foi então que o Sr. encontrou a sua futura esposa?

Em 1961, encontro uma jovem com quem a conversação não é muito fácil, porque falo apenas algumas palavras de polonês e ela absolutamente nada de francês, que todo mundo fala, em sua família, suas três irmãs e sua mãe. Duas de suas irmãs são historiadoras medievalistas e a terceira é arqueóloga. Foi por razões profissionais que me encontrei com suas irmãs, e estas me apresentaram a Hanka, que acabava de concluir seus estudos em medicina. Tínhamos ambos algum conhecimento de inglês e foi nessa língua que nos correspondemos durante vários meses.

---

* Relativo a Jules B. Guesde (1845-1922), difusor do marxismo na França por intermédio de seu jornal *L'Égalité*. Fundou, com P. Lafargue, o Partido Trabalhista Francês em 1880. (N. T.)

140 Uma vida para a história

Foi para mim um segundo amor à primeira vista. Aos 36 ou 37 anos, eu me sentia um solteiro convicto e as mulheres não tinham ocupado um grande espaço na minha vida, dividida entre a pesquisa, a cultura, as viagens e a amizade.

Fui muito auxiliado pelos meus amigos Kula e Geremek, aos quais logo em seguida abri meu coração e pudemos muito rapidamente, Hanka e eu, manifestar nosso desejo de nos casarmos. Fui eu quem fez o pedido, que, depois de um tempo de reflexão bastante curto, foi aceito. Em julho de 1962, minha futura esposa veio à França, eu queria apresentá-la à minha mãe em Toulon. Visitamos Marselha e Arles e fomos assistir, em Avignon, a Jean Vilar representar *La guerre de Troie n'aura pas lieu* e ouvir, em Aix, Térésa Berganza interpretar o papel de Querubim em *Les noces*.

Em que condições se realizou seu casamento?

Apresentou-se uma dificuldade imprevista: minha futura esposa se viu ameaçada de não poder deixar a Polônia, e portanto de se casar comigo, porque os profissionais de algumas áreas específicas, representando uma espécie de patrimônio nacional, como a medicina, não podiam partir para o estrangeiro. Novamente, um feliz acaso endireitou as coisas: no Ministério das Relações Exteriores, o funcionário que fomos procurar tinha sido bolsista da VI Seção; ele queria agradecer à École e minha mulher conseguiu seu passaporte.

Casamos-nos em Varsóvia, em setembro de 1962, na Igreja, naturalmente. Pensei novamente em meu pai! Embora afastado do catolicismo e da sua prática, nem por isso me tornei hostil à religião. E para Hanka, sua família e sobretudo para a minha mãe já idosa, um casamento somente no civil teria sido algo de muito penoso. Estávamos, aliás, num meio liberal, muito livre em relação à religião; meus dois padrinhos de casamento, por exemplo, Geremek e Kula, nenhum dos dois era praticante: o primeiro era judeu e o segundo, de tradição protestante.

A cerimônia foi realizada na igreja de São Martinho, na parte velha da cidade, que se tornaria um dos lugares de forte resistência na época do "Solidariedade". Não quisemos conferir a esse casamento um caráter faustoso, mas nossos colegas se encarregavam de organizar para nós uma recepção encantadora e afetuosa na universidade, antes que partíssemos em viagem de núpcias por oito dias num chalé dos Tatra, para depois seguirmos – Hanka não havia saído da Polônia até sua recente viagem à França – para Veneza. Tornei-me assim meio polonês e nossos filhos, embora não falem a língua, se sentem bastante poloneses e se orgulham de sua ascendência.

Sua esposa continuou a exercer a profissão de médica?

Nesse ponto essencialmente eu não queria imitar meu pai, na sua atitude de forçar minha mãe a abandonar sua profissão de professora de piano. Eu queria que minha mulher, que tinha dez anos menos que eu, continuasse a exercer sua especialidade em psiquiatria infantil. Mas as dificuldades administrativas encontradas confirmaram as fortes reticências que conservo em relação ao corpo médico francês no plano social: tratava-se (mudou muito?) de uma casta que não queria tolerar nenhuma intromissão estrangeira. Encontramos assim grandes dificuldades e minha mulher não pôde definitivamente exercer sua profissão.

Na Faculdade de Medicina de Paris começaram por dizer que os estrangeiros deviam refazer os três últimos anos de medicina. Ela aceitou isso com facilidade. Segunda etapa, depois do nosso casamento, disseram que minha mulher, doravante francesa, teria que refazer o *baccalauréat*. A intervenção de Braudel junto ao deão da Faculdade de Medicina, Binet, para conseguir a equivalência não deu resultado: o *"bac"*, ou nada. Corajosamente, Hanka tentou se preparar para o exame por correspondência. Suas dificuldades lingüísticas a dissuadiram e ela acabou renunciando ao projeto. Além do mais, ela tinha agora os nossos filhos para cuidar.

Tivemos os dois filhos que queríamos, uma filha e um filho, em 1967 e 1970. Fiquei relativamente surpreendido de experimentar de forma tão intensa a felicidade de ser pai. Dei-me conta de que o solteiro empedernido que eu acreditava dever ser, completamente afastado da estrutura e dos sentimentos familiares, de fato devia aspirar muito profundamente a uma vida de família,

142 *Uma vida para a história*

uma vez que nela encontrei e encontro sempre uma intensa felicidade.

Temos sorte: nossos filhos não procuram reproduzir-nos. Têm personalidade, são sociáveis e simpáticos e mantemos boas relações – algumas inevitáveis tensões entre gerações, que poderiam ser agravadas pelo fato de eu não ser mais jovem, me parecem bem limitadas –, e, em todos esses aspectos, a vida conjugal representa um grande enriquecimento para mim. Hoje [1995], Barbara acaba de completar 28 anos e Thomas, 25. Em 1987, Hanka e eu festejamos em Varsóvia as nossas bodas de prata, na companhia de Geremek, observado muito de perto por um agente da polícia política comunista, que o seguiu até a Igreja...

Que relações o Sr. estabeleceu entre a sua situação familiar e a profissional?

Da minha parte, nunca houve nenhum cálculo consciente no casamento. Foi posteriormente que me dei conta de como era para mim mais agradável ter uma mulher que não fosse professora universitária e historiadora. Lamento realmente muito que ela não tenha podido exercer sua profissão e sei que, mesmo agora, depois de trinta anos de casamento, isso ainda a faz sofrer. Mas me agrada que sua profissão não seja a minha ou muito próxima da minha. Parece-me que a esfera familiar não foi feita para ser em nenhum aspecto o prolongamento da esfera profissional, e apreciei bastante essa situação, que nada tinha de voluntário nem mesmo de consciente da minha parte no início de tudo. Ademais, gosto muito da maneira como minha mulher se porta em relação ao meu trabalho e à minha profissão: ela está ali muito presente, e acompanha com bastante afeto o que eu faço, mas guarda também bastante distância da minha vida profissional e detesta passar pela esposa do professor Le Goff. Ela comparece relativamente pouco aos colóquios de que eu participo, mas as viagens para lugares mais distantes nós fazemos quase sempre juntos e é para mim uma felicidade e um enriquecimento.

Bastante diferentes em muitos pontos, temos em comum algumas paixões e em especial a das viagens. Sem considerarmos o caso da Polônia, é lógico, e o da Itália, que é um pouco uma terceira pátria para nós, nossas grandes paixões são a Índia, a Islândia, o México e a Tunísia, muito ecleticamente...! Fomos juntos à China, ao Egito e, bem recentemente, ao Japão. Ela não quis ir aos Estados Unidos. Hanka não tem muita facilidade com línguas, contrariamente ao que se diz dos eslavos, e tem medo de, nesses casos, se sentir isolada; ela guarda uma imagem desfavorável dos costumes americanos, do reinado do dinheiro, da publicidade, do racismo, da violência.

Gostamos bastante também de Israel e trata-se de um caso um pouco particular, já que as nossas relações afetuosas com os judeus e os israelitas e a dedicação especial que guardamos a partir de experiências diferentes conferem um calor particular aos nossos sentimentos em relação a Israel. Mas detestamos os fanáticos israelenses – desejamos o bom termo do processo de paz entre israelenses e palestinos – e estou atento ao mundo muçulmano, tão diverso e tão importante no concerto dos povos e das civilizações.

Falta precisar a atitude de sua família em relação ao problema religioso.

Direi apenas algumas palavras. Do lado de minha mulher, ela era crente e praticante. Mas depois do nosso casamento e de sua vinda para Paris, onde nos instalamos num pequeno apartamento maravilhosamente bem situado, na rua Jacob, no bairro cosmopolita e aberto de Saint Germain-des-Prés, que lhe ofereceu uma notável possibilidade de aclimatação e de circulação, ela logo interrompeu a prática religiosa sem que eu tenha, logicamente, exercido sobre ela a menor pressão. O casal que formamos é, pois, nesse particular, muito diferente daquele que havia sido formado pelos meus pais. Contrariamente ao meu pai, vou com ela – ou sem ela – à igreja, por ocasião de eventos familiares, de amigos ou sociais.

Em relação aos filhos, estávamos de acordo com o que fez meu pai em relação a mim: eles foram batizados, fizeram a sua primeira comunhão e, depois, ficou à escolha deles próprios. Ora, eles não quiseram de maneira alguma continuar a prática religiosa e são hostis, sem manifestá-lo, não apenas à Igreja, mas também à própria religião. Todos os seus amigos, rapazes e moças,

144 *Uma vida para a história*

também não são praticantes. Os amigos judeus de Thomas fizeram o seu *bar-mitsva*, mas também não praticam a sua religião.

Um manual escolar sobre a Idade Média

Foi no começo dos anos 1960, quando eu acabava de ser nomeado diretor de estudos da VI Seção da Hautes Études, que três obras muito diferentes, publicadas quase ao mesmo tempo, deram-me a impressão de ser verdadeiramente um historiador.

O que o levou a escrever um manual de História para o secundário?

Depois de ter passado cinco anos como assistente na Faculdade de Lille, me vi forçado a constatar meu insuficiente comprometimento nas lides do ensino secundário. Desde a minha *Agrégation*, permaneci apenas um ano, de 1950 a 1951, como professor do Liceu de Amiens, e bem rapidamente abandonei o ensino secundário, tendo a impressão de ter renunciado a uma missão capital. Não lamento não ter ali me demorado porque tomei consciência de que a pesquisa, que continuava sempre para mim o principal objetivo, era lamentavelmente incompatível com uma longa carreira num liceu.

Mas foi essa constatação que me levou, em 1962, no momento em que eu me casava, a responder favoravelmente a encomenda de um manual escolar que me foi dirigida. O intermediário foi o meu amigo Meuleau, antigo companheiro da École Normale, especialista em Antigüidade, que, em nome do editor Bordas, me propôs escrever um manual para o ano em que então se ensinava a Idade Média (do ano mil até o início da Renascença) nos colégios, ou seja, no secundário.[1]

---

1 LE GOFF, J. *Le Moyen Âge, classe de quatrième*. Paris: Bordas, 1962. (Col. "d'Histoire"). Esse manual ficou ultrapassado dois anos depois em razão das mudanças na programação.

Isso representou muito trabalho para o Sr.?

Investi muito nesse manual, que se beneficiou da vontade do editor de sacudir os alunos, os professores e os pais, pela qualidade do livro, em particular pelas magníficas ilustrações, marcando uma virada no gênero de livro didático de História.

Na verdade não atingi meu objetivo, pois é preciso reconhecer que esse livro era muito difícil para os alunos de treze-catorze anos, menos maduros do que eu supunha. Todavia, recebeu boa acolhida como livro do professor, e em seguida como manual para os estudantes do DEUG [Diplôme d'Études Universitaires Générales] e de licenciatura, que não dispunham de uma obra desse gênero.

Tratava-se, contudo, de uma empresa pedagógica prudente.

A experiência foi importante para mim: tentei passar para essa obra as novas orientações da história, com a condição de que pudessem ser compreendidas e assimiladas pelos jovens e de uma maneira que renovasse amplamente o conteúdo e o método, mas que não fosse revolucionária, que não provocasse confusão. Confiei demais na maturidade dos alunos dessa idade, mas não creio que tenha sido o espírito do livro que os tenha confundido.

Foi então que compreendi melhor como é difícil pretender ao mesmo tempo renovar as orientações e o conteúdo do ensino escolar de História, e tornar acessível para jovens alunos os resultados da pesquisa, mesmo que não se tratasse de fazer um manual escolar dos *Annales*.

Essa constatação me foi muito útil quando, vinte anos depois, em 1983, fui responsável pela comissão encarregada de reformar o ensino de História – tornarei ao assunto – a qual se fazia no âmbito de dois movimentos. O primeiro significava uma ruptura com a história tradicional, mas o segundo pretendia evitar tentativas desastradas e infelizes de transpor, sem as adaptações necessárias – e elas deviam ser profundas –, as pesquisas e os trabalhos de historiadores, em particular os dos *Annales*, para o ensino secundário. Isso acabou se revelando

146   Uma vida para a história

uma utopia perigosa e foi por uma via muito estreita que essa comissão teve de caminhar.

A partir de 1962, esse manual constituiu para mim uma experiência importante e fico satisfeito que ele pareça ter tido, nos limites indicados, não somente uma boa recepção, mas uma significativa influência para além do ensino secundário.

O Sr. julgava necessário estudar a Idade Média nas condições cronológicas tradicionais?

Naturalmente. Colocar a questão da "longa Idade Média" fazia parte desses problemas que senti deveriam ser poupados aos estudantes de liceu. Não que haja um nível superior ao qual esses adolescentes não devam ser iniciados ou não possam alcançar, mas penso que se deve ter consciência de que os progressos do espírito histórico se fazem segundo vias diferentes, entre as quais é preciso estabelecer um diálogo, trocas, mas respeitando a especificidade de cada uma. Essa é a boa maneira de fazer progredir a pesquisa histórica e o ensino da História, e não é preciso misturar tudo.

O Sr. questiona as reformas tentadas nos anos 1950 por alguns responsáveis pelo ensino da História?

Erros pedagógicos terminaram em reformas bem-intencionadas, mas que se revelaram muito nefastas, ainda mais quando feitas, é preciso dizê-lo, sem muita inteligência. Chegamos a formas de ensino muito anti-históricas. É o caso da famosa História temática. Tomava-se um tema que era tratado de maneira vertical para evitar, justamente, acreditava-se, uma história por compartimentos, em quadrinhos. Isso conduziu à idéia inculcada nos jovens estudantes de que havia campos na história que progrediam de maneira mais ou menos independente do resto: a agricultura, os transportes, por exemplo. Desse estudo isolado resultava a idéia de que a evolução histórica dependia fundamentalmente de invenções tecnológicas, o que deixava de lado a história social, a cultural. Essa perspectiva ia completamente contra essa idéia de história global que era a dos *Annales*, nos quais esses teóricos do ministério pensavam, ao contrário, encontrar a sua inspiração. Esse movimento se acelerou em 1968, mas mesmo antes já havia essa tendência. Alguns desses inspetores gerais ou desses altos funcionários eram homens cultos, inteligentes, imbuídos de uma verdadeira preocupação em colocar o ensino da História mais próximo possível do progresso da pesquisa histórica, das necessidades do tempo e da época, mas isso foi feito de maneira muito desastrada e levou, acredito, a resultados muito ruins.

Dessa forma, na escola primária, a pedagogia dita "do despertar" ("*de éveil*"), cheia de boas intenções, ignorava a necessidade de levar, de par, a aquisição de conhecimentos e espírito de curiosidade, de crítica, com base na experiência do aluno.

O Sr. continuou portanto fiel à cronologia em algumas condições?

No manual sobre a Idade Média, decidi pessoalmente – não se tratava de um pedido do editor – colocar uma cronologia que eu mesmo montei, juntando-a ao corpo do livro e às principais datas citadas na obra. O leitor tinha apenas de recorrer ao livro para recolocar em seu contexto a data que, segundo a fórmula comum, era somente a ponta de um *iceberg*. Mas, ao mesmo tempo, introduzi nessa cronologia acontecimentos que nem sempre eram pontuais, que alargavam o campo da história tal como eu a concebia e tal como eu desejava que fosse proposta aos estudantes. Dessa forma, começo pelas datas da dinastia dos Song na China, pelo reinado de Basílio II em Bizâncio, pelo batismo de Vaïk, tornado Estevão da Hungria, e só depois disso é que eu chego aos acontecimentos tradicionalmente citados, a eleição de Hugo Capeto, primeiro rei da dinastia dos Capeto, e imediatamente seguido da conversão de Vladimir, príncipe de Kiev, da destruição pelo califa Al Mansour de Santiago de Compostela, da morte de Avicena.

Indico também o período durante o qual Chrétien de Troyes escreve seus romances corteses. Pretendi integrar a história dos monumentos: construção do coro da Basílica de Saint-Denis, construção de Notre-Dame-de-Paris, da catedral de Chartres.

148 *Uma vida para a história*

Procurei, quando possível, fazer menção da história econômica, por exemplo, em 1285, o início da crise monetária sob Filipe, o Belo; em 1315-1317, a crise econômica do Ocidente, marcada pelo retorno da miséria generalizada. Trata-se, portanto, de conservar a espinha dorsal da cronologia, mas estendendo-a a outros fenômenos além dos políticos ou militares e, em particular, os econômicos e culturais, inserindo a civilização ocidental, mais especialmente a história da França, objeto principal da obra, nos grandes fenômenos políticos e culturais significativos do mundo.

A civilização do Ocidente medieval

Esse foi também o período de outra publicação importante, intitulada La civilisation de l'Occident médiéval. *Em que circunstâncias o Sr. realizou esse livro?*

Essa obra foi publicada em 1964 e trata-se provavelmente do que escrevi de mais importante, de mais ambicioso, um ensaio de síntese do conjunto dos aspectos e dos problemas do Ocidente medieval. Se no manual escolar tinha sido o mais prudente possível para me colocar ao alcance dos estudantes, neste livro quis deliberadamente ir ao fundo das coisas, mas procurando ser compreendido pelo grande público. Foram-me fixados os parâmetros, bastante aceitáveis, uma parte cronológica, depois uma parte temática, esta a mais desenvolvida, e, por fim, uma terceira parte, versando sobre a sensibilidade e as mentalidades.

De novo, tratava-se de uma encomenda. Mas o que me era proposto permitia a utilização das minhas pesquisas e das minhas reflexões.

Quais foram os parâmetros da parte temática dessa coleção?

Isso vinha ao encontro de uma longa preparação de minha parte e de uma aspiração da qual eu me lembro dos primórdios.

Foi no período de 1951-1952 passado em Oxford; eu trabalhava nessa época num tema de tese, o nascimento e o desenvolvimento das universidades. Pareceu-me ser impossível tratar um tema de história sem conhecer bem o que havia à sua volta. E de maneira mais geral, pensei que se tratava não somente de ver em qual sociedade, em que cultura nasciam as universidades, mas que o medievalista que eu me apressava a me tornar devia ter uma abordagem tão ampla e tão precisa quanto possível desse período ou, pelo menos, de uma parte dele. Era um programa ambicioso. Foi preciso delimitar o estudo e logo escolhi o período sempre reconhecido como o do grande desenvolvimento da cristandade ocidental, o da verdadeira realização da Idade Média, eu diria o coração da Idade Média, a Idade Média central, aquela também na qual aparecem as estruturas, os elementos de longa duração na história do Ocidente, que iriam se desenvolver e prosseguir até o fim do século XVIII e o início do XIX, ainda perceptíveis no nosso mundo contemporâneo. Portanto, do início do século XI ao início do XIV. Isso caía muito bem: tal era precisamente o parâmetro da parte temática dessa coleção.

Manifesto então o meu reconhecimento àqueles que me ofereceram essa tarefa: o diretor da coleção, meu velho amigo o etruscólogo Raymond Bloch; o conselheiro da editora Arthaud, Claude Mettra, personagem um pouco marginal do mundo da cultura mas muito original e interessante, que logo se tornou um amigo e que desempenhou, tanto no mundo da edição como no do rádio, um papel muito positivo, inclusive por seus próprios escritos; e, por fim, o próprio editor Arthaud.

O Sr. escreveu então uma primeira parte, dita cronológica, que procurava fixar o quadro geral do livro, ao mesmo tempo que definir os limites da Idade Média.

Não quis me contentar mencionando as datas e os acontecimentos, tentei também explicar os grandes movimentos que agitaram e transformaram o Ocidente medieval. Por exemplo, a instalação dos bárbaros e a remodelagem territorial do Império Romano, a tentativa de unificação carolíngea. Em seguida, o grande desenvolvimento do Ocidente com a construção de no-

150   Uma vida para a história

vas instituições políticas que o acompanharam, ou seja, em primeiro lugar a forma monárquica, evoluindo de uma monarquia feudal para uma monarquia do tipo moderno.

Convém ainda notar que o feudal e o moderno não se opõem inteiramente, como muitas vezes se tem afirmado. As práticas feudais foram instrumentos de construção do Estado moderno e as monarquias modernas, durante muito tempo, conservaram, nas estruturas econômicas e sociais, nos sistemas de valores, elementos fundamentais considerados feudais. Se nos elevamos a uma certa altura, constatamos com os homens das Luzes que o feudalismo durou até a Revolução. A meu ver, há muito de verdadeiro nessa concepção. Reconhecendo que é mais cômodo continuar a falar da Idade Média dentro dos seus limites tradicionais, até o fim do século XV, há fortes razões para avaliar que realidades profundas da Idade Média continuaram até a Revolução Francesa e a Revolução Industrial. É o que me leva a falar da "longa Idade Média".

Em segundo lugar, outro tipo de instituição evocada nessa primeira parte, e que se desenvolve no Ocidente medieval paralelamente à forma monárquica, é a cidade-Estado. A Itália, seguramente, foi a mais desenvolvida nesse domínio, mas o fenômeno também existiu na Alemanha e, de uma certa forma, encontramo-la em funcionamento nos sistemas monárquicos, onde as relações entre as cidades e o Estado monárquico constituíram um dos problemas essenciais. Na França formou-se a rede das *"bonnes villes"*, ligada ao rei.

Depois vem a parte temática da obra.

Essa parte sobre as estruturas – prefiro falar antes de estruturas de temas, vimos por quê – comporta uma espécie de prefácio e um capítulo de aprofundamento. Esse prefácio revela dois objetivos: de início, trata-se de mostrar que o estudo e a interpretação de uma sociedade devem antes de mais nada estar ancorados nos dois dados fundamentais da história, que são o espaço e o tempo. Eles estão sempre ligados um ao outro por realidades ao mesmo tempo estruturais e tangíveis, no âmbito do vivido. São as "estruturas espaço-temporais". Desloca-se num certo espaço durante um certo tempo. E mesmo que se viva no mesmo lugar, permanece-se num lugar durante uma certa duração. Esse é o quadro da história, sem contar o emaranhado dos diversos tempos e dos diferentes espaços.

O Sr. visa também, nesse prefácio, atacar certas noções veiculadas de maneira muito eficaz, naquele momento, pelos marxistas, em especial as de infra-estruturas e de superestruturas.

Essa concepção difundida pelo marxismo vulgar, mas que existe no próprio Marx, pretende que os fenômenos da história humana sejam constituídos por estruturas fundamentais, as infra-estruturas, nas quais se joga o essencial da história das sociedades. O resto, sem ser propriamente o que os filósofos puderam chamar de epifenômenos, depende estreitamente dessas infra-estruturas. São as superestruturas.

De minha parte, sempre fui completamente hostil a essa oposição infra-estruturas/superestruturas, que me pareceu completamente funesta para a compreensão histórica. Nas sociedades não é assim que as coisas se passaram. Não houve um substrato que seria de natureza econômica ou outra e superestrutwras que seriam de outra natureza. Há efetivamente estruturas, como mostrou Braudel, na "longa duração", em que umas evoluem muito lentamente, outras mudam rapidamente segundo a conjuntura, e outras ainda se transformam com rapidez no nível dos acontecimentos. Mas em todos esses níveis existem, deve ser apreendido e explicitado, um misto de aspectos fundamentais, uma mistura relativamente estruturada que o historiador deve poder chegar a analisar. Penso mesmo que há, como disse Marc Bloch, uma maior multiplicidade de tempos sociais e históricos que fazem a história evoluir com defasagens, pausas, acelerações etc.

O que tornou essa concepção ainda mais nefasta nos marxistas é que praticamente identificaram as infra-estruturas com as estruturas materiais e mais precisamente econômicas, tornando-se o resto superestruturas dependentes dessas infra-estruturas, sem serem elas próprias produtoras daquilo que faz a história avançar. Isso vale para o religioso, para o político, para o ideo-

152 *Uma vida para a história*

lógico, no qual se encontra mal fundido o cultural, que não tem autonomia na concepção dos marxistas oficiais e ortodoxos.

No fundo, há em Marx um elemento insuficientemente explorado por seus discípulos, e que não tinha adquirido verdadeira autonomia em sua época, mas que na realidade fazia a ligação entre os diferentes domínios recortados no tecido histórico, era a história social. Essa história social, dado que esse instrumento não estava forjado na época – Marx contribuiu para fazê-lo e é, creio, uma das suas contribuições mais importantes –, não podia ser tratada de acordo, pelos pós-marxistas.

Em contrapartida, conservei, nessa parte da obra, uma noção marxista que me parece, ainda que tenha sido forjada para explicar a sociedade do século XIX, aplicar-se já às sociedades medievais: é a luta de classes; e nesse ponto, permaneço, se se quer, marxista. Mas essa história social não pode ser reduzida à luta de classes que não existem em todas as sociedades, mesmo que essa luta seja muito importante em sociedades de classes, a sociedade medieval, mais complexa, constitui o esboço de uma tal sociedade.

Sobre um outro ponto, procurei ser mais detalhista: trata-se do modo de produção. Penso que é uma idéia importante que fez a pesquisa histórica progredir, mas que foi concebida de maneira muito sistemática. As estruturas são mais fluidas, mais permeáveis do que a noção de modo de produção deixa entender. Da mesma forma, uma outra noção marxista, a periodização, era enunciada de maneira muito mais rígida. Concretamente, parece-me, seria preciso que uma grande parte da história fosse definida como período de transição, ou antes de movimento, e que se adotasse uma concepção mais flexível que a de evolução histórica.

Nesse capítulo do livro, procuro destacar as estruturas do que consideramos, nessa época, os domínios essenciais da história: história econômica, à qual atribuo uma grande importância, tecnologia – tratava-se de combater a idéia de uma Idade Média totalmente impotente, inerte, não criativa –, evolução social, estruturas políticas, estruturas religiosas, mas ainda uma vez lembrando não serem essas duas últimas superestruturas dos domínios materiais.

Depois vinha a sua terceira parte, a mais nova.

De fato, havia nessa parte um prolongamento, uma ampliação e um aprofundamento. Estávamos em 1964, mais ou menos no início do extraordinário desenvolvimento, novo no ensino, na concepção da história, da história cultural. Tratava-se do que eu havia apreendido do ensino de Marc Bloch e de Fernand Braudel, da leitura dos primeiros trabalhos de Georges Duby e de Robert Mandrou, relativos às mentalidades e à sensibilidade. Aí estava o aspecto mais novo, aquele sobre o qual eu tinha refletido nos anos precedentes. Eu esperava um grande desenvolvimento do tema, quando fui surpreendido com o corte do número de páginas pela ultrapassagem do que me fora estabelecido. Tive de sacrificar uma centena de páginas; hoje não sei mais se as conservei ou destruí. Felizmente, como acontece com freqüência nesses casos, creio ter conseguido salvar o essencial. Aliás, parte significativa do que eu queria dizer sobre as mentalidades e as sensibilidades foi recuperada nas legendas das ilustrações.

O papel da imagem, da iconografia, foi particularmente importante.

Nessa coleção, o que era também magnífico é que havia um aparato iconográfico muito rico, resultando num volume muito bonito. Descobri que uma sociedade não pode ser bem-tratada, compreendida, explicada se não se levam em conta as imagens e as obras de arte que ela produziu. Desde muito sabia-se que textos, documentos fazem parte daquilo que se designa ciências auxiliares da história. Mas as imagens apareceram durante muito tempo sobretudo como uma ilustração. Essa concepção da imagem é um contra-senso que mascara a sua natureza e a sua significação. A imagem não é uma ilustração, é um documento integral da história.

Escolhi pessoalmente toda a iconografia dessa obra. Penso ter conseguido com isso apresentar um insubstituível testemunho histórico, e nesse caso tive ainda a satisfação de ver o livro ser bem recebido.

154 Uma vida para a história

Quando o Sr. aborda a questão da floresta, trata-se de um exemplo de aplicação da reflexão histórica tal como a concebe?

Sem dúvida, e constitui ao mesmo tempo um bom exemplo desse erro de distinguir as infra-estruturas e as superestruturas. Quis mostrar que a importância da floresta no mundo medieval é muito maior que em nossos dias. Primeiro, pela sua extensão: era um mundo no qual a floresta se estendia por espaços muito grandes. Depois, quanto ao seu papel, pois a floresta fornecia uma parte da subsistência dos homens da Idade Média, numa economia parcialmente de colheita. Donde a importância econômica da floresta, mas também, e ao mesmo tempo, seus aspectos sociais: a floresta é o lugar onde vivem pessoas muito exclusivas, mas é por intermédio delas que se apreendem alguns caracteres essenciais da sociedade medieval.

Vejo três espécies sociais de mulheres e sobretudo de homens da floresta: primeiro, o mundo daqueles que Marc Bloch chamava os *"boisilleurs"* – são aqueles que exploram profissionalmente a floresta: os lenhadores, os carvoeiros que fazem carvão de madeira, os apicultores. Em seguida, a floresta é o terreno do jogo de uma parte das camadas superiores da sociedade, expressando um desejo de exploração, de prestígio, de prazer: o terreno da caça. A floresta, desse ponto de vista, foi uma espécie de reserva senhorial e mesmo, desde a alta Idade Média, reserva real, de tal forma que o termo floresta – no inglês, particularmente – designa a floresta real, um espaço régio. Isso começa com os merovíngios na França e, numa outra extremidade do comportamento, a floresta abriga essas personagens que afirmam os valores religiosos da solidão, a sociedade dos eremitas. Por fim, como terceiro conjunto social nesse mundo da floresta, os fora-da-lei, dos quais alguns são personagens celebrizadas – Robin Hood é o bom rebelde, um dos homens que, à sua moda, representa uma espécie de espírito de 1968 no mundo medieval –, ou então aqueles que são simplesmente bandidos, ladrões, que assaltam os viajantes na floresta. Portanto, a floresta, esse espaço de fruição, no sentido econômico e psicológico do termo, é ao mesmo tempo um espaço de perigos e de repulsão.

Tentei mostrar que a floresta era, por razões geográficas, mas também culturais – numa seqüência dos seminários de Maurice Lombard –, o equivalente no mundo ocidental do que era o deserto no mundo oriental, com a mesma mescla de atração e de repulsa, de lugar de solidão buscada (o monaquismo nasceu nos desertos do Oriente). O fenômeno é mais complexo no Ocidente, mas pode-se dizer que foi no desbravamento de florestas que nasceu toda uma parte do monaquismo ocidental.

Assim, a floresta foi um objeto de estudo exemplar através dos mais diversos documentos e em particular dos testemunhos literários. Há belos estudos sobre a floresta na literatura medieval: a floresta foi o território por excelência da aventura cavalheiresca. Não é por acaso que ela esteja tão presente nesse imaginário, do qual comecei a pensar – e pensei cada vez mais – que ele constitui uma das vias mais fecundas da reflexão histórica. E, como iria descobri-lo, a floresta é, para outras sociedades, sob outros céus, e ainda hoje, um dos objetos de estudo privilegiados dos etnólogos. Comecei com a floresta minha iniciação à antropologia histórica.

Houve uma segunda edição dessa obra?

Quando a obra se esgotou, e quando o advento de uma nova clientela, a dos jovens em particular, fez parecer proibitivo o seu preço, pois custava muito caro em razão de todas essas ilustrações, o editor decidiu fazer uma segunda edição, em 1984, portanto vinte anos depois, sempre com a editora Arthaud (adquirida nesse meio tempo pela Flammarion). Trata-se de uma edição em brochura, de formato menor, e que teve de sacrificar principalmente as ilustrações, o que foi para mim um grande desgosto.

No geral, não tive depois disso oportunidade de propor uma síntese tão ampla quanto a desse livro, ainda que o *Saint Louis*, que publiquei no início de 1996, seja, de uma certa maneira, um livro igualmente globalizante, uma vez que minha ambição, talvez excessiva, foi a de realizar uma biografia total de um personagem.

156 *Uma vida para a história*

A *Fischer Weltgeschichte*

Uma terceira obra desse período completa esse conjun-to: trata-se de uma outra encomenda, desta vez vinda da Alemanha.

A grande editora alemã Fischer, de Frankfurt, de fato deci-diu então publicar vinte ou trinta volumes de uma história univer-sal em livro de bolso, que teve um grande sucesso: a *Fischer Weltgeschichte*, sempre reeditada. Ela me pediu, por intermédio de um amigo, o helenista Jean Bollack, para escrever o volume consagrado justamente a esse período que os alemães chamam de *"Hoch Mittelalter"* (a "alta Idade Média"), mas que é para nós a Idade Média central, a que eu mais explorei: do fim do século XI ao início do XIV. Apresentei uma síntese de outra natureza, na qual o cronológico e o episódico tinham mais espaço que em *La civilisation de l'Occident médiéval*, mas o estrutu-ral permanecia essencialmente o mesmo: e tratava-se de abor-dar a cristandade latina em toda a sua amplitude. Esse livro, pu-blicado primeiro em alemão, foi editado um pouco mais tarde em francês, pela editora Bordas, sob o título de *Le Moyen Âge*. É preciso reconhecer que a versão francesa não alcançou reper-cussão, tendo sido publicada numa coleção, ao contrário da ou-tra, cujo lançamento não foi bem-sucedido e acabou parecendo uma espécie de dublê ou resumo de *La civilisation de l'Occident médiéval*, quando não era nada disso.

O Sr. publicou também na Bordas um livro sobre o sé-culo XIII?

É uma parte do livro precedente. Sucumbi – e me censuro por isso – ao pedido do editor, que, por razões comerciais, me sugeriu e quase impôs – não resisti suficientemente – o título *L'apogée de la chrétienté*. Aceitei porque, embora não aprecie o termo "apogeu" – que se refere a uma concepção cíclica da história: crescimento, apogeu, declínio, que creio ideológico e não científico –, trata-se entretanto da parte de maior criação e a mais significativa do mundo medieval.

O livro alemão, que também foi traduzido para outras línguas, teve, asseguraram-me, uma grande importância na Alemanha, entre os estudantes, as universidades e o grande público. É sempre reeditado.

Essas três publicações formam para mim uma espécie de trilogia. Concebi o livro de bolso alemão como complementar dos outros dois, dirigindo-se tanto a um público mais internacional quanto ao público estudantil. Tentei então, o que já tinha sido uma das minhas preocupações em *La civilisation de L'Occident médiéval*, abordar todo o espaço da cristandade medieval, isto é, considerei o mundo nórdico, celta ou escandinavo, o mundo do Leste, o eslavo e aquele das margens do Mediterrâneo. Tradicionalmente, a cristandade é vista de modo essencial na sua parte centro-ocidental, Inglaterra, França, Itália e Império alemão, e ignoram-se todas as periferias, todas as margens, que são muito importantes, primeiro para a explicação do que foi a cristandade medieval e, depois, para a compreensão da Europa.

Primeiro balanço dos anos 1960

Esbocemos um primeiro balanço: durante esses dez anos, até 1972, o Sr. escreveu o que poderia ser chamado de três manuais, mas ao mesmo tempo lecionou, e creio que é durante esse período também que participou de importantes seminários, como o de Robert Philippe.

Foi durante a sua presidência ou depois dela que o Sr. publicou sucessivamente, a partir de 1974, os seus livros mais conhecidos: Pour un autre Moyen Âge, *em 1977;* La naissance du purgatoire, *em 1981;* L'imaginaire médiéval, *em 1985. Mas o primeiro e o terceiro desses livros constituem reuniões de artigos muito anteriores. Isso quer dizer que, nesse período de 1962-1972, o Sr. escreveu um determinado número de grandes artigos que correspondem a etapas em sua reflexão histórica.*

158 Uma vida para a história

As três sínteses citadas resultam do material que antes eu havia recolhido. Lembro-me, com efeito, da reflexão que me ocorreu em 1951-1952, em Oxford, quando eu me dizia: é preciso conhecer o período no seu conjunto para falar de alguns aspectos particulares. Tive então uma intensa atividade de leitura, vasculhando um certo número de obras clássicas sobre a Idade Média, mais ainda textos de todos os tipos. Eu lia, por exemplo, atas nas quais procurava não uma determinada documentação ou esse ou aquele problema, mas tratava-se de uma interrogação geral: o que nos dizem sobre a sociedade medieval, os problemas da escrita, do direito, das relações sociais, das relações de poder?

Foi também nessa ocasião que li muitos textos literários, particularmente literatura arturiana, em busca do simbolismo e do imaginário. Enfim, dei início a uma coleção de cartões postais que ainda continua, e que, creio, constitui um fundo interessante para juntar essas imagens (monumentos, pinturas ou esculturas da Idade Média) aos documentos com os quais o historiador apreende e procura interpretar a civilização medieval.

Os anos 1960 e o começo dos anos 1970 – pude mais ou menos manter essa atividade científica durante os meus anos de presidência – foram, portanto, os anos de pesquisas, quando me expressei essencialmente por artigos, reunidos depois com um prefácio que ressaltava a sua coerência. Isso por duas razões: de um lado, o artigo, parece-me, é com freqüência um instrumento de pesquisa melhor que o livro, um bom meio de explorar os novos caminhos históricos que eu procurava, e, de outro, minhas obrigações profissionais dificultaram em muito a empresa de escrever obras mais longas e mais sintéticas.

6
A presidência da École
1972-1977

Foi então em 1960 que fui nomeado mestre assistente na VI Seção, e depois, a partir de 1962, eleito diretor de estudos. Durante todo esse período, em especial em 1965, quando eu era secretário da Association Internationale des Historiens Économistes e Fernand Braudel, seu presidente, colaborei muito de perto com ele e acabei ficando mais íntimo. Uma prova de sua confiança foi ter designado a nós três, Emmanuel Le Roy Ladurie, Marc Ferro e eu, a direção dos *Annales*, quando, em 1969, decidiu afastar-se. Mas, por essa época, a École foi pega pela tormenta de 1968 e seu alastramento por toda a Europa. A atitude de Braudel nessas circunstâncias permite compreender melhor a seqüência dos acontecimentos.

A École *na tormenta de Maio de 1968*

O Sr. já nos explicou como, assistente em Lille, no plano do sindicalismo dos professores, foi secretário acadêmico do SNE-Sup, e até num certo momento membro do bureau nacional.

160 Uma vida para a história

A crise internacional de 1956 e a invasão soviética da Hungria levaram-no a deixar suas responsabilidades sindicais mais ou menos amortecidas.

É verdade, mas quando voltei a Paris entendi que, como professor universitário, era meu dever ser sindicalizado e continuei membro do SNE-Sup até 1968.

Como o Sr. viveu na Hautes Études, no plano sindical, as semanas iniciais de Maio de 1968?

A explosão estudantil encontrou o SNE-Sup da École dividido em dois, de uma maneira quase igual, entre os que estavam nas barricadas e os que, próximos do PC, seguiam a hostilidade deste em relação ao movimento. Tentei evitar a separação entre as duas tendências, tanto mais que eu estava pessoalmente hesitante: tinha simpatia pelo movimento, no qual via um protesto sincero e autêntico contra a situação criada para a juventude, não apenas universitária, e contra a cooptação dos estados maiores políticos. Mas, ao mesmo tempo, censurava no esquerdismo o engajamento numa falsa análise da situação e o deixar-se levar por excentricidades ou violências completamente deslocadas. As ações contra alguns professores, em particular contra Raymond Aron, pareceram-me condenáveis.

Consegui, na Hautes Études, me entender bastante bem com a representante da CFDT, que era bastante esclarecida, e impedir que houvesse violências e em seguida sustar um movimento de greve que era, a partir daquele momento, sem significação. Mas quando houve, no plano sindical, a retomada pelos comunistas, não tornei a buscar a minha carteira no SNE-Sup. Eu não queria tomar outra direção, mesmo que me sentisse mais próximo das posições do SGEN (CFDT), e deixei, assim, de ser sindicalizado.

Qual foi a atitude de Braudel em relação ao movimento de Maio? Creio que ele estava fora do país no começo do movimento.

Apesar de ele ter se recusado durante bastante tempo a ir aos Estados Unidos, naquele momento ele se encontrava em Chicago para receber o título de doutor *honoris causa* pela universidade da cidade. Na Hautes Études, a direção era fraca e pouco estruturada; praticamente todo o poder estava nas mãos de Braudel e, como gostava de dizer, ele nos havia confiado a École, a François Furet e a mim. François era diretor do Centre de Recherche Historique, e eu não tinha pessoalmente nenhum título.

Hesitamos durante longo tempo, temendo que ele ficasse furioso se pedíssemos para ele retornar sem que nada tivesse acontecido. Finalmente, decidimos pedir que voltasse. Ele retornou e, muito rapidamente, se mostrou bastante hostil ao movimento.

Como se explica essa hostilidade?

Braudel tinha uma certa simpatia por tudo que quisesse fugir ao imobilismo, ao conservadorismo e, de uma maneira geral, pelas pessoas que sacodem as estruturas. Mas, muito rapidamente, pudemos senti-lo bloqueado por duas considerações, para ele decisivas. Ele fizera parte daqueles professores, dos quais conheci outros exemplos, que, persuadidos de serem liberais populares, indignavam-se de se ver tratados como comuns mandarins.

Lembro-me de uma sessão que, para ele, foi a gota d'água, uma assembléia geral do pessoal, todas as categorias misturadas, no grande anfiteatro do Collège de France. Ele chegou todo elegante. Certa vez ele me disse: "Eu, Jacques, quando estou numa reunião, quem a preside sou eu". Nesse dia estava fora de questão deixá-lo presidir. O presidente era um mestre assistente bastante responsável, que seria mais tarde eleito professor do Collège de France, André Michel. Revejo Braudel na primeira fila, sentado ao lado de Raymond Aron, o que não adiantava nada, e eles se consolavam mutuamente numa crescente oposição.

Sua hostilidade aumentou, essa é a segunda consideração, quando ele teve receio de que o movimento pusesse em perigo a VI Seção, ameaçada de ser dividida, abalada em seu próprio interior. Além do mais, nossos cursos e seminários se realizavam então na Sorbonne, no corredor do primeiro andar, que se tornou refúgio dos *katangais*. O que iria acontecer com a biblioteca e

162   *Uma vida para a história*

outras dependências? A VI Seção, ainda frágil, corria o risco de ser engolfada pela tempestade e pelo extremismo de irresponsáveis que, de resto, na sua grande maioria, nada tinham a ver com os professores e os estudantes da École.

1968 e o Leste europeu

O ano de 1968 foi igualmente marcado por graves acontecimentos no Leste europeu. O Sr. seguiu de perto os acontecimentos na Polônia?

O convênio para bolsas assinado dez anos antes por Braudel dava excelentes resultados: como parte do acordo cultural entre a França e a Polônia, ele se beneficiava de verbas do Quai d'Orsay; reforçado pela nomeação de Geremek para a direção do Centro de Civilização Polonesa, aberto na Sorbonne, redundou num diálogo fecundo entre historiadores poloneses e franceses. Braudel era o sol dessa constelação na qual, em razão de minhas amizades e do meu casamento, eu tinha algumas responsabilidades.

A borrasca comunista de 1968 não questionou tudo?

Na Polônia, ela foi particularmente severa e marcada por uma conjunção de dois dramas. Em primeiro lugar, a irrupção de uma vaga anti-semita que revelava a deplorável evolução do regime Gomulka, e que grassou na universidade, combinando-se com uma pressão dos movimentos do tipo 1968 à francesa. Daí a emigração, em condições mais ou menos dramáticas, de uma parte importante do que restou da *intelligentsia* judia na Polônia, em particular de um número considerável de professores e de pesquisadores.

O segundo drama, nos dias 20 e 21 de outubro, em resposta à Primavera de Praga, foi a invasão da Checoslováquia pelos soviéticos e seus aliados do Pacto de Varsóvia, entre os quais as tropas polonesas.

Encontrava-me então em Varsóvia e vivenciei pessoalmente uma conseqüência individual dessa invasão, a ruptura definitiva de Geremek com o Partido Comunista. Relembro ainda perfeitamente como, em muito boa hora, ele telefonou para a casa da minha sogra, onde eu me encontrava, e anunciou-me que iria ao comitê central entregar sua carta de desligamento, mas que em seguida gostaria de contar com minha presença ao seu lado naquele dia difícil. Ele estava de tal forma agitado que se julgava incapaz de dirigir seu carro e fui eu quem pegou no volante, vagando sem muito rumo pelos bairros da capital, enquanto ele me relatava a evolução dos seus sentimentos em relação ao partido.

O acordo cultural com a Polônia foi mantido?

Antes é preciso lembrar que, nos anos 1960, Braudel havia estabelecido um acordo do mesmo gênero com os checos, mas este, sob todos os aspectos, não funcionava tão bem. Primeiro, porque o número de bolsistas era nitidamente inferior; depois, porque não havia, da parte dos checos, interlocutores de uma qualidade intelectual e humana comparável à de Kula, de Geremek, de Manteuffel, diretor do Instituto de História da Academia, e de muitos outros.

Todavia, não tínhamos informações exatas de qual era a situação em Varsóvia e em Praga, e Braudel se perguntava se era ou não conveniente o prosseguimento do convênio, o que escondia uma dupla questão: era honroso manter vínculos com esses regimes que se haviam tornado simples vassalos da política soviética? Esses acordos garantiriam aos pesquisadores serem escolhidos por razões científicas, e não políticas? Era o caso de conferir *in loco*.

Foi em 1970 que foi organizada sua viagem a Varsóvia?

Braudel tinha decidido ele próprio ir até lá, mas queria estar acompanhado. Não queria dar um caráter muito familial à sua diligência, o que descartava a companhia de sua mulher. Para melhor informar sua ação, ele me escolheu em razão das minhas

164 Uma vida para a história

ligações com a Polônia, e convidou François Furet, que era diretor do nosso Centro de Pesquisas Históricas, e porque o intercâmbio seria exclusivamente com historiadores.

Em Varsóvia fizemos contato com várias pessoas, desde oponentes declarados a prudentes e oficiais, e Braudel concluiu, com o nosso pleno consentimento, que não somente era possível, como era muito útil dar prosseguimento ao acordo. Fomos, mais que encorajados, instados pelos nossos amigos, como Geremek.

Em seguida, o Sr. esteve em Praga?

A cena foi completamente diferente: os oficiais que encontramos eram claramente burocratas que menosprezavam a ciência e o caráter científico dos intercâmbios. Viam na continuidade do acordo apenas uma oportunidade de favorecimento à imagem que mantinham e à sua política e estavam decididos a nos enviar pessoas por eles próprios designadas, por razões ideológicas ou pessoais. Tivemos muita dificuldade para nos encontrarmos, numa noite e de maneira clandestina, com historiadores de oposição e que se sabiam vigiados. Ao contrário dos poloneses, suplicaram que não continuássemos o convênio, que em nada acrescentava aos verdadeiros pesquisadores checos e que era utilizado por um partido completamente sovietizado.

Braudel resolveu então não continuar com o convênio. Nessa política em relação ao Leste, na qual ele tinha muito se empenhado, ele recebia a confirmação de um sucesso e também a de um fracasso. É preciso dizer que, em todo esse caso, ele se mostrou particularmente lúcido, corajoso e digno de admiração.

Contudo, parece que, no plano privado, essa viagem marcou de maneira melancólica as suas relações e as de Furet com Fernand Braudel.

É muito delicado falar disso, mas já o fiz em meu *Essais d'égo-histoire*[1] e devo notar que essa viagem marcou de maneira negativa a continuidade das nossas relações. À noite, eu e

---

1 Op. cit., p.238.

François, que compartilhávamos o mesmo quarto no hotel de Praga, antes de nos retirarmos, tivemos um momento de discussão com Braudel, apenas os três. Foi quando ele emitiu juízos depreciativos a respeito dos interlocutores que havia encontrado na viagem, não poupando quase ninguém, afora Kula e Geremek.

Quando de nossa viagem de volta, em razão de muita neve que caía, o aeroporto de Praga foi fechado e tivemos que tomar o trem, num longo percurso, atravessando a Alemanha. Na cabine, Braudel retomou suas desagradáveis opiniões a respeito de pessoas da École ou do exterior. Estávamos chocados de ver esse homem, que admirávamos como historiador e como administrador e, pensávamos, como homem, revelar, no plano privado, uma atitude que não podíamos apreciar. Descobrimos, no exercício do poder e ainda mais no declínio deste, um Fernand Braudel no qual o homem não estava à altura do historiador. Essa experiência não se apagou de nossas memórias e marcaria profundamente a continuidade das nossas relações com o presidente da VI Seção.

A aposentadoria de Braudel e a minha eleição para a presidência

Braudel esperava permanecer na presidência da VI Seção além dos seus setenta anos.

Certamente, mas, a partir de 1970, o problema da sua sucessão começou a ser discutido na École. É verdade que não se falava abertamente, mas se faziam muitas alusões sobre isso. Ele próprio pouco falava disso, a não ser para expressar seu desejo de continuar a exercer a presidência depois de 1972, quando completaria setenta anos. Baseava suas expectativas num exemplo havido há muito tempo, na IV Seção da Hautes Études.

No início de 1972, as coisas começaram a ficar mais sérias: chegou até nós, de diversas fontes e o próprio Braudel nos disse,

166 *Uma vida para a história*

que no ministério lhe haviam dito que a legislação era então clara
e que não previa nenhuma exceção em sua aplicação. Não havia
portanto possibilidade legal de um prolongamento para além do
estabelecido.

A VI Seção da Hautes Études era então autônoma?

A VI Seção era independente cientificamente, ou seja, era
ela mesma que elegia os diretores de estudos e os mestres assistentes, fixava os seus programas e conferia os diplomas da École.
Mas ela não era mais que uma Seção entre outras e, o que era
mais desagradável, ela não tinha autonomia financeira. No jar-
gão administrativo, o presidente da École era apenas uma "autoridade secundária", e a principal era o ministro, o que significa
que o nosso orçamento e sobretudo a distribuição do nosso orçamento não eram por nós estabelecidos: o presidente podia apresentar solicitações a esse respeito ao ministério, fazer observações, mas não possuía o poder de decisão.

Desde 1968, Braudel vinha mais ou menos promovendo no
interior da École, e com o ministério, discussões para modificar
os estatutos da École. Ele, visivelmente, não tinha pressa, tampouco o ministério: não sentíamos pressões muito fortes nesse
sentido na École, ainda que, provavelmente, fosse ali que a aspiração pela autonomia se exprimisse mais claramente.

De todo modo, essas mudanças dos estatutos não estavam
verdadeiramente na ordem do dia e a questão não foi lembrada
na eleição que se seguiu à partida de Braudel.

Foi Braudel quem propôs ao Sr. substituí-lo?

Não diretamente. No início de 1972, alguns colegas – éramos ainda pouco numerosos, uns cinqüenta diretores de estudo,
portanto um colégio muito pequeno – vieram dizer-me que acreditavam ser eu o mais cotado para assumir a sucessão de Braudel.
De fato, sem me iludir sobre a minha posição, eu podia pensar
que muitos fatores estavam a meu favor. De um lado, em vista
das minhas ligações com Braudel, minha eleição em nada se
parecia com uma revolução, que de resto eu não desejava. De

outro, eu mantinha boas relações não somente com os historiadores, mas também com a maioria dos colegas de outras disciplinas.

Eu já tinha decidido, portanto, tratar do assunto com Braudel, quando ele próprio tomou a iniciativa, não sei mais em que data, de falar comigo abertamente sobre a questão: "Como você sabe", disse-me, "acho que não poderei continuar; será preciso fazer uma eleição em junho próximo, uma vez que a posse se realizará em 10 de outubro. É preciso que você se candidate". Respondi simplesmente: "Espero que o Sr. possa continuar, que o Sr. permaneça, com toda sinceridade, mas se isso não for possível e se assim o deseja, serei candidato".

A assembléia dos diretores de estudo foi então convocada para o dia 11 de junho de 1972. Enviei a Braudel a minha carta-candidatura no último dia de inscrição previsto pelos regulamentos, aguardando até o último momento a eventualidade de um gesto teatral anunciando a sua permanência.

A eleição foi fácil?

Sim. Braudel não interferiu formalmente, mas fez questão de deixar claro que eu era o seu candidato. Aconteceu, sem que, aliás, tivesse havido qualquer pressão explícita dele ou de quem quer que fosse, que eu era o candidato único e fui eleito da forma que se costuma chamar, em uma eleição, por aclamação. Foi dessa forma que me tornei presidente.

Não escondi – eu o declarara solenemente no meu breve discurso de candidatura – que me recusava a apresentar um programa. Não é minha tendência habitual fazer pronunciamentos sobre pessoas e não sobre programas, mas, precisamente nesse caso, como as circunstâncias não me permitiram preparar decentemente um programa, em virtude da situação de Braudel, aconteceu tratar-se essencialmente de escolher uma pessoa. Além do mais, exageraríamos pensando poder haver muitos programas diferentes para a presidência da École, pelo menos nessa época.

Ainda que oficialmente só devesse assumir minhas funções em 1º de outubro, comecei a trabalhar desde 1º de setembro, como o quis Braudel, que continuava assinando os documentos.

168 Uma vida para a história

Eu conhecia bem a École, mas precisei de uns dois meses para me iniciar no funcionamento dessa grande empresa. Fiz os contatos necessários com as instâncias externas, de acordo com Braudel, em particular com o ministério.

A constituição da nova diretoria

Como era dirigida a École?

Por um "bureau", tradicionalmente, formado por cinco pessoas, aí incluído o presidente. Anunciei, depois de minha eleição, que solicitava um voto de apoio a respeito da composição da diretoria. Houve algumas reservas, especialmente da parte de Jean Chesneaux, em relação à falta de programa (já me explicara a respeito antes) e à ausência de demais candidaturas (ele anunciou entretanto que votaria em mim). No final, o voto positivo sobre a diretoria foi tão amplo quanto o fora para a minha eleição.

Outra inovação: promovi a eleição como membro da diretoria, dentro das exigências dos estatutos, de um docente que era ainda apenas mestre assistente. Queria confiar-lhe a secretaria da diretoria, ou seja, um certo número de tarefas e de obrigações de presença bastante importantes e, além disso, queria mostrar que eu desejava uma associação com os jovens, os que ainda não eram diretores de estudos, na direção da École. Escolhi então Joseph Goy (atualmente delegado geral da Cidade Universitária), que eu já conhecia bem, que se tornou um dos meus amigos mais próximos e que, antes do fim do meu mandato, foi eleito diretor de estudos, pois se trata de um historiador muito bom. Joseph Goy comprometera-se apenas por dois ou três anos, esperando pelos novos estatutos. Em 1975, portanto, ele deixou o bureau, sendo sucedido por André Burguière, igualmente muito próximo de mim e excelente historiador.

Tinha desejado que meus colegas não fossem todos historiadores e pensei particularmente num especialista em matemáticas sociais, Marc Barbut, que havia sido eleito diretor de estudos no mesmo tempo que eu, em 1962, por quem tinha bastante simpatia: um homem corajoso e inteligente, enérgico, preciso, respeitoso das formalidades e das tradições, oferecendo a todos uma garantia de rigor e que tinha o sentido da École.

Não dispúnhamos naquele momento, por força dos estatutos, de administrador, mas simplesmente de uma espécie de chefe de administração, Louis Velay. Ele conhecia tudo da École e nutria por ela uma devoção visceral, e, por tradição, do tempo de Fernand Braudel, assistia às reuniões da diretoria. Quis que ele fizesse parte da direção de modo integral e incluí seu nome na lista que submeti à eleição da assembléia.

Restava o problema da quinta vaga da diretoria.

O Sr. desejou a presença de Roland Barthes na diretoria?

Era uma idéia audaciosa, porque esse intelectual mal humorado que seduzira Braudel continuava ao mesmo tempo à margem e acima de nós. Embora todos os membros da diretoria devessem participar igualmente da elaboração da política científica da École, eu desejava a presença de uma cabeça pensante mais especialmente encarregada de preparar essa política e tornar evidente que a diretoria era um centro de produção de idéias. E foi dessa forma que pensei em me dirigir a Roland Barthes, por quem eu nutria muita admiração e conhecia bastante bem. Eu estava convencido de que alguém que desfrutava uma tal reputação, que escrevia bastante, que era considerado provável futuro professor do Collège de France, que era com freqüência convidado a viajar para o estrangeiro iria me dizer não. Não foi o que aconteceu.

Convidei-o para almoçar em um restaurante de Saint-Germain-des-Prés e ele me disse "Eu te darei a minha resposta dentro de três ou quatro dias". Já no dia seguinte ele aceitou, por dois anos apenas, como me disse; na verdade acabou ficando três. Durante esse período a admiração e a amizade que eu tinha por Barthes foram ainda mais fortalecidas. Ele desempenhou de maneira perfeita o papel que eu lhe tinha destinado. A direção se reunia toda sexta-feira, pela manhã, e tínhamos de tratar de muitos problemas administrativos. Barthes participava da discussão até que chegava um momento em que ele mesmo relacionava a

170 *Uma vida para a história*

conversação a problemas intelectuais. Sua inteligência funcionava com grande simplicidade e uma enorme clareza, enquanto sua escrita, confesso, parecia-me às vezes um pouco preciosa; mas a sua fala, tal como se manifestava na diretoria, jamais. Ficávamos todos suspensos pelas suas palavras, ainda que ele jamais procurasse impressionar e acabava se envolvendo num verdadeiro diálogo conosco.

Havia um consenso para que Barthes fosse desobrigado de certas tarefas, em particular aquela que cabia aos membros da diretoria, com exceção de mim, de receber todos os novos candidatos à inscrição, depois de ter examinado a sua documentação, para dar-lhes uma resposta, em geral favorável. Na verdade, não havia exigências de diplomas para se matricular na École, mas nos parecia desejável que os candidatos tivessem um certo nível de conhecimentos em comparação aos que seguiam os cursos e os seminários e que se tratasse de pessoas com verdadeira disposição para trabalhar. Não éramos um Collège de France, onde se iam ouvir vedetes e às vezes simplesmente se aquecer. Roland Barthes fez questão absoluta de tomar parte, tanto quanto os outros, dessa tarefa, que no entanto ocupava vários dias, e ele o fez de maneira muito consciente.

Quando Roland Barthes deixou a diretoria, pedi a Maurice Godelier, um antropólogo de primeira linha, para substituí-lo.

Solicitei também a alguns colegas que participassem das reuniões das sexta-feiras de manhã da diretoria, mesmo sem serem membros. Eles nos traziam suas competências e idéias, nos faziam ver a École em profundidade, nos ajudavam a construir a ação da diretoria e a geri-la.

O primeiro a se impor foi Clémens Heller, o mais próximo colaborador de Braudel. Eu queria ao mesmo tempo manifestar o nosso reconhecimento e uma certa continuidade. Heller, figura fascinante que tinha dado origem a uma espécie de mito, prodigiosamente culto e aberto, era um judeu austríaco que se tornou cidadão americano, uma espécie de *manager* da ciência, que não existia ainda na França, e que Braudel tinha tido o faro de recrutar por ocasião de sua viagem aos Estados Unidos. Era ao mesmo tempo um farejador de idéias e sobretudo de relações.

Ele sabia admiravelmente quais eram as pessoas mais interessantes em ciências sociais do mundo inteiro. Ocupava-se particularmente do que continuamos a chamar de "ares culturais", a política de recrutamento, de pesquisa, o intercâmbio com civilizações não européias: Índia, China, Sudeste Asiático, África negra, América Latina, sobretudo. Acrescentei logo em seguida, a conselho de Clémens Heller, o Japão, criando o primeiro centro de pesquisa e desenvolvimento sobre o Japão contemporâneo na França, que confiei a Christian Sautter, especialista em economia japonesa. Clémens Heller foi também uma espécie de ministro das relações exteriores oficiais da École. Com ele vieram para as reuniões das sextas-feiras Marc Augé, jovem antropólogo de grande talento, que viria a tornar-se, em 1985, presidente da École, e Viviane Alleton, lingüista original e especialista apaixonada pela China, mulher inteligente, de coragem e de uma grande dedicação. Havia finalmente René Marzocchi, figura deliciosa, de uma modéstia, fidelidade e eficiência a toda prova, que conhecia todos os meandros administrativos franceses, provido ao mesmo tempo de muito bom senso e de imaginação, perfeito nas delicadas negociações.

Os novos estatutos da École

Por que o Sr. queria mudar os estatutos da VI Seção?

O objetivo era duplo. Primeiro, tratava-se de nos tornarmos independentes e, em particular, autônomos financeiramente em relação ao ministério. Era preciso que o presidente da École passasse de "autoridade secundária" a principal, ou seja, que ele tivesse, em relação à verba que a École recebia do ministério, independência para distribuir o orçamento de acordo com a política da Instituição. O segundo objetivo, igualmente importante para mim, era que a École fosse dotada de um estatuto que lhe conferisse um caráter mais democrático e que integrasse em

172   *Uma vida para a história*

seu funcionamento os diferentes componentes, os diferentes corpos da École e da diretoria.

Até aquele momento, o presidente era praticamente um monarca absoluto. O único organismo oficial existente era a assembléia dos diretores de estudos. A função essencial dessa assembléia era a de eleger os diretores de estudos. O orçamento não era da alçada dessa assembléia. O presidente Fernand Braudel lhe oferecia as indicações sobre as orientações científicas da École, mas não era obrigado a fazê-lo. Eu desejava pois que houvesse uma associação dos diferentes corpos da École.

Já ressaltei que não partíamos do zero, pois na verdade já tinha havido algumas reuniões no interior da École e com o ministério tendo-se em vista a adoção de novos estatutos. Não se fora mais longe. E como nesse entretempo o governo havia mudado (Edgard Faure havia se aposentado), os interlocutores no Ministério da Educação não eram mais os mesmos.

Além disso, eu havia adotado junto com a direção da École, único organismo dirigente naquele momento, algumas diretrizes, como a retomada de um organismo oficioso de consulta, ampliando-o um pouco mais, do qual Braudel já havia lançado mão. Eu tinha algumas idéias e propostas a fazer ao ministério e este, de sua parte, tinha algumas idéias a respeito do que devíamos transformar. Foi então que se abriu um período de negociações que durou aproximadamente um ano.

O Sr. recebeu algum auxílio importante da parte do Ministério da Educação Nacional?

Devo manifestar todo o meu reconhecimento pessoal e o reconhecimento da École para com Joseph Fontanet, que na ocasião foi nosso principal interlocutor junto ao ministro, com quem jamais me encontrei. Felizmente, o responsável pelo nosso caso, Jean-Claude Casanova, professor da Sciences-Po, foi de 1972 a 1974 o encarregado dos problemas do ensino superior no ministério. Ele estava encarregado de aplicar e de corrigir a lei Edgard Faure, que o presidente Pompidou e seus conselheiros criticavam; de lutar, saindo do seu papel, contra um sindicalismo que poderia ser paralisante; de conseguir o equilíbrio, deixando, por exemplo, aos diretores de estudo o papel essencial no recrutamento dos docentes. O projeto de reforma defrontou-se com a hostilidade de instâncias do Ministério da Educação e também dos docentes da IV Seção da Hautes Études. Desde os fins de 1973, todavia, tínhamos chegado a um projeto de acordo e chegamos mesmo a redigir um texto no qual a École se tornava autônoma.

Mais tarde, como membro do gabinete de Raymond Barre, de quem tinha sido aluno em Túnis, e animador da revista *Commentaire*, Jean-Claude Casanova continuaria a demonstrar uma grande compreensão em relação a nós.

A VI Seção conservava ou não o caráter da VI Seção da École Pratique des Hautes Études?

Ela não podia mais ser a VI Seção da École Pratique des Hautes Études. Desenvolveu-se uma discussão em torno da manutenção ou da supressão da palavra *"pratique"*, que efetivamente se explicava pelo contexto histórico da sua criação. Como já disse, a VI Seção foi criada em 1947, graças aos apoios políticos de que dispunha Lucien Febvre, dentro dos quadros desejados desde 1868 por Victor Duruy. Pertencíamos então a uma escola que era "prática" porque, ao contrário das universidades, e em particular da Sorbonne, onde o fundamento do ensino era o magistério, ali se faziam interpretações e estudos de textos, de documentos; o ensino ali era essencialmente prático, o que chamamos hoje de um ensino de pesquisa cujo modelo era praticamente o dos seminários alemães.

Eu era favorável de preferência à supressão do termo, porque percebia que ele não era compreendido por um grande número dos nossos interlocutores e porque evocava a idéia de uma escola técnica. Mas muitos dos nossos colegas se sentiam apegados a ele. Preferi consultar a assembléia a respeito e coloquei a questão em discussão. A supressão de *"pratique"* foi decidida por pouca diferença de votos. Tornamo-nos então a École de Hautes Études en Sciences Sociales.

174   Uma vida para a história

Quais foram então os pontos essenciais da reforma?

Obtivemos essa autonomia financeira tão esperada, mas sobretudo foram introduzidas importantes mudanças democráticas na direção da École. O presidente e a diretoria passaram a ser assistidos por conselhos tanto consultivos como deliberativos. Antes havia a *assembléia*, mas na sua composição foi acrescentada, junto aos diretores de estudos, uma certa porcentagem de mestres assistentes. Eu desejava que todos estes fossem admitidos nessa assembléia, mas o ministério e Jean-Claude Casanova não o aceitaram, ressaltando que, em razão da tendência de aumento do número de mestres assistentes em relação ao dos diretores de estudos, o peso destes últimos corria o risco de vir a diminuir de uma maneira que não se podia aceitar.

Hoje, a assembléia funciona como assembléia plenária em relação a todos os mestres de conferência para as questões científicas e administrativas e para a eleição do presidente, e como restrita em relação aos diretores de estudos para a eleição destes.

Naquela época, não tínhamos na École mestres de conferências, grau universitário que havíamos recusado. Em seguida, uma feliz evolução, bem dirigida pela École e com a anuência esclarecida do ministério, levou os mestres assistentes a se transformarem em mestres de conferências; mas, ao contrário dos da universidade, eles não são submetidos à obrigação de ter feito uma tese nem passar pelo crivo de uma comissão. São diretamente eleitos com base em seus currículos, em seus programas, como os diretores de estudos. Hoje todos os mestres de conferência são membros da assembléia, o que confere ao presidente uma autoridade maior: ele passa a ser eleito de fato por todos os docentes pesquisadores.

Havia, em seguida, um *conselho de administração*, que tinha uma função muito importante, pois votava o orçamento proposto pelo presidente e pela diretoria. Nesse conselho de administração estavam representadas, em porcentagens diferentes, todas as categorias do pessoal que trabalhava na École, incluindo aqueles chamados de "atos" (*administratifs techniciens, ouvriers et personnels de service*/técnicos administrativos, funcionários e pessoal de serviço) e, por fim, os estudantes. Um sistema de escrutínio foi estabelecido para permitir a estes últimos que elegessem os seus representantes no conselho de administração. Faziam parte também do conselho pessoas de fora, algumas indicadas pela universidade e, outras, pelo ministro, por proposta do presidente da École.

Para terminar, foi criado um *conselho científico*, que era apenas consultivo, mas ao qual o presidente e a diretoria deviam submeter a política científica da École. Esse conselho era composto de diretores de estudos, em pequeno número, porque eu queria um organismo que pudesse funcionar bem, por saber como os conselhos científicos de algumas universidades, em razão do número, ficavam amarrados. Acrescentavam-se a ele representantes dos mestres assistentes e de um pequeno número de personalidades de fora, escolhidas pela sua competência científica. Esse conjunto de assembléias e de conselhos traduzia a democratização da École.

E sobretudo, decisão essencial, o presidente da École presidia também o conselho científico e, o que foi mais difícil de ser conseguido, por contrariar as praxes estabelecidas, o conselho de administração. Dessa forma, o presidente representava e assegurava a unidade da École, o que não parecia contrário à democracia e era uma garantia de eficiência.

O Sr. fixou a duração do mandato do presidente?

Houve, a respeito desse assunto, uma discordância, mas pouco importante, entre o ministério e eu: o presidente sempre era eleito por cinco anos, mas suas funções seriam renováveis quantas vezes ele quisesse. Por isso Lucien Febvre e Fernand Braudel acharam por bem decidir permanecer na presidência enquanto estivessem em atividade. Febvre ficou até sua morte, aos 75 anos. O cutelo iria cair sobre Braudel, em conseqüência das novas disposições de 1972. Ele fora eleito em 1956, reeleito em 1961, em 1966 e ainda em 1971.

De minha parte, esse mandato não deveria ser renovado mais que uma vez. Eu havia comunicado aos meus colegas que, no que me dizia respeito, seria presidente apenas por cinco anos. Quando contamos com o novo estatuto, foi necessário proceder a novas

176 *Uma vida para a história*

eleições. Nessa data eu era presidente da École havia três anos. Apresentei-me então como candidato, mas deixando claro que ficaria por mais dois anos, renunciando em seguida a esse período. Depois de mim, François Furet se demitiu durante o seu segundo mandato, entendendo ter alcançado os objetivos estabelecidos por ocasião da sua eleição. Mas enquanto os estatutos de 1975 nos colocavam no mesmo plano que as universidades (como presidente, eu assistia à reunião dos presidentes das universidades), para evitar que a École fosse submetida à nova lei Savary, que teria feito desaparecer nossa originalidade; em 1983, Furet, então presidente, promoveu a retirada da École dos quadros das universidades, para lhe conferir, como à Sciences-Po, o estatuto de "grand établissement" [grande instituição], que preservava a nossa especificidade. Ele aproveitou para incluir nos estatutos uma disposição segundo a qual o mandato do presidente não seria renovado mais que uma vez. Marc Augé, etnólogo, foi quem o sucedeu em 1985, sendo reeleito para um segundo mandato em 1990. Jacques Revel, historiador, foi eleito presidente em 24 de junho de 1995.

Quando entraram em vigor os novos estatutos?

Depois de aproximadamente um ano, em fins de 1973, estava tudo pronto, mas ainda restava superar alguns obstáculos. Era preciso obter o aval dos juristas do ministério e receber a aprovação do Conselho Nacional de Ensino Superior (o CNESER) e, por fim, vir a promulgação pelo ministro. Isso se arrastou bastante, mas tivemos a sorte, em 1974, quando Giscard se tornou presidente da República, de ter sido criada a Secretaria de Estado para as Universidades, que em seguida se tornou ministério. Seu primeiro titular foi Jean-Pierre Soisson. Devo dizer que ele foi, depois de Jean-Claude Casanova, o segundo fundador da École, porque, desde logo, ele se inflamou verdadeiramente de interesse e mesmo de paixão para conosco e nos ajudou a vencer os últimos obstáculos com uma notável rapidez, de tal forma que os nossos novos estatutos foram publicados no *Diário Oficial*, em janeiro de 1975.

Como Jean-Pierre Soisson diz logo a seguir em seu testemunho, graças a um amigo comum, Hubert Damisch, historiador e teórico da arte, diretor de estudos na École, minhas relações com o ministro adquiriram rapidamente um tom cordial. Essas relações de confiança entre as pessoas permitiram resolver mais facilmente os problemas. Admirei a maneira pela qual Jean-Pierre Soisson jamais confundiu os sentimentos pessoais com as responsabilidades ministeriais.

Depoimento de Jean-Pierre Soisson, antigo secretário de Estado para as Universidades

Na primavera de 1974, Valéry Giscard d'Estaing me convocou para o governo e me encarregou de criar a Secretaria de Estado para as Universidades: um ministério voltado para as universidades e Écoles, ligando o ensino superior à pesquisa. Desde minha nomeação, estabeleci para mim um duplo objetivo: assegurar a autonomia das universidades e estabelecer a coerência dos estudos superiores. Cabia-me aplicar a concepção de ensino superior de Edgar Faure, a quem havia servido como conselheiro técnico em 1968, quando ele foi nomeado ministro da Educação Nacional. A idéia de Giscard, que sempre se interessou pelo ensino superior, era definir uma reforma que pudesse constituir-se em resposta aos acontecimentos de Maio de 1968. Ele queria também criar "centros de excelência".

Ele me deu liberdade para trabalhar nesse sentido: ainda sou-lhe grato por isso. Era o início do seu setenato, marcado pelo entusiasmo da reforma. Os centros de excelência, um pouco fora das normas, eram algo semelhante aos centros de pesquisas e seminários da Alemanha e dos Estados Unidos: escolhi privilegiar a universidade de tecnologia de Compiègne e a École des Hautes Études en Sciences Sociales.

A reforma da École foi muito delicada: as grandes universidades parisienses não a desejavam, tampouco os serviços do ministério. Fernand Braudel, que foi obrigado a se aposentar, não pôde suportar a idéia de que um seu sucessor pudesse conseguir o que ele havia reivindicado junto aos governos precedentes e que não conseguira "arrancar": a expressão é sua. Ele atiçou as rivalidades, veio ao meu encontro para lembrar a prioridade mais conveniente, segundo ele, que se devia conceder à Maison des Sciences de L'Homme. Ele defendeu Jacques Le Goff para a sua sucessão na presidência da École, mas seu homem de confiança continuou sendo Clémens Heller. Lembro-me de uma conversa que tivemos na rua Dutot, onde eu havia instalado o ministério, quando ele evocou ao mesmo tempo

178   Uma vida para a história

os Estados Unidos e os países situados no Mediterrâneo, a obra que ele havia empreendido e que seus sucessores não conseguiriam terminar: "Eu construí os alicerces. Saberão eles levantar a casa?". As suas possibilidades dependiam da ajuda de Braudel, que não a daria. "Além do mais", disse-me, "a reforma da École não é urgente".

Era um turbilhão no meu gabinete. Braudel era um monstro sagrado; ele sabia disso e se comprazia em deixar que seus interlocutores o descobrissem. Sedução e megalomania.

Chamei Le Goff, pois minha disposição era inversa à de Braudel: se a reforma não fosse rapidamente realizada, ela nunca seria feita. Resolvi conduzir pessoalmente o processo, deixando de lado os trâmites usuais, através de contatos diretos com Le Goff, Furet, Damisch.

Hubert Damisch desempenhou um papel importante nesse caso. Ele morava num apartamento de cobertura, perto de Saint-Sulpice, na rua Servandoni. Trata-se de um amigo. Sua mulher, Teri, americana, trabalhou para mim como fotógrafa. Ela nos recebia no domingo à noite, oferecendo-nos uma costela de boi ou um coelho na mostarda. Eu trazia de Auxerre os meus vinhos de Coulanges ou de Irancy. Também Jacques Le Goff, François Furet, Roland Barthes se encontravam na casa dos Damisch. Certa vez Furet nos recebeu em sua casa, na rua do Pas-de-la-Mulle. Nossos encontros tornaram-se habituais e, além da reforma da École, discutíamos o futuro do ensino superior. Guardo desses encontros uma lembrança de verdadeira felicidade.

Fomos juntos para Roma por ocasião do centenário da École Française. Hubert Damisch nos arrastou até Orvieto; ele escrevia sobre Signorelli. A região produz um excelente vinho branco, que eu queria casar com o chablis. O prefeito comunista, professor de Literatura no Liceu de Orvieto, nos convidou para almoçar; a conversa se desenvolveu em torno da Idade Média, a influência da Itália. Sobre um ponto preciso da história, o prefeito tomou a palavra: "Isso apenas Jacques Le Goff poderia nos esclarecer". Não sabia que Jacques Le Goff estava sentado ao seu lado: ele sorria, fumando o seu cachimbo.

A dificuldade da reforma da École estava em se conseguir preservar a especificidade de um estabelecimento destinado a receber os estudantes do terceiro ciclo, do qual os professores eram, antes de mais nada, orientadores de pesquisas. A École não poderia se conformar ao modelo comum. Ela exigia estatutos diferenciados e um orçamento significativo, que o ministério entendia que iria escapar ao seu controle. Ninguém tinha conseguido conter Braudel. E o seu sucessor? Os setores governamentais responsáveis estavam desconfiados; temiam um desastre financeiro.

Ademais, eles queriam se instalar no boulevard Raspail, no local da antiga prisão de Cherche-Midi. Eu tinha indicado que Le Goff escolheria prioritariamente para a École a localização que lhe parecesse melhor. Eles sabiam que ele escolheria o boulevard Raspail e que eles próprios seriam condenados a ficar na rua Dudot, num prédio modesto do qual não gostavam e onde se encontra ainda hoje a direção dos ensinos superiores. Era preciso chegar a uma conclusão. O que aconteceu num encontro pessoal, na casa de Le Goff, com a presença de nossas esposas. Depois do jantar, afastamos os pratos e, sobre a toalha, apresentei o projeto dos estatutos: nós o relemos juntos, modificando alguns parágrafos. Dei minha anuência: os estatutos foram promulgados.

Em razão desses novos estatutos, foi necessário renovar as instâncias da École. Candidatei-me novamente e fui reeleito, depois de deixar claro que seria apenas por um período de dois anos.

O problema da localização

O Sr. disse que o problema da localização da École des Hautes Études foi o pesadelo da sua presidência.

De fato, essa grave questão não havia encontrado nenhuma solução no tempo de Fontanet; apesar da boa vontade de Jean-Pierre Soisson, conseguiu-se com ele apenas uma solução parcial, mas já importante. Não tínhamos um local. Nem Lucien Febvre nem Fernand Braudel tinham conseguido obter da autoridade pública o local específico para a École. Como se fazia necessário que ministrássemos nosso ensino e que nossa administração funcionasse, o ministério nos liberava uma verba para aluguel de imóveis em Paris.

Braudel tinha conseguido da IV Seção da École Pratique de Hautes Études que os cursos e os seminários pudessem ser realizados nas dependências que ela possuía na Sorbonne, mas era na época em que não havia mais que três dezenas de direções de estudos e em que os seminários contavam com uma média de vinte alunos. Tudo isso havia mudado. Além disso, depois de 1968, as relações tinham-se tornado bastante difíceis com a IV Seção da Hautes Études, que acusava os alunos e os pesquisadores da VI Seção de terem introduzido a desordem durante os acontecimentos de Maio. Tentamos então nos abrigar noutro lugar, na École

180   *Uma vida para a história*

Normale Supérieure, por exemplo. Tínhamos o essencial de nossa administração num prédio da rua Varenne, muito bem situado mas onde nossa administração funcionava com dificuldades, em razão das suas pequenas dimensões de espaço.

Foi nessa ocasião que Jean-Pierre Soisson tentou tirá-lo da dificuldade?

De fato, na sua disposição favorável à École, o secretário de Estado me apresentou várias soluções a escolher. Havia um prédio novo em Ivry, ainda não ocupado, pertencente ao Estado, que o Ministério do Ensino Superior poderia oferecer. Havia uma construção nova, na rua Dutot, no 15º Distrito, e ainda havia uma parte do prédio da Maison des Sciences de L'Homme, no *boulevard* Raspail, em vias de ser desocupado pelo Ministério da Justiça, que se preparava para retornar à praça Vendôme, no qual haviam feito consideráveis reformas. Jean-Pierre Soisson nos deixou escolher.

Visitei os locais acompanhado por uma delegação informal do pessoal da École. Rapidamente deixamos de lado Ivry, porque lá estaríamos isolados de tudo o que é importante intelectual e cientificamente em Paris e pelas dificuldades de comunicações. Hesitamos entre a rua Dutot e a Maison des Sciences de L'Homme.

Jean-Pierre Soisson me disse: "Fica à sua escolha, e o prédio que restar eu ocuparei para a instalação do meu ministério, pois estamos mal acomodados onde funcionamos". E afirmou: "Se você me deixar a Maison des Science de L'Homme, terei de reduzir a Fundação a um andar". Jovem auditor do Tribunal de Contas, ele teve de fazer o relatório sobre a construção da Maison des Sciences de L'Homme e guardava más recordações dos contatos que então manteve com Braudel.

Voltemos à localização da École: o Sr. então escolheu a Maison des Sciences de L'Homme.

Consultei os membros da comissão, alguns figurões da École, como Raymond Aron, Jacques Berque, Claude Lévi-Strauss, o diretor da Sciences-Po que era parte interessada na Maison des Sciences de L'Homme. Eu próprio estava dividido: eu preferia a Maison, mas o espaço local era mínimo, e não havia lugar para as salas de aulas e seminários. Conseguiríamos no máximo alojar a administração e os centros de pesquisa, o que já era muito em relação ao que dispúnhamos antes. Inclinei-me por essa solução e foi dessa forma que tive a satisfação de ver inscrito sobre a fachada "École des Hautes Études em Sciences Sociales" ao lado da "Fondation de la Maison des Sciences de L'Homme".

Minhas relações com Fernand Braudel se deterioram

Foi nessa época que as suas relações com Fernand Braudel se deterioraram. Isso se deu sobretudo pelo fato do problema das relações com Clémens Heller?

De fato. No começo, Heller tinha responsabilidades ao mesmo tempo na École des Hautes Études e na Maison des Sciences de L'Homme. Por ocasião da minha eleição para a presidência da École, Braudel me disse: "Tenho a impressão de que você não gosta de Clémens e de que não vai se entender com ele. Creio que você deveria ter interesse em conservá-lo porque ele é muito inteligente e tem muitas relações, ele gosta muito da École. Sinta-se inteiramente à vontade para se livrar dele, se você não o quiser. De todo modo, eu o retomarei para a Maison des Sciences de L'Homme".

Todavia, lembre-se de que eu tinha colocado Heller na comissão de direção da École, primeiro por deferência a Braudel e porque ele dirigia com eficiência o setor das áreas culturais, muito importante para nós. Meus sentimentos a seu respeito eram ambíguos. Jamais acreditei em uma palavra das acusações que o tornavam um agente da CIA. Admirava sua inteligência, sua imaginação, a sua teia de relações. Por outro lado, não me entendia com ele no comportamento do dia-a-dia, e isso torna-se

182 *Uma vida para a história*

importante quando se é levado a comandar uma instituição no seu cotidiano com um colaborador. Ele era extremamente atrapalhado, voltava atrás nas decisões que tinha tomado, o que não somente me irritava, mas afetava o meu trabalho. Eu estava seguro de que depois de nossa reunião da comissão diretora da sexta-feira, à tarde ou à noite ele me telefonaria: "Ah! Le Goff, acho que devemos mudar o que decidimos esta manhã. Ah! Le Goff, creio que essa não é uma boa decisão". Aconteceu de uma vez em cinqüenta eu reconhecer que era preciso modificar a decisão tomada, mas no seu conjunto isso se tornava insuportável.

Além disso, ele se manteve de tal forma ligado a Braudel, que o encontrava muito mais que a mim, e normalmente apresentava-lhe um relatório completo. E de qualquer forma, para mim era embaraçoso saber que o antigo presidente estava a par de tudo o que se fazia na École, inclusive de coisas que só diziam respeito à atividade do presidente e da comissão diretora e que possuíam um certo caráter confidencial. Mas se eu estivesse bem sincronizado com Heller, isso na verdade não teria me aborrecido, uma vez que eu mantinha ainda boas relações com Braudel.

Houve um incidente específico?

Sim. Depois de mais ou menos um ano, depois de uma reunião da direção em que se discutiram questões de orçamento. Eu disse que Heller era o responsável por uma das nossas grandes seções, a das áreas culturais. Já havia recusado na semana anterior o rascunho confuso e ilegível do orçamento de sua divisão que ele apresentara. Quando ele me trouxe um novo levantamento igualmente mal feito, decidi que isso não podia continuar.

Fui até Braudel e tentei explicar-lhe as coisas sinceramente: "Antes de tudo, espero que o Sr. não pense que isso seja, propriamente dito, contra Clémens, e muito menos contra o Sr. Sempre tive consideração por Clémens, mas não posso trabalhar com ele. Quero exonerá-lo de suas funções mas com a sua concordância. Não me esqueci do que o Sr. me disse no ano passado. Se eu não conseguisse me entender com Heller, não teria por que conservá-lo na École. Mas espero que continue a haver entre a École e a Maison des Sciences de L'Homme vínculos que sejam benéficos tanto para uma quanto para a outra".

E o encontro transcorreu bem?

Assim o acreditei. Braudel parecia aceitar a minha decisão sem protestar e, pareceu-me, com compreensão. Mas no dia seguinte, as coisas tinham adquirido outra feição. Certamente houve, à noite, gestões junto a Braudel. Ele certamente pensou na interpretação psicanalítica que Heller deu à minha atitude. Heller, cujo pai, parece, tinha sido em Viena o livreiro de Freud, evocou o assassinato do pai. Tornei-me o Édipo da Hautes Études, que matava o pai para atingir a sua maturidade presidencial...

De maneira alguma vivi essa crise desse modo e não creio que o meu inconsciente tenha me pregado uma peça. Eu tinha admiração e reconhecimento para com Braudel, uma longa afeição, mas jamais o considerei um pai. Eu tinha tido um pai verdadeiro, que me amava e admirava muito, como já vimos.[2]

Falou-se muito dos telefonemas de Braudel aos secretários.

Era um de seus velhos hábitos: telefonar a qualquer hora do dia ou da noite aos seus colaboradores mais próximos. Aqui, foi para os que tinham sido seus e haviam se tornado oficialmente meus colaboradores a quem ele se dirigiu: às 11 horas da noite, e creio que até mais tarde, ele ligou para Joseph Goy, secretário da diretoria, e para Louis Velay, nosso administrador, para acusá-los de terem provocado a saída de Clémens Heller, o que representaria uma grande perda para a École.

Quando cheguei na manhã seguinte, encontrei os meus colaboradores ao mesmo tempo muito alarmados e muito agastados.

---

2 Em um livro recente, documentado e interessante (*Braudel*, Paris: Flammarion, 1995), mas visivelmente influenciado pela roda de Braudel, Pierre Daix me acusa de ter pretendido "herdar todo o reino de Braudel" e de ter com dificuldade suportado sua "preeminência internacional". Os que viveram de perto essa situação e essa época, a começar por François Furet, que me autoriza a dizê-lo, sabem que essa hipótese é absurda.

184   *Uma vida para a história*

Não lamento aquilo que foi, de certo modo, uma "cabeçada": imediatamente liguei para Braudel e lhe disse ser intolerável que ele ousasse fazer esse tipo de encenação para com os meus colaboradores. A confiança entre nós terminou.

Jean-Pierre Soisson tomou a sua defesa?

Sim, ele me relatou pouco tempo depois que Braudel foi lhe dizer que a École havia se tornado incapaz de exercer as suas missões e que seria conveniente, em vista disso, transferir todos os centros de pesquisa da École para a Fondation de la Maison des Sciences de L'Homme. Isso nos aniquilaria, deixando-nos apenas a função de ensino, uma vez que a própria definição da École era um misto de ensino e pesquisa. Soisson não concordou e me avisou da gestão feita a ele.

O legado administrativo de Fernand Braudel

Braudel foi imprudente em sua administração?

Ele me deixou uma herança difícil, pois não consegui acertar o problema da localização. Foi finalmente François Furet quem o conseguiu, e assim mesmo não no sentido de recolocar as coisas totalmente no lugar. Não dispúnhamos de dependências adequadas e o ministério nos afetava, liberando verbas muito insuficientes para esse fim. Braudel tinha conseguido encontrar diversos locais, mas o que criou maiores dificuldades foi um imóvel na rua Tournon. O aluguel, adequado ao valor de mercado, mas sobrecarregado pelas excessivas exigências do proprietário, era extremamente elevado. Tínhamos de, em relação às subvenções do ministério, buscar uma significativa complementação de verba para esse aluguel. Braudel o pagava com uma parte da renda das nossas publicações. Mas estas eram subvencionadas pelo ministério e os rendimentos tinham de ser reinvestidos para as publicações ou então retornar ao Estado. Sua honestidade pessoal não estava absolutamente em questão, mas como esses recursos passavam pela Association Marc Bloch (associação do tipo 1901), da qual o presidente da École – eu mesmo mais tarde – era também o seu presidente, nessa situação eu era pessoalmente responsável. Esse uso de verbas públicas para despesas que não oneravam o Estado foi tolerado durante muito tempo, mas já não era mais assim. Foi durante os anos 1970 que houve uma reviravolta na administração e Braudel, parece-me, não acreditou seriamente nessa mudança.

Acrescento que Braudel não se limitou a saldar despesas realizadas por meios ilegais, mas fundamentais para a École, o que me faria absolvê-lo completamente. Ele alugou imóveis em locais de prestígio, especialmente as salas desse magnífico prédio da rua Tournon, que custavam os olhos da cara.

Essas despesas exageradas lhe trouxeram dificuldades?

Sim. Em relação à rua Tournon, tentei livrar-me dessas dependências, mas não cheguei a fazê-lo: me embromaram tanto no ministério quanto na reitoria de Paris e, quando deixei a presidência da École, depois de cinco anos, as coisas estavam amarradas mas não disciplinadas, o que valeu a mim e ao meu sucessor François Furet o nosso comparecimento ao Tribunal de Contas. Houve uma inspeção realizada por este Tribunal, em princípio normal, mas conduzida sem nenhuma compreensão para com os nossos problemas.

Furet e eu fomos indiciados, fomos declarados "responsáveis pelo fato", o que é grave, e fui castigado com uma condenação a princípio de cinco mil francos, numa sentença que nos foi útil, porque compreendia um elogio muito significativo à École. A sentença do Tribunal de Contas nos concedia amplas circunstâncias atenuantes, em particular o fato que ficou evidente de que o primeiro responsável pela situação havia sido Braudel, que não podia mais ser atacado, por estar protegido pela anistia, sobrevinda a uma certa altura para esse tipo de delito administrativo.

Nessas condições, o ministério insistentemente nos aconselhou – não possuía o poder de nos obrigar – a dissolver a Association Marc Bloch e foi o que fez François Furet, com a minha

186 *Uma vida para a história*

completa anuência. Uma nova associação absolutamente diferente da primeira, fundada com base na lei de 1901, foi então organizada. Ela se dedica à difusão da pesquisa da École des Hautes Études en Sciences Sociales.

A *École no interior da França*

Como se apresenta a situação pelo interior da França e, especialmente, como a École se instalou em Marselha?

Os novos estatutos de 1975 diziam explicitamente: a École é um estabelecimento nacional, ou seja, não é somente parisiense, e pode ter suas instalações pelo interior do país. O problema estava igualmente relacionado com a questão dos prédios: a necessidade de ampliação de nossas instalações no *boulevard* Raspail levou a DATAR a pôr como condição a criação de novas dependências com as atividades correspondentes pelo interior da França.

Entre as experiências feitas, nem todas alcançaram o mesmo resultado: em Estrasburgo, o projeto não vingou; em Brest, a implantação não teve muita duração. Em Lion, um empreendimento limitado, com o apoio de Jacques Soustelle (deputado do Rhône que dirigiu nessa cidade um seminário, como diretor de estudos até sua aposentadoria em 1980), alcançou o desenvolvimento conjunto com a Universidade Louis-Lumière, de um centro de arqueologia medieval que funciona muito bem.

Em Toulouse, a iniciativa alcançou maior importância, mantida por Alain Savary, presidente do conselho regional do Midi-Pirineus. Foram desenvolvidas pesquisas no campo da economia, da antropologia e, atualmente, das ciências cognitivas. Mas foi em Marselha que o sucesso foi maior, graças fundamentalmente a Marc Barbut, que eu tinha encarregado, na comissão diretora, de implementar essa política de descentralização, e também com o apoio de Gaston Defferre, deputado-prefeito.

Depoimento de Marc Barbut, diretor de estudos e ex-membro da Comissão Nacional da École

Foi decidido com muita rapidez, com base na minha proposta, que a implantação principal seria em Marselha: eu tinha muitos amigos nas faculdades de Aix e de Marselha, o que facilitava as coisas. As Ciências Sociais eram praticamente desenvolvidas nas faculdades de Letras e de Direito de Aix, viveiros de futuros professores do Collège de France. Marselha, até então especializada nas Ciências e na Medicina, encontrava-se um pouco à parte, apta a trabalhar com os universitários da Faculdade de Aix, mas sem se envolver em suas balbúrdias ("Primordialmente, não venha para Aix", me havia dito Georges Duby).

O prefeito de Marselha, Gaston Defferre, aceitara com prazer colocar à nossa disposição – com um contrato de locação gratuito por cinqüenta anos, estando sob nossa responsabilidade os arranjos internos – as magníficas dependências da Vieille Charité, austero asilo do século XVII, em pleno centro de Marselha. Instalamo-nos inicialmente em dependências provisórias e, depois das reformas, na Vieille Charité em 1981. Recordo-me de um grande jantar, na época da presidência de Jacques Le Goff, onde se encontraram Gaston Defferre, Jean-Pierre Soisson, o diretor do CNRS e muitas outras personalidades ilustres.

Estabeleceu-se uma simbiose entre as universidades. Marselha possui hoje uma Faculdade de Direito e em breve contará com uma Faculdade de Letras. A explicação está na nossa École. O recrutamento de docentes para os cargos criados foi feito localmente ou entre pesquisadores vindos de Paris e se instalando em Marselha. Eu mesmo, durante uns dez anos, fiz o vaivém entre Paris e Marselha. Hoje o empreendimento está lançado e funciona satisfatoriamente, sobretudo em torno do grande centro de sociologia, de Jean-Claude Passeron e de um centro de economia, comum à École e às universidades de Aix e de Marselha.

Protetores para a nossa École

Nesse ínterim, porém, o Sr. conservava os mesmos protetores perante os poderes públicos?

É verdade, tivemos sorte durante todo esse período. Eu mantinha, como já vimos, excelentes relações com Jean-Pierre

188   Uma vida para a história

Soisson, mas em janeiro de 1976 ele teve de deixar suas funções ligadas às universidades.[3]

Quando Raymond Barre se tornou primeiro ministro, Jean-Claude Casanova, que exercia funções importantes junto a ele, continuou a nos proteger.

Recordo-me, por exemplo, de um incidente que se seguiu à Guerra da Argélia. Um de nossos colegas universitários nos acusava, em uma carta ao primeiro-ministro, de sermos um foco de antipatriotismo, de incitação à desobediência militar porque um colega em especial – tratava-se de Pierre Vidal-Naquet, que era visado – mantinha um seminário ideológico e político que deveria acarretar, contra ele e contra a École em geral, graves sanções. O acusador confundia, no caso, o ensino de Pierre Vidal-Naquet, que se limitava ao seu domínio científico, história das sociedades antigas, e o seu comprometimento de cidadão fora da École. Também aí, o acusador se saiu mal. Da mesma forma que Soisson me telefonara para informar das gestões de Braudel contra mim, desta vez foi Casanova quem ligou e me disse: "Como fui eu quem leu a carta, não cheguei a submetê-la ao primeiro-ministro, porque estou seguro de qual teria sido sua reação. Joguei a carta no lixo e estou te contando somente para a eventualidade de alguém se referir ao caso. Saiba que você não tem nada a temer. Trata-se de fatos externos à École".

Mas em 1976, Alice Saunié-Seïté tornou-se secretária de Estado, depois ministra para as universidades. Isso chegou a inquietá-lo?

De fato, ela parecia não nos ver com muita simpatia. Desta vez eu fui avisado por um eminente historiador, meu amigo, que estava longe da École e de suas orientações científicas, mas as suas elevadas funções o tinham levado a participar de uma reunião realizada logo depois da sua nomeação por Alice Saunié-

---

3 Em janeiro de 1976, Jean-Pierre Soisson deixou essas funções, sendo realocado na Formação Profissional. Sob o governo Barre, ele se encarregou da Juventude e dos Esportes. Em junho de 1988, no governo de Michel Rocard, seria encarregado do Trabalho, do Emprego e da Formação Profissional.

Seïté. Esse amigo me advertia de que durante essa reunião ela havia expressado ameaças contra a nossa École.

Aí também encontrei uma eficaz proteção – cada um dispõe da sua rede de amizades! O secretário adjunto do palácio do governo, no tempo de Giscard, Yves Cannac, era um jovem historiador "normalista", fora meu aluno, muito inteligente. Éramos amigos íntimos. Telefonei imediatamente para ele e contei o que me tinha sido relatado, de fonte segura, sem especificá-la. Ele me respondeu: "Não se preocupe com isso, tomarei providências imediatamente". Quinze dias depois, recebi um convite de Alice Saunié-Seïté para ir vê-la e ela foi extremamente amável; jogou comigo o grande jogo da sedução, levando-me aos diversos membros do seu gabinete: "Eu lhes apresento o presidente Le Goff. Considerem com muita atenção suas solicitações para a sua École!".

Quando fui me despedir, ela acrescentou: "O Sr. sabe, o Sr. Cannac o estima muito!". Assim, trata-se de uma pessoa que compreendia o interesse e a importância da École na paisagem da pesquisa e do ensino na França e que admitia que ela se situasse majoritariamente à esquerda, desde que cumprisse sua função e que não desempenhasse um papel político. Desejo render homenagem a Yves Cannac: os conselhos que dava a Giscard eram inteligentes e honestos, ao passo que conheci conselheiros extremamente deploráveis no governo de Pompidou... Acrescento que, quando recebi a medalha de ouro do CNRS, Alice Saunié- Seïté me enviou uma carta muito gentil que muito me comoveu. Nada fez contra nós e acredito mesmo que ela tenha compreendido o interesse representado pela École.

A Maison des Sciences de L'Homme (MSH)

Ela foi criada por iniciativa de Fernand Braudel?

Lembremos que a MSH foi criada em 1965, por iniciativa de Fernand Braudel e de Clémens Heller, que mais uma vez tivera

190 *Uma vida para a história*

uma excelente idéia. Tratava-se de uma instituição cuja finalidade era convidar pesquisadores estrangeiros em ciências humanas e sociais e organizar encontros que dificilmente (talvez até impossíveis) poderiam ser enquadrados tanto no âmbito estritamente universitário quanto no âmbito da Hautes Études, em razão de dificuldades administrativas e também pela falta de verbas.

Para Braudel, isso significava uma função suplementar, uma atividade, um cargo importante, uma possibilidade de convidar pesquisadores e de favorecer pesquisas e intercâmbios, manter também uma rede de relações, de poderes. E, nessa fundação, jamais haveria o problema da aposentadoria, nem de limite de idade.

Essa Fundação foi muito atacada em alguns meios governamentais?

Sim, em particular em determinados meios gaullistas. Embora menos de 10% do orçamento de lançamento da Maison des Sciences de L'Homme fossem provenientes da Fundação Rockefeller, nem por isso ela deixou de ser apresentada como nada menos que uma "dependência" da CIA.

Um colaborador de Georges Pompidou não hesitou em fazer tal afirmação para mim quando tomei posse, e essa acusação sem provas ("Não se pode provar esse tipo de coisas!" disse-me ele), que me parecia o produto de imaginações fantasiosas antiamericanas de alguns pós-gaulistas, reforçou ainda mais a minha decisão de conservar Clémens Heller junto a nós.

Quais foram as relações entre a École e a Maison des Sciences de L'Homme?

A Maison des Sciences de L'Homme, com um estatuto muito ágil de Fundação, era uma instituição essencialmente voltada para as relações científicas com o estrangeiro, no domínio das ciências do homem e da sociedade.

Ela fazia convites, financiava viagens, organizava encontros, mas não empreendia cursos, nem seminários, nem mesmo centros de pesquisa. Prestava, assim, importantes serviços ao conjunto da pesquisa francesa em ciências sociais, e em particular à nossa École. Daí a necessidade que tínhamos de viver em simbiose, a École e a Fundação.

As coisas não transcorreram tão mal a esse respeito, como se poderia temer, porque Heller era suficientemente inteligente para compreender que era indispensável que a École e a Fundação caminhassem juntas; e também com o meu sucessor, François Furet, o entendimento era bom no prédio que abrigava as duas instituições, estando a administração da Fundação sob a direção de Braudel, na qual permaneceu até sua morte, em 1985.

Braudel não pretendeu a fusão entre a École e a Fundação?

Não. O que ele propôs a Soisson foi a transferência dos centros de pesquisa da École para a Fundação. A fusão era impossível. Realmente tratava-se de dois órgãos totalmente diferentes do ponto de vista institucional. Um era semiprivado, era uma Fundação, e nós tínhamos nos tornado um grande estabelecimento com a revisão dos estatutos realizada em 1983. Tratava-se de nos desvitalizar, de nos privar da própria substância, de nos reduzir a cursos ou mesmo seminários, mas sem o suporte da pesquisa, o que para nós era essencial. Isso não aconteceu, de um lado, em razão da recusa do ministro e, de outro, pela sabedoria de Heller que, acredito, acabou, finalmente, por convencer Braudel.

Finalmente a École e a Fundação viveram em simbiose. Como foi feito o acordo de 1975, sobre o uso das dependências?

Houve um momento de tensão muito grande quando viemos nos instalar aqui. Soisson, que era bastante antibraudeliano, queria deixar apenas dois andares, dos nove existentes, à Fundação (mas o primeiro andar era ocupado pela excelente biblioteca da Maison, da qual nos beneficiávamos) e nos franquear todo o resto do prédio. Não que isso não teria sido útil, mas nos pareceu sábio e significativo que não apenas mantivés-

192 Uma vida para a história

semos boas relações, mas que vivêssemos uma espécie de simbiose com a Fundação.

Depois dos entendimentos a que já me referi, ficou estabelecido que a Fundação ficaria com quatro andares (aí incluída a biblioteca), os cinco restantes ficariam com a École. A Fundação talvez não tivesse necessidade de tanto espaço, mas tratava-se de uma questão de dignidade para Fernand Braudel, e o bom convívio compensava perfeitamente esse compromisso. E malgrado as recentes desavenças, parecia-me indigno submeter Braudel a qualquer humilhação.

Clémens Heller desempenhou pois um papel importante na Maison des Sciences de L'Homme?

Um papel essencial. Quando deixou a administração da École, ele foi designado secretário geral da Maison des Sciences de L'Homme. É uma figura complicada mas fascinante, verdadeiramente apaixonado pela organização dos intercâmbios científicos envolvendo operações intelectuais e, para ele, era tão importante estar nas boas com a École, quanto a nós estarmos em bons termos com ele e com a Fundação. Sua inteligência prodigiosamente fértil anima a vasta cultura de um leitor insaciável e a sensibilidade de um melômano apaixonado.

A École e a Fundação funcionam em perfeito acordo. Ocorre com freqüência convidarmos juntos um mesmo colega estrangeiro. A École, por exemplo, lhe faz um convite para dois meses, nos quais ele faz dois seminários para nós, e a MSH o convida por mais um mês, ou simplesmente o convidado participa de reuniões científicas e faz algum trabalho para a Maison. Eu mesmo já pude contar com o apoio da Fundação para dois convites na Índia.

O que é a Maison Suger?

Trata-se do último grande lance de Clémens Heller; esse lance genial consistiu na aquisição de um imóvel situado à rua Suger, no 6º Distrito de Paris, perto do Liceu Fénelon, para funcionar como um centro de hospedagem para convidados estrangeiros. É um prédio vistoso, maravilhosamente situado, com quartos inteiramente equipados. É o equivalente ao que se faz de melhor nos Estados Unidos, na Inglaterra ou na Alemanha, o que não pudemos fazer em virtude de lentidão das nossas estruturas administrativas e pela insuficiência de recursos próprios. Embora a École possa indiretamente dela se beneficiar para alguns convidados, não existe nenhuma relação entre elas.

E assim Heller sucedeu Braudel?

Sim. Quando Braudel morreu, em 1985, Heller foi eleito seu sucessor pelo conselho de administração, com apoio da École. Depois, em 1992, acometido de uma crise de hemiplegia, Heller foi obrigado a se demitir e partir para Lausanne. Não pude ainda realizar o meu desejo de ir visitá-lo. Maurice Aymard, sempre com o nosso acordo, foi em seguida eleito administrador. É um excelente historiador, nosso diretor de estudos, que foi próximo de Braudel e sempre um bom amigo para mim.

O fim da minha gestão e a eleição de François Furet

Foi em setembro de 1977 que terminou a sua gestão e que François Furet foi eleito seu sucessor?

Nessa data expirou o prazo de cinco anos que eu próprio me tinha fixado. Muito facilmente, elegemos para me substituir François Furet, que já tinha uma grande reputação e era, depois de Ruggiero Romano, depois de Emmanuel Le Roy Ladurie, diretor do nosso Centre de Recherche Historique e cuja eleição eu desejava. Não exerci nenhuma pressão sobre a nossa assembléia, o que nem François Furet nem eu queríamos. Acima dos mais de trinta centros, cujos primeiros foram criados por Lucien Febvre e sobretudo por Fernand Braudel e que, depois, cresceram em número, o Centre de Recherche Historique era o mais importante, tanto pelo número de pessoas que lá trabalhavam –

194 *Uma vida para a história*

perto de oitenta, entre as quais os pesquisadores do CNRS a ele vinculados – quanto pelo papel que até agora esse centro desempenhou na inspiração, na paisagem científica da École. Furet dirigia esse centro com grande eficiência, como ele dirigiu depois, até a sua recente aposentadoria, o Institut Raymond Aron, novo centro de pesquisa da École, que ele criou depois de ter deixado a presidência.

Ambos antigos presidentes e aposentados (uma vez que ele se aposentou antes do limite de idade, mantendo um curso na Universidade de Chicago), continuamos ligados por uma estreita amizade. Não tenho a impressão de ter deixado essa escola, à qual tanto devo e de que tanto gosto, de tal maneira que ela continua a nos acolher e a nos permitir ensinar quando o desejamos. Pensando nela e em todos os colegas, muitos dos quais desde sempre meus amigos, continuo instintivamente a dizer "nós".

Hoje somos reconhecidos, temos um espaço que é importante, ou necessário, que nenhuma outra instituição tem. Todavia, essa originalidade fundamental sempre pode ser ameaçada a cada mudança dos poderes tutelares, de um governo, de um ministério. Tornou-se cada vez mais difícil votar-nos hostilidade, mas ainda não atingimos, não diria nossa autonomia de vôo, mas uma situação de estabilidade institucional, sem perigos e sem riscos. Diria que, se essa situação apresenta inconvenientes, tem também suas vantagens: ela nos obriga a permanecer em alerta, não nos deixa pegar no sono. Enquanto a existência das universidades é adquirida, a nossa deve sem cessar ser justificada pelos nossos trabalhos, pelo nosso ensino, pelo nosso prestígio, pela nossa influência. Para o conjunto da pesquisa francesa, a importância não apenas das nossas pesquisas e do nosso ensino, mas também das nossas ligações internacionais é essencial: recebemos um grande número de pesquisadores e de professores estrangeiros, viajamos muito por ocasião de conferências e colóquios. Somos um trunfo para a irradiação da pesquisa, no domínio das ciências sociais, tendo-se em vista que nossos vínculos com a universidade, com o CNRS e com diversos organismos de pesquisa não cessam de se robustecer.

7
As tarefas da Nova História

A co-direção dos Annales *(1969)*

Voltemos agora aos Annales. *O Sr. pode se lembrar de como, muitos anos antes, Fernand Braudel dividira a sua sucessão?*

Foi em 1969. Fernand Braudel ainda estava sob o choque de 1968, que o havia marcado profundamente. Além disso, ele previa que, dali a quatro anos, quando atingisse setenta anos, o problema da sua aposentadoria seria colocado tanto no Collège de France quanto na École des Hautes Études. Foi por essa ocasião que ele decidiu colocar o problema da sua sucessão. A situação se pôs de forma profundamente diferente daquela que aconteceu na época de Lucien Febvre: Braudel havia recebido a totalidade do seu legado e até mesmo o ampliara. Desta vez, ele queria que suas próprias funções e seus poderes fossem divididos entre os seus sucessores.

Em relação ao ensino, ele teve dois beneficiários: para a École des Hautes Études, já falamos sobre isso, fui eleito para substituí-lo em 1972, depois de ele ter acalentado a esperança

196   Uma vida para a história

de conseguir uma prorrogação. Para o Collège de France, foi Emmanuel Le Roy Ladurie quem o sucedeu, eleito em 1973 para a cátedra de História da Civilização Moderna.

Restava o problema dos *Annales*. Em 1969, Fernand Braudel pensava também em deixar a direção: ele ainda tinha disposição de escrever, de trabalhar intelectual e cientificamente. Pretendia consagrar-se exclusivamente à sua obra pessoal e confiar a revista a uma equipe de historiadores, mais jovens, nos quais tivesse confiança. Foi então que propôs essa direção a nós dois, Emmanuel Le Roy Ladurie e eu. Ele sabia que éramos muito diferentes um do outro, não nos ocupávamos dos mesmos períodos históricos, mas que tínhamos nos tornado amigos muito próximos a ponto de nossa amizade não comportar mais retrocesso. Dessa forma, no lugar de um só diretor, haveria doravante uma dupla, o que tornava mais gloriosa a lembrança da direção solitária.

Foi então que se colocou o problema do lugar de Marc Ferro?

Braudel deixou que decidíssemos. Ele gostava de Ferro, mas não queria impô-lo a nós. Mas para nós a solução era evidente. Ferro deveria ser o terceiro co-diretor. Foi dessa forma que o nosso duo se tornou uma tróica.[1]

Era apenas uma questão de justiça. Primeiro, todo mundo gostava de Ferro, pela sua generosidade, sua gentileza, sua disponibilidade em relação a todos. Depois, com a saída de Robert Mandrou, em 1964, Marc Ferro, oficialmente o secretário de redação dos *Annales*, era, de fato, o verdadeiro co-diretor, com a anuência de Braudel, que se contentava em supervisionar a orientação geral da revista e, de tempos em tempos, enviava um artigo que desejava que fosse publicado. Teria sido completamente fora de propósito que ele, que tanto tinha feito pelos

---

1 Em seu livro, Pierre Daix (op. cit.) nada diz das gestões levadas a efeito por Braudel para conseguir a presença de Ferro como co-diretor; ao contrário, cita a "promoção de Marc Ferro da qual tinha cuidado Braudel" (M. H.).

Annales, que tinha a mesma idade que nós, se tornasse nosso subordinado.

Pode-se dizer que Marc Ferro era um historiador da escola dos Annales?

De qualquer forma, um historiador completo e que captou perfeitamente o espírito dos *Annales*. Vale a pena assinalar as etapas de uma carreira particularmente repleta e foi o que tentei fazer em *Mélanges Ferro*, livro para o qual me pediram um prefácio.[2] A juventude desse filho de um bancário israelita, proveniente de Corfu, e que, nascido em 1925, perdeu o pai quando tinha apenas cinco anos, foi difícil. Mencionei o tributo pago à guerra por sua mãe, que não retornaria da deportação. Quanto ao jovem Marc, refugiado em Grenoble, engaja-se na Resistência. É um dos sobreviventes do maqui de Vercors e participa das FFI [Forces Françaises de l'Intérieur] na libertação de Lion.

Também já lembrei, no pós-guerra, o comprometimento do jovem professor Ferro: vinte anos depois de Fernand Braudel, hei-lo, do outro lado da Argélia, professor do Liceu de Oran. Sua lucidez de historiador e sua generosidade de homem fizeram dele um dos primeiros e raros a compreenderem a necessidade do diálogo entre europeus e muçulmanos no grupo de liberais "Fraternidade Argelina" ao qual pertenceu em 1955.

Depois, de volta a Paris, nomeado para o Liceu Rodin, ele conseguiu a proeza de se tornar ao mesmo tempo protegido de dois mestres normalmente apresentados como os mais díspares e contraditórios do ensino da História de então: ele contou mais tarde que devia a sua carreira a Pierre Renouvin e a Fernand Braudel.[3] Ao primeiro, deve o seu ingresso no CNRS, onde permaneceu durante quatro anos, e a sua orientação para o estudo

---

2 *De Russie et d'ailleurs. Feux croisés sur l'histoire, Mélanges pour Marc Ferro*, Colletion historique de l'Institut d'Études Slaves. Paris, 1995. Prefácio de Jacques Le Goff. Também no n.188 da revista *L'Histoire* (maio de 1995), o artigo de François Dufay, "Les vies parallèles de Marc Ferro".

3 Entrevista de Marc Ferro na revista *Historiens et Géographes*, de 1981.

198   Uma vida para a história

da Rússia, depois da União Soviética.[4] Do segundo, seguia, desde 1946, os cursos com grande entusiasmo. E foi Braudel que o tornou secretário da direção dos *Annales* em 1964 e contribuiu para a sua eleição, em 1969, como diretor de estudos na VI Seção da École Pratique, onde, mesmo depois de sua aposentadoria em 1993, continuou suas atividades. Ferro explica que, no final das contas, sua história se parece mais com a de Renouvin, mas o homem pelo qual tem mais admiração é Braudel. Foi este, ele lembra, "que não cessou de me fazer refletir sobre a história". Ele era um seu incondicional e verdadeiro adorador. Na altura em que nossas relações com Braudel se deterioraram, Ferro, sempre permanecendo nosso amigo, passa a defendê-lo e a tomar regularmente o seu partido. Um exemplo de fidelidade.

Paralelamente aos seus trabalhos sobre a Rússia e a União Soviética, Marc Ferro é autor de vasta síntese sobre *La Grande Guerre* e, como bom discípulo que se compraz em trabalhar a longa duração, de uma *Histoire des colonisations*, estendendo-se das primeiras conquistas no século XIII até as independências no século XX.[5]

Ele é sobretudo autor de um *Pétain* que, em 1987, alcançou um certo sucesso de venda[6] e no qual soube ser objetivo e dominar os seus sentimentos. Ele quis mostrar como alguém que tinha todas as razões para detestar Pétain era capaz de tratá-lo corretamente. Seguramente nem uma apologia, nem um requisitório. Eu já disse que bastava ser objetivo para que o personagem fosse detestável.

---

4 Entre as principais obras de Marc Ferro sobre a Rússia, citemos *La Révolution de 1917*. Paris: Aubier-Montaigne, 1967-1976, 2v. *Des soviets au communisme bureaucratique*. Paris: Gallimard, 1980 (Col. "Archives"); biografia de *Nicolas II*. Paris: Payot, 1990. *Les origines de la perestroïka*. Paris: Ramsay, 1990. Enfim, com Marie-Hélène Mandrillon, uma obra coletiva sobre *L'état de toutes les Russies*. Paris: La Découverte, 1993.

5 FERRO, M. *La Grande Guerre, 1914-1918*. Paris: Gallimard, 1990. (Reed. "Folio"). Idem. *Histoire des colonisations*. Paris: Seuil, 1994.

6 FERRO, M. *Pétain*. Paris: Fayard, 1987. Em maio de 1993, o livro foi adaptado para o cinema por Jean Marboeuf, com Jacques Dufilho no papel principal.

Deve ser acrescentado que uma das aventuras de Marc Ferro foi, certamente, a sua capacidade de dirigir o seu olhar de historiador para o desenvolvimento das mídias, por intermédio do cinema e da televisão. Daí uma série de obras de método sobre as relações entre cinema e história,[7] de suas experiências diversas tentadas como cineasta.

Com o seu programa de TV "História Paralela", Marc Ferro conheceu o sucesso perante o grande público. Talvez não seja esse o estilo dos Annales, *mas ninguém depois de Alain Decaux havia conseguido reinventar essa maneira de contar a história na televisão.*

Essas transmissões semanais duraram cinco anos, para cobrir a duração da Segunda Guerra Mundial. O método é simples: velhas atualidades de diversos países e um interlocutor, historiador ou grande testemunha, a quem o organizador Ferro discretamente propõe as questões adequadas. Em setembro de 1995, depois do qüinquagésimo aniversário da derrota do Japão o programa mudou de fórmula e deveria continuar a forma temática, abordando diferentes aspectos do pós-guerra.

Os novos Annales

Fernand Braudel logo se afastou da nova equipe dos Annales*?*

Confiando a nós três a direção da revista, em 1969, Fernand Braudel quis nos prestigiar: "Não me ocuparei mais da revista no seu todo. Vocês são os diretores. Vou deixá-los livres e não interferirei". E ele manteve a palavra.

---

7 FERRO, M. *Cinéma et Histoire*. Paris: Gallimard, 1993. (reed. "Folio"). *Film et Histoire* é uma obra coletiva que Marc Ferro dirige para as publicações da École des Hautes Études en Sciences Sociales.

200 *Uma vida para a história*

A atmosfera permaneceu idílica até 1973. Foi então que as relações se deterioraram entre mim, agora presidente, e o antigo dirigente da École. As repercussões dessa ruptura naturalmente se fizeram sentir na revista. Assim, a cada semana, quando ele vinha para a Maison des Sciences de L'Homme, Braudel circulava mais demoradamente pelas dependências dos *Annales* para manifestar algumas observações hostis às orientações defendidas pela nova equipe – sobre o problema dos números especiais, como veremos – e para criticar sistematicamente o papel de cada um de nós. Isso não iria muito longe.

Quem se ocupou da secretaria da revista?

Logo percebemos que não podíamos, além do nosso ensino e das nossas pesquisas pessoais, ainda encontrar tempo para nos ocuparmos de perto dos *Annales*. Precisávamos também de um secretário. Não podia ser Marc Ferro que, co-diretor graças a nós, nos advertiu de que aceitaria com alegria essa função, mas que tinha livros a escrever e não via como cumprir as tarefas de secretário que desempenhara durante anos. Foi nesse momento que François Furet nos recomendou André Burguière e este se tornou o secretário do que passou a ser chamado de novos *Annales*.

Era uma função muito pesada e parece que os diferentes secretários não permaneceram por muito tempo na função.

De fato, a tarefa era muito absorvente. Era preciso manter relações com os autores, participar da definição da política científica da revista, ler os artigos. Nesse particular, todavia, decidimos não nos ocupar do trabalho de reescrever, que tinha sido o de Lucien Febvre ou de Fernand Braudel. Quando não concordávamos com a estrutura de um artigo ou com essa ou aquela frase, passamos a pedir aos autores a gentileza de se corrigirem a si mesmos. Mas uma "limpeza" que tomava muito tempo ainda se fazia necessária para muitos dos artigos.

Em geral, o secretário ficava logo esgotado. André Burguière, depois de alguns anos, pediu para ser substituído. Foi então que decidimos que o secretário substituído, tendo sido na sua função uma grande roda para a revista, tornar-se-ia um co-diretor. Assim nos tornamos quatro, e depois cinco e ainda mais. Foi dessa forma que André Burguière, Jacques Revel, Lucette Valensi, Bernard Lepetit e Pierre Souiry, depois de terem sido secretários da revista por um lapso de tempo cada vez mais curto – três anos nos últimos tempos –, tornaram-se co-diretores, uma vez que eram excelentes historiadores. Embora com pessoal altamente qualificado, a comissão diretora ficou muito numerosa, mais dificilmente eficaz.

Durante muito tempo a direção foi franqueada apenas para historiadores. Foi recentemente que se decidiu abri-la também para outros especialistas em ciências sociais.

Em 1994, optamos por uma outra solução. Em vez de "cortar as gorduras", se assim posso dizer da comissão de direção, decidimos enriquecê-la, apelando a especialistas das diversas ciências sociais, em vez de permanecer apenas entre historiadores. Foi assim que nos dirigimos a uma etnóloga, Jocelyne Dakhlia; a um economista, André Orléan; a um jurista, Laurent Thévenot. Recrutamos apenas um historiador, mas de um tipo especial, uma vez que se tratava de um colega alemão que trabalhava no CNRS, e do qual nos sentíamos próximos, Michael Werner. Ele nos abriu horizontes não somente sobre a Alemanha, mas sobre uma parte da Europa, e nos ofereceu outros pontos de vista. Assim é hoje a comissão diretora dos *Annales*, em busca de uma nova interdisciplinaridade.

Essa presença na direção dos Annales *constitui, portanto, para o Sr. uma atividade bastante absorvente.*

Fazemos uma reunião todos os meses que dura uma parte do dia e eu me esforço, a não ser por alguma viagem ao exterior, para estar presente em todas elas. Para essas reuniões, cada um de nós deve ter lido todos os artigos recebidos pela revista, depois da reunião anterior, o que exige um trabalho de um bom tempo de leitura, totalizando um dia e meio por mês. Eu

202 Uma vida para a história

me dedico bastante e reencontro ali há muitos anos, com satisfação, velhos amigos, com a exceção de Emmanuel Le Roy Ladurie, que deixou a direção da revista, provisoriamente, assim espero, quando de sua nomeação para a direção da Bibliothèque Nationale.[8]

Reservas em relação à nova fórmula

É preciso assinalar um certo número de reservas em relação aos novos Annales, *em particular as de Georges Duby.*

A tese de Georges Duby, como a todos os medievalistas que a leram, me impressionou bastante quando foi publicada.[9] Algum tempo depois, tive a oportunidade de me encontrar com Georges Duby; ele e sua mulher Andrée se tornaram para Hanka e para mim muito bons amigos. Devo dizer que não tenho uma grande dívida científica para com Georges Duby, porque a diferença de idade entre nós, ainda que pequena, não o tornou para mim propriamente dito um mestre. Mas a maioria dos seus livros e da sua reflexão histórica constitui modelo para mim. E o seu estilo é o de um autêntico escritor.

---

8 Quando se tornou administrador da Bibliothèque Nationale, no outono de 1987 até o início de 1994, Emmanuel Le Roy Ladurie disse que se via constrangido a pedir licença dos *Annales*, uma vez que suas novas funções não lhe permitiam ler os artigos, nem participar das reuniões. Quando deixou suas funções, um certo número de membros da comissão de direção, e eu em particular, desejou que ele retornasse à revista. Chegamos a um acordo a respeito, numa reunião-almoço na casa de Marc Ferro. Fui encarregado de, em nome da comissão de direção dos *Annales*, perguntar-lhe se queria retornar. Ele me respondeu que ficaria muito feliz, mas mais tarde, porque queria no momento se dedicar ao ensino no Collège de France e a diversos livros (especialmente à série "Platters").

9 DUBY, G. *La société aux X^ee XII^esiècles dans la région mâconnaise.* Paris: Armand Colin, 1953.

Tenho particular admiração pelo seu livro sobre a batalha de Bouvines,[10] que me parece ser um bem-sucedido exemplar da reintrodução do evento, vítima do banimento nos *Annales* da velha história episódica. Segundo uma fórmula um pouco comum mas maravilhosamente ilustrada por Georges Duby, "o episódio é a ponta de um *iceberg*", e ele demonstrou de forma admirável qual era, do ponto de vista do fenômeno da guerra, do ponto de vista simbólico, do ponto de vista social e político, numa perspectiva de história total, estruturada, toda a densidade histórica que redundou no episódio de Bouvines.

Sei que Georges Duby não gostou da evolução dos *Annales* depois de Braudel. Ele não estava interessado, era mesmo reticente a respeito das orientações do tipo etnológico e antropológico; a expressão "antropologia histórica" e o conteúdo que lhe conferíamos não o seduziam. Ele havia desempenhado um importante papel na definição e introdução das "mentalidades históricas", da mesma forma que Robert Mandrou nos anos 1960. Em contrapartida, também não se deixou seduzir pelo que eu e Emmanuel propusemos sob o título, talvez um pouco tradicional, de "cultura popular", que adotamos tentando nos explicar na falta de um conceito mais adequado. Desde essa época nossas relações permaneceram amistosas, mas não íntimas. Sempre tive uma grande admiração por ele; e vínculos afetivos, que contam para mim, permanecem entre nós. Tenho uma espécie de dívida moral com respeito a Andrée Duby: ela freqüentou durante muitos anos o meu seminário e se pôs a desenvolver um trabalho extremamente notável sobre um belíssimo texto do começo do século XIII, o *Dialogue des miracles*, de um cisterciense alemão, Césaire de Heisterbach, e me havia pedido uma primeira leitura do manuscrito, que não tive tempo de fazer com a rapidez necessária para que ela se convencesse de transformá-lo em livro. Manifesto aqui a minha dívida em relação a isso.

---

10 DUBY, G. *Le dimanche de Bouvines, 27 juillet 1214*. Paris: Gallimard, 1967. (Col. "Les trente journées qui ont fait la France"); ver igualmente *L'an mil*. Paris: Julliard, 1967 (Col. "Archives"), e o excelente *Guillaume le maréchal ou le meilleur chevalier du monde*. Paris: Fayard, 1984. Seria necessário citar tudo.

204   *Uma vida para a história*

É preciso acrescentar que os últimos cursos de Georges Duby no Collège de France sobre as mulheres na história medieval não se caracterizaram por ceder aos modismos em voga, mas sim como o fruto de sua pesquisa pioneira, desenvolvida durante longo tempo, e de uma grande importância histórica.[11]

Uma questão que muito se discutiu foi a dos números especiais.

Para Fernand Braudel, os novos *Annales* romperam uma tradição essencial da revista, o desejo de globalidade, a vontade de reconstituir, com base nesta ou naquela questão, o conjunto das realidades sociais que a constituíram e que só dessa forma são explicáveis.[12]

Assim se colocou a questão dos números especiais, aos quais Braudel se declarou hostil, apoiando-se na tradição de Marc Bloch e de Lucien Febvre. Realmente, longe de se constituir esgotamento de um campo histórico, esses números foram por nós concebidos como uma espécie de desenvolvimento das investigações que Bloch e Febvre haviam apresentado nos primeiros *Annales*. Foram feitos para traçar caminhos, definir deficiências, orientar a pesquisa para temas que nos pareciam chaves, fundamentais e conclamados a um interessante desenvolvimento num futuro próximo.

Em particular, o primeiro desses números sobre "História e Biologia", de 1969, do qual participei com o Dr. Biraben, cumpriu perfeitamente o seu papel. Foi a partir dele que se viu desenvolverem vários estudos interessantes sobre a história das doenças, sobre o corpo. Médicos, cientistas, uma bióloga especializada em grupos sangüíneos, em uma perspectiva histórica, escreveram artigos importantes nesse número.

Outro exemplo de um número que fez enorme sucesso foi aquele sobre "Urbanismo", concebido com base em temas inter-

---

11 Ver DUBY, G. *Dames du XIIᵉ siècle*. Paris: Gallimard, 1994. 2v.
12 Declaração de Fernand Braudel ao historiador soviético Daline, em 1983, segundo Pierre Daix, *Braudel*, op. cit., p.439.

disciplinares, atraindo historiadores sociais, urbanistas, economistas, especialistas da cultura e da religião etc.

Esses números especiais nunca foram inteiramente confiados a apenas um historiador, ainda que fosse membro da comissão de direção dos *Annales*. Já aconteceu, e ainda acontece, de um de nós ou mesmo um historiador de fora da comissão preparar um número especial ou parte dele. Mas trata-se sempre de uma iniciativa em comum, seguida de uma realização em comum do número em questão.

Houve números especiais mais ou menos bem-sucedidos, mas quase todos venderam mais que os números normais da revista. Para nós, não se tratava de um problema financeiro, na medida em que a revista contava com a ajuda da École para equilibrar seu orçamento. Nosso verdadeiro interesse era, com o lançamento de um número especial, atrair e recrutar novos leitores.

No período mais recente, porém, ficamos divididos em relação à oportunidade desses números especiais. Alguns de nós pensavam que se tratava de rupturas na continuidade da revista. Estabelecemos então um compromisso entre nós, que era o de organizar números dos quais apenas uma parte seria consagrada a um mesmo assunto. Tivemos, por exemplo, um número desse tipo sobre "Historiografia japonesa", oportunidade de estabelecimento de um diálogo com historiadores de outras culturas. Preparamos um número especial sobre "O riso", assunto que particularmente me interessa e no qual me fiz presente. Trata-se de um tema interdisciplinar e, como diria Michel Foucault, arriscado e perigoso. E é o que nos interessa: restituir à pesquisa histórica esse caráter de risco, que sempre foi uma das virtudes dos *Annales* em relação a revistas consagradas, mais preocupadas com a tranqüilidade.

O Sr. pode nos falar de uma crise dos Annales?

Certamente, os *Annales* foram muito criticados e ainda o são. Temos consciência de que seria preciso uma renovação, mas se a revista está em crise, é também porque as ciências sociais estão em crise, porque a própria sociedade está em crise

206 *Uma vida para a história*

e não se sabe muito bem o que vai resultar disso. Devemos contribuir, se possível na primeira linha, para o debate sobre a saída da crise. Os historiadores não são profetas, mas devem, como uma espécie de dever de ofício, se preocupar com o futuro. Na verdade, não somos uma revista teórica, mesmo que suponhamos que os historiadores devam, numa certa medida, constituir a sua prática na elaboração teórica. Os *Annales* têm sempre um papel a desempenhar e é muito excitante ver como a revista deve mudar para permanecer fiel a esse papel. Em geral, a direção – compartilhada, e é melhor assim – de uma revista é uma aventura intelectual que continua a me dar prazer.

A ampliação do território do historiador

Esses novos Annales *foram marcados pela busca do diálogo entre a história e as outras ciências sociais?*

Trata-se de uma das originalidades dos *Annales*, desde a sua fundação na época de Marc Bloch e de Lucien Febvre, depois Fernand Braudel, a de ter estabelecido um diálogo especialmente com a economia, a sociologia e a geografia. Por outro lado, a etnologia não estava muito presente na revista à época de seus fundadores. Eles a tinham negligenciado, penso, porque em grande parte a etnologia européia não passava, para eles, de folclore, e este não possuía um grande *status* científico na época desses fundadores. Os folcloristas eram considerados amadores anedóticos. E a etnologia exótica não era a ciência dos povos "sem história"?[13] Ainda que, em 1969, quando Fernand Braudel nos confiou a direção dos *Annales*, tenhamos procurado incor-

---

13 Lucien Febvre e Fernand Braudel, contudo, haviam acolhido na VI Seção um Varagnac, um Lévi-Strauss, um Soustelle, uma Denise Paulme, uma Germaine Tillion e, entre os jovens, um Maurice Godelier, um Marc Augé; mas não integraram a etnologia na sua prática histórica, nem aprofundaram, salvo com Lévi-Strauss em razão de seu estruturalismo, seu diálogo com eles.

porar a etnologia, porque somos fundamentalmente historiadores, sob a forma de abordagem muito mais geral, o da antropologia histórica. Foi ela a nossa melhor interlocutora com historiadores sempre preocupados em dirigir seu olhar para além das barreiras das disciplinas.

Foi então que vocês contribuíram para o desenvolvimento da antropologia histórica.

Quisemos enfatizar essa direção e foi o momento em que eu mesmo propus – quando fui eleito presidente da École, em 1972, três anos depois de ter me tornado co-diretor dos *Annales* –, que reorganizássemos uma grande parte do nosso ensino sob essa rubrica. Essa tendência se tornou denominante nos novos *Annales*, ainda mais que André Burguière, que era então a sua cavilha mestra, se envolveu também profundamente nessa problemática.

A antropologia histórica busca apreender na história o homem por inteiro, corpo e espírito, em sua vida material, biológica, afetiva, mental.

Tratava-se também de diversificar nossas fontes: textos escritos, sempre, mas também reconhecer a importância da palavra e do gesto, estudados em seu funcionamento e sua evolução cronológica.

Refleti e trabalhei nesse campo por uns vinte anos com um jovem historiador, que se tornou um amigo muito próximo, Jean-Claude Schmitt, autor de duas obras de primeira linha, *La raison des gestes dans l'Occident médiéval* e *Les revenants dans la société médiévale*.[14] Foi com ele que organizei um grupo de antropologia histórica do Ocidente medieval no centro de pesquisas históricas da École. Ele dirige agora um grupo pioneiro de estudos sobre as imagens na sociedade e na cultura medievais.

---

14 SCHMITT, J.-C. *La raison des gestes dans l'Occident médiéval.* Paris: Gallimard, 1990; *Les revenants, les vivants et les morts dans la société médiévale.* Paris: Gallimard, 1994.

208   *Uma vida para a história*

O Sr. participou de seminários e de grupos de trabalho?

Com meu amigo Robert Philippe,[15] dirigimos primeiro um seminário que, em complementaridade recíproca e em cumplicidade intelectual e de amizade, a partir de dois domínios nos quais havíamos adquirido uma certa competência, nos conduzia à confrontação dos nossos saberes e dos nossos pontos de vista.

Da parte dele, tratava-se da história das técnicas, e em particular das técnicas de produção de energia, como o moinho – ele era filho de moleiro –, e mostrava os seus aspectos sociais, culturais e imaginários. O moleiro foi um personagem simbólico na Idade Média, com freqüência detestado. O moinho foi por si mesmo um objeto que fez sonhar: a primeira máquina do Ocidente.

O Sr. estabeleceu relações estreitas com os etnólogos?

Passei a freqüentar os etnólogos, tanto os da Hautes Études como aqueles vinculados ao Museu de Artes e Tradições Populares e a tal ponto que o diretor do museu, Jean Cuisenier, fez a gentileza de me incluir na comissão de direção da revista *Ethnographie Française*, na qual permaneci regularmente por uns dez anos. Dessa forma, vários etnólogos de alta qualificação – como Marie-Louise Tenèze, que dava continuidade ao extraordinário trabalho *Corpus des contes populaires français*, empreendido por Paul Delarue; Jean-Michel Guilcher, grande especialista em dança e, de uma maneira geral, em cultura folclórica, um grande sábio; Donatien Laurent, historiador da literatura folclórica, em especial bretã, que escreveu uma tese extraordinária sobre o famoso livro das canções de Hersart de La Villemarqué, o *Barzaz Breiz* – tiveram a generosidade de comparecer por vários anos ao meu seminário, quando tivemos a oportunidade de um apaixonante intercâmbio de idéias.

---

15 Robert Phillippe é o co-autor da "Enquête sur l'alimentation", *Annales*, 1961 e seguintes. Ele redigiu uma tese em quatro volumes, *L'énergie au Moyen Âge*.

O Sr. se especializava então nos relatos hagiográficos, as vidas dos santos, e nas viagens do além.

De minha parte, sempre dialogando com Robert Phillippe, orientei-me em direção aos testemunhos que oferecessem um caráter etnográfico. Dessa forma, logo me interessei por dois tipos de textos, a hagiografia, de um lado, e, de outro, os relatos lendários que incorporassem numerosos elementos do tipo folclórico. Foi então que escrevi dois artigos, que foram muito bem recebidos, sobre as relações entre cultura eclesiástica e cultura folclórica, "Saint Marcel de Paris et le dragon" e "Culture cléricale et tradition folklorique dans la civilisation mérovingienne".[16] Gostei de sair, assim, na ocasião, da Idade Média central.

Por outro lado, estudei relatos de viagens do além, que tiveram início na literatura apocalíptica judeu-cristã no início da era cristã e que se desenvolveram na literatura religiosa medieval. Esses relatos são apresentados tanto como viagens reais quanto como viagens oníricas de um personagem que é conduzido por um arcanjo ou por um santo em visita ao além, excluindo-se, claro, a porta mais íntima do Paraíso, de um lado, e do Inferno, de outro, a que só se poderia ter acesso no fim dos tempos, conforme fosse eleito ou condenado depois do Juízo Final.[17]

Foi estudando esses textos, nos seminários, essencialmente dedicados, desde 1962, à interpretação de textos, que encontrei o Purgatório, que me forneceria mais tarde, quando tivesse novamente possibilidade de escrever, um livro original.

---

16 "Culture ecclésiastique et culture folklorique au Moyen Âge: saint Marcel de Paris et le dragon". In: *Richerche storiche ed economiche in memoria di Corrado Barbagallo*. Nápoles,1970, retomado em *Pour un autre Moyen Âge*, op. cit., p.236-80. Deve ser lembrado que na edição do seu *Cours au Collège de France* esse texto tinha chamado a atenção de Michelet. "Culture cléricale et tradition folklorique dans la civilisation mérovingienne", *Annales E.S.C.*, 1967, também reaproveitado em *Pour un autre Moyen Âge*, op. cit., p.223-36.

17 "Aspects savants et populaires des voyages dans l'au-delà au Moyen Age", publicado em inglês in KAPLAN, S. L. (Ed.) *Understanding Popular Culture*, 1984; e publicado em francês in *L'imaginaire médiéval*, op. cit., p.103-19.

210   Uma vida para a história

Finalmente, procurei relacionar a evolução social e o poder sobre a medida do tempo, da campânula monástica e clerical à urbana. Daí o artigo "Au Moyen Âge, temps de l'église et temps du marchand".[18]

O Sr. freqüentemente escreveu artigos em colaboração com outros historiadores?

Foi, por exemplo, com Emmanuel Le Roy Ladurie que escrevi o artigo sobre "Mélusine maternelle et défricheuse",[19] fada exemplar da era feudal que simboliza e anima o grande empreendimento dos arroteamentos rurais e das construções de castelos e cidades; fada também de linhagem, confiscada pelos Lusignan.

Esse tipo de colaboração é muito excitante para mim e o encontro em relação a uma problemática comum de dois historiadores diferentes, trabalhando sobre dois períodos diferentes, me deu muita satisfação.

Outro exemplo realizado com Pierre Vidal-Naquet, historiador da Antigüidade grega e autor, especialmente, desse livro soberbo, *Le chasseur noir*,[20] no qual a propósito do efebo ateniense tudo se desenvolve em torno da caça, da floresta e de sua orla. Segundo uma leitura lévi-straussiana, escrevemos esse comentário do episódio central do romance *Yvain* de Chrétien de Troyes, a loucura de Yvain, que evocamos em homenagem ao grande antropólogo "Lévi-Strauss en Brocéliande".[21]

---

18 "Au Moyen Âge: temps de l'église et temps du marchand", *Annales*, 1960, reaproveitando em *Pour un autre Moyen Âge*, op. cit., p.46-66.

19 Jacques Le Goff e Emmanuel Le Roy Ladurie haviam encontrado, independentemente um do outro, Mélusine em textos que interpretavam em seus respectivos seminários da VI Seção. Depois compararam seus textos e suas idéias. Daí resultou esse estudo comum, in *Annales E.S.C.*, 1971, cuja parte medieval é retomada em *Pour un autre Moyen Âge*, op. cit., p.307-35.

20 VIDAL-NAQUET, P. *Le chasseur noir*. Formes de pensée et formes de société dans le monde grec. Paris: Maspero, 1981; Paris: La Découverte, 1983 e 1991.

21 "Lévi-Strauss en Brocéliande", *Critique*, 1974, reeditado em *L'imaginaire médiéval*, op. cit., p.151-87.

Meus primeiros contatos com Pierre Vidal-Naquet surgiram do comprometimento cívico no tempo da Guerra da Argélia. Eu, que era um pequeno militante, obscuro e não correndo riscos, via com muita admiração a corajosa militância do organizador do Comitê Audin. Foi nesse contexto que nos tornamos amigos próximos e que fui levado a falar com ele de suas idéias e de seus trabalhos propriamente históricos, a ler os primeiros trabalhos, e foi aí que percebemos que havia uma semelhança muito grande entre as nossas preocupações científicas. Ele me fez descobrir de verdade Louis Gernet, que Braudel já havia recomendado para mim, modelo de antropologia histórica. Foi graças a Vidal-Naquet que vi se desenvolver a história do imaginário, a importância das representações.

O Sr. se envolveu em pesquisas sobre os problemas da peste na Idade Média?

Dessa vez, um pouco à margem do restante de minhas pesquisas, foi fruto do acaso e de uma colaboração específica. Eu havia encontrado em textos hagiográficos que estudei em meu seminário alusões à peste na alta Idade Média, muito mal conhecida, que era chamada "peste de Justiniano" porque atingiu primeiro o Império Bizantino. Nós a conhecemos sobretudo por um relato do grande historiador grego do período, Procópio: trata-se da peste dos séculos VI-VII, que atingiu duramente a Europa ocidental.

Em 1968, Emmanuel Le Roy Ladurie, num encontro casual, me apresentou o doutor Jean-Noël Biraben, médico e também especialista vinculado ao Institut National d'Études Démografiques (INED). Fortuitamente, durante a conversa, ele me disse que estava começando a se interessar pela peste da alta Idade Média. O curioso é que, posteriormente, tendo desaparecido completamente do Ocidente, a peste tenha sido esquecida. Entre os séculos VII e XIV, data da peste negra de 1348, nunca mais se falou dela nos escritos ocidentais. Há aí um desses esquecimentos da memória e da historiografia que são completamente espantosos.

212 Uma vida para a história

Citei a Biraben os textos hagiográficos da época merovíngia que eu havia estudado. No relato da vida dos santos, um dos milagres mais importantes que lhes eram atribuídos, quando era possível fazê-lo, era o de terem detido a peste nos limites de suas dioceses. Esses textos imaginários nos ofereciam na realidade a geografia da difusão da peste, os limites para além dos quais ela não se tinha expandido, em suma, um mapa que deixava intactos em relação à peste as Ilhas Britânicas, o Norte da França e a Alemanha ao norte dos Alpes. As razões eram bem facilmente explicáveis: a peste, vinda do Oriente, era veiculada essencialmente pelos mercadores, o que nos permite estabelecer o mapa da circulação e do comércio no Ocidente dos séculos VI e VII.

Pode-se pensar que, nas regiões atingidas, as conseqüências dessa peste do século VI não tenham sido menores que a do século XVI (uma mortalidade da ordem de um terço da população). Trata-se pois de um acontecimento da maior relevância, que acarretou consideráveis conseqüências históricas: por exemplo, a instalação dos lombardos na Itália, em decorrência do vazio demográfico, da ausência de resistência de uma população dizimada, enquanto eles próprios estavam imunizados contra o vírus.

Jean-Noël Biraben leu esses textos na qualidade de médico demógrafo especializado em epidemias, e eu os reli como filósofo e historiador. Ficamos surpresos ao constatar a convergência de nossas visões: nossas diferentes leituras acabaram por levar em consideração ou rejeição os mesmos textos.[22]

A experiência do corpo humano, a seu ver, faz parte então de uma história total?

Essa pesquisa sobre uma epidemia de peste constituiu-se numa experiência apaixonante. O estudo dos corpos humanos efetivamente deve ser integrado numa história total. Os homens têm corpos sujeitos a afecções e a doenças endêmicas ou epidêmicas cujas natureza e intensidade mudam no curso da

---

22 Ver o artigo de Jacques Le Goff e de Jean-Noël Biraben no número especial dos *Annales E.S.C.* sobre "Biologie et société", dez. 1969.

história. A Idade Média viveu um tempo da lepra e um tempo da peste, flagelos emblemáticos seguidos nesse papel pela sífilis, pela tuberculose, pelo câncer, e hoje pela Aids.[23] A história dos corpos guarda, todavia, vínculos com a história religiosa. Não é por acaso que as fontes referentes a essa epidemia de peste, muito pouco conhecida e contudo devastadora, sejam encontradas nas vidas dos santos.

O Sr. desenvolveu igualmente estudos interdisciplinares sobre os problemas da linguagem?

É verdade que falamos facilmente do homem que escreve, que constrói, que trabalha. A história do homem que fala é mais difícil – *verba volant*. Assim mesmo temos testemunhos suficientes para encontrar a palavra ou, pelo menos, o seu lugar e a sua significação. Quero lembrar dois estudos dirigidos por Jean-Claude Schmitt e por mim mesmo, nos anos 1970 e no começo dos anos 1980, no quadro do nosso grupo de antropologia histórica do ocidente medieval.

Tentamos estabelecer uma correlação entre um fenômeno territorial e social e um fenômeno religioso: o desenvolvimento urbano e a implantação das ordens mendicantes na França dos séculos XIII ao XV. Pareceu-nos que, essencialmente no meio urbano e com essas novas ordens ligadas ao apostolado dessa nova sociedade das cidades, a palavra desempenhou novas funções e tomou novas formas.[24] Essa investigação foi desenvolvida depois por outros historiadores, em outros países europeus, e a nossa hipótese foi totalmente convalidada. Vimos aparecer,

---

23 LE GOFF, J. *Corps et idéologie dans l'Occident médiéval*, publicado primeiramente em italiano e retomado no *L'imaginaire médiéval*, op. cit., p.123-6. Segui com paixão os trabalhos pioneiros sobre a história das doenças de Mirko D. Grmek, médico e historiador.

24 "Ordres mendiants et urbanisation dans la France médiévale", *Annales E.S.C.*, 1970, p.924-45. Também Jacques Le Goff e Pierre Toubert, pesquisando "estruturas globalizantes", em "Une histoire totale du Moyen Âge est-elle possible?", *Actes du Centième Congrès National des Sociétés Savantes*. Paris: Bibliothèque Nationale, 1975, p.37-8, reflexão comum que encontra ainda eco entre os medievalistas.

214 *Uma vida para a história*

recriando o papel do orador na Antigüidade, membros das novas ordens mendicantes, dominicanos e franciscanos; a sua pregação, tradição cristã renovada, confere uma grande importância a essa nova palavra.

A segunda investigação se interessava por um gênero literário breve, o *Exemplum*, historieta edificante destinada a ser inserida num sermão, que estudamos de um ponto de vista comparativo com os contos populares, e que nos permite levantar o sistema ideológico da pregação dos últimos séculos da Idade Média. Essa investigação nos proporcionou a alegria de uma colaboração apaixonante com nosso colega e amigo Claude Brémond, antropólogo do "Centre Populaire et Linguiste de la Logique du Récit". Foi uma atividade interdisciplinar fecunda e excitante.[25]

Nos dois casos experimentei a alegria do trabalho em equipe, na tradição das investigações dos *Annales* de Lucien Febvre e de Marc Bloch.

A influência de Georges Dumézil

Os trabalhos de Georges Dumézil, mesmo em se tratando de um franco atirador, tiveram uma certa influência sobre a sua concepção da civilização medieval. Quando e como o Sr. conheceu o autor e sua obra?

É preciso voltar bastante. Faz bem uns trinta anos, quando eu escrevia *La civilisation de l'Occident médiéval*, que tomei conhecimento da obra de Georges Dumézil e, em particular, da sua teoria das três funções. Logo me pareceu que nela havia

---

25 BRÉMOND, C., LE GOFF, J. SCHMITT, J.-C., *L'Exemplum*, fas.40, 1982. O nosso eminente colega belga de Louvain-la-Neuve, Léopold Génicot, nos concedeu a honra e a amizade de nos pedir um fascículo sobre *L'Exemplum* para a sua célebre *Typologie des sources du Moyen Âge occidental*.

uma importante iluminação para o conhecimento do Ocidente medieval.

Essa descoberta, aliás, se deu praticamente na mesma época para mim e para um historiador da literatura, Jean Batany, que elaborava uma tese sobre os "estados", os diversos ofícios, as várias profissões da Idade Média. Batany publicou um artigo nos *Annales*, em 1964, no qual mencionou a trifuncionalidade dumeziliana.[26] No mesmo ano, em meu livro sobre *L'Occident médiéval*, destaquei uma passagem para explicar como as idéias de Dumézil se aplicavam à ideologia medieval.

Tive oportunidade de encontrá-lo, especialmente quando, de 1969 a 1972, trabalhei, graças a Pierre Nora e com ele, nas Edições Gallimard; ele era um autor da casa. Aproximei-me também dele em razão do meu programa de rádio "Les lundis de L'Histoire". Numa dessas transmissões reuni Georges Dumézil e Claude Lévi-Strauss, cada um procurando afirmar a sua posição: Dumézil afirmando, depois de uma grande homenagem a Lévi-Strauss, que ele não se considerava, ele próprio, um estruturalista, e, correlativamente, Lévi-Strausss sustentando que a construção dumeziliana, que ele admirava, era estranha ao seu pensamento e à sua obra.

Qual é o interesse do pensamento dumeziliano para a compreensão do Ocidente medieval?

Desde antes do ano mil, a literatura ocidental apresenta a sociedade cristã segundo um novo esquema que alcançou um grande sucesso. Pôde-se demonstrar, por exemplo, que nos séculos IX e X, a célebre Escola de Auxerre aparecia como um centro de elaboração dessa teoria trifuncional. Um "triplo povo" compõe a sociedade: padres, guerreiros e camponeses. Trata-se aí de três categorias distintas e complementares; cada uma tem necessidade das duas outras. Seu conjunto forma o corpo harmonioso da sociedade.

---

26 BATANY, J., Des "trois fonctions" aux "trois États"?, *Annales E.S.C.*, 1963, p.932-8.

216 *Uma vida para a história*

No início do século XI, encontramos essa estrutura tripartite no poema do bispo Adalberón de Laon ao rei capeto Roberto, o Piedoso. Este é um texto capital que afirma que "a casa de Deus, que acreditávamos una, está de fato dividida em três". O que importa para nós aqui é a caracterização que se vai tornar clássica entre as três classes da sociedade feudal: os que oram, os que lutam, os que trabalham: *oratores, bellatores, laboratores*.

Foi então que li Dumézil; eu sabia que ele havia escrito sobre a sociedade trifuncional indo-européia e isso me esclareceu bastante. Sua descoberta essencial datava já dos anos de antes da guerra, quando, depois de haver explorado um conjunto de fatos indianos e um outro de fatos romanos,[27] ele formulou a hipótese de uma ideologia tripartite, trifuncional, comum aos indo-europeus, numa vasta área cultural, entre o Báltico e o Mar Negro, entre os Cárpatos e os Urais, no fim do terceiro milênio. Aceitei a idéia de espaço indo-europeu nos termos de Dumézil, isto é, sem lhe conferir uma coloração étnica, ainda menos racial, mas como um aporte da Ásia à nossa civilização.

É aí que se coloca o problema do "difusionismo"?

O problema é fundamental: é o da experiência de um pensamento trifuncional, em épocas e em sociedades diferentes, que levava a indagar se se tratava de estruturas que emergem, necessariamente, num certo momento do seu desenvolvimento nas diferentes culturas, sem que haja contato entre elas, ou então – e aí se põe o famoso problema do "difusionismo" –, se houve a difusão de um tipo de pensamento para uma outra cultura, no decurso da história.

Pelos documentos que pudemos utilizar, parece evidente que o lugar de formação desse pensamento trifuncional só poderia

---

27 DUMÉZIL, G. La préhistoire des flamines majeurs. *Revue d'Histoire des Religions*, p.188-220, 1938. Dumézil encontra explicações de três flâmines maiores de Roma, sacerdotes a serviço de Júpiter, Marte e Quirinus, pelo seu paralelismo com três classes sociais da Índia védica: sacerdotes, guerreiros e produtores. Sobre "Dumézil, Lévi-Strauss et le structuralisme", ver ÉRIBON, D. *Faut-il brûler Dumézil?* Paris: Flammarion, 1992, p.329-38.

ser a Índia. Além disso, a atenção é voltada – fora da trifuncionalidade também encontrada nos celtas da Bretanha, do País de Gales e da Irlanda – para problemas importantes para o medievalista, referentes à natureza e ao papel da cultura celta da alta Idade Média. Dumézil se interrogou até o fim da sua vida – ele morreu em 1986 – se a Irlanda, em particular, não teria sido o elo entre as estruturas funcionais da Índia antiga e as do Ocidente medieval.

Essa influência de Dumézil foi, pois, importante para mim, chamando minha atenção para domínios que não pertencem ao setor tradicional dos historiadores, mas à história das religiões ou à lingüística, para iluminar o trabalho dos medievalistas.

O Sr. defendeu Dumézil contra inúmeros ataques feitos à sua atitude ideológica e política?

Fiquei perturbado pelas acusações que foram endereçadas a Dumézil, contra as quais ele não se defendeu com suficiente convicção. Era sabido que ele era homem de direita, o que nunca negou, reconhecendo o período maurrassiano de sua juventude. Sobretudo, acusavam-no – e isso era muito mais grave – de se ter contaminado pela ideologia nazista anti-semita e de ser simpático às teses arianas. Suas inegáveis ligações com um personagem cujo passado ideológico e político é hoje bem conhecido, o romeno Mircea Eliade, historiador das religiões, cuja obra é fortemente influenciada pelos ideais fascistas, eram sempre evocadas.

Confesso que eu não encontrava na obra de Dumézil o que seus acusadores denunciavam. Aliás, nas conversas que tive com ele não via, de forma alguma, nenhuma ternura pelo nazismo, quando houve um incidente, nos anos 1970, por ocasião de uma conferência que eu fazia em Londres. Eu havia citado Dumézil; Arnaldo Momigliano, grande historiador judeu-italiano, especialista em Antigüidade, acusou-me de ter ousado tomar emprestado algo desse "nazista". Depois, muitos convieram que se tratava, no caso de Momigliano, de uma imaginação obsessiva. Mais tarde, durante uma transmissão do programa "Les lundis de l'Histoire", Dumézil, sem que eu tivesse pedido,

218 Uma vida para a história

para o meu espanto e também dos participantes, pediu a palavra e desmentiu as acusações levantadas contra ele. No sistema indo-europeu, ele não colocava absolutamente nada de étnico nem de político. Tratava-se, para ele, de um sistema de pensamento que não tinha nenhuma relação com as ideologias e as condenáveis realidades políticas de natureza fascista ou nazista. Fiquei totalmente convencido com esse esclarecimento.

Em geral, a obra de Dumézil tem sido para os medievalistas um constante objeto de interesse. A título de exemplo, pode-se citar o seminário organizado nos fins de 1970 por Georges Duby, que acabava de ser eleito para o Collège de France, sobre "A imagem da sociedade trifuncional nas suas primitivas expressões". Tratava-se, especialmente em relação ao norte da França, durante os séculos XI e XII, de fazer aparecer a maneira pela qual a sociedade feudal pensava a si mesma. E Georges Dumézil aceitou, em março de 1973, que numa sessão final Georges Duby e os pesquisadores que tinham trabalhado com ele apresentassem as suas conclusões.[28]

Sobre o nascimento do Purgatório

Ao lado dessas investigações e desses artigos, como o Sr. situa o volumoso livro publicado subitamente em 1981, La naissance du Purgatoire?

Não foi, com certeza, uma realização repentina. No meu caso, as publicações aparentemente súbitas não são senão o resultado de encomendas que eu aceito, como já vimos, somente por se tratar de um assunto sobre o qual eu já pensei muito e sobre o qual trabalhei seriamente. Nem o *Purgatório*,[29] cuja elaboração e redação exigiram de mim bem uns dez anos, nem o *São*

---

28 DUBY, G. *Les Trois Ordres ou l'imaginaire du féodalisme*, Paris: Gallimard, 1978. (Col. "Bibliotheque des Histoires").

29 LE GOFF, J. *La naissance du purgatoire*. Paris: Gallimard, 1981.

Luís, que me tomou ainda mais tempo, podem ser considerados repentinos.

O ponto de partida é constituído pelas viagens ao além, os apocalipses, estudados nos seus seminários?

É de fato o período no qual me interessei mais particularmente pela etnologia e pela "cultura popular". Eu estudava em meus seminários uma série de textos extremamente apaixonantes. Trata-se de um gênero que se desenvolveu entre o primeiro século da era cristã e os dois seguintes, ao qual se deu o nome de apocalipse, segundo o grego: o que foi revelado sobre o além e o fim do mundo. O mais célebre dos apocalipses cristãos é erroneamente atribuído a São João, e a própria Igreja reconhece tratar-se de um erro, uma vez que o texto foi escrito bem no final do primeiro século, numa data em que o apóstolo certamente já estava morto.

O Sr. observa, em relação ao purgatório, que a passagem do adjetivo ao substantivo oferece a prova de uma evolução essencial?

Lendo esses textos, impressionei-me com um detalhe e fiquei muito feliz de ter escrito um livro a partir do exercício mais humilde e mais modesto do nosso mister de historiador. Percebi que um determinado número de condenados no além era apresentado como sofrendo penas, castigos, tendo um caráter infernal porque submetido ao fogo, elemento característico do inferno. Esse fogo e o lugar onde ele queimava, ou a punição que representavam, eram qualificados por purgadores (*ignis purgatorius, locus purgatorius, poena purgatoria*). Em seguida, a partir de um momento que não posso determinar – seria necessário que eu fizesse uma investigação exaustiva e minuciosa nos textos –, constatei que purgatório não era mais um simples adjetivo, mas tornara-se um substantivo (*purgatorium*), o purgatório. Tinha-se definido um lugar no além onde se realizava a purgação dessas penas. A passagem do adjetivo ao subs-

220 *Uma vida para a história*

tantivo pareceu-me algo importante. Sempre estive atento, na linha de Lucien Febvre, por exemplo, ao vocabulário, e mantenho, contra alguns, a convicção de que o aparecimento de uma palavra, a mudança de uma forma gramatical correspondem a uma mutação de concepção, a uma mutação de pensamento.

Ora, no lugar em questão aconteciam coisas muito interessantes: era ali que os mortos que não tinham se livrado completamente dos seus pecados – seja por não os terem confessado, seja por não os terem expiado por penitência – se beneficiavam de um período suplementar de expiação que lhes permitia, apesar de tudo, serem salvos.

O aparecimento do "terceiro lugar" é, a seu ver, essencial?

Pareceu-me que isso modificava de uma maneira fundamental a visão do além dos cristãos e, conseqüentemente, as perspectivas de salvação. Estudei o período do aparecimento dessa palavra e achei que seria possível estabelecer que isso se produziu por volta dos anos 1170. Tentei definir os meios que tinham sido seus criadores, os difusores, os publicitários do purgatório, digamos, em dois tipos: de um lado, os que anunciavam a Escolástica do século XIII, em primeiro lugar a Escola do Capítulo da catedral de Notre-Dame de Paris; e, de outro, os meios cistercienses.

Essa importante novidade suscitou a viva hostilidade daqueles que a Igreja considerava hereges no século XIII: os cátaros – obcecados pela impureza e não aceitando meio termo entre tudo negro e tudo branco – opunham-se de maneira absoluta ao purgatório. Mais tarde, foi necessário contar com a oposição dos protestantes. Lutero foi um grande inimigo desse terceiro lugar. Acredito, ao contrário, que diante do maniqueísmo do paraíso e do inferno, o aparecimento do purgatório é significativo de uma evolução das mentalidades, dos comportamentos, das estruturas sociais e, claro, das crenças religiosas. Vejo, portanto, nesse fato, uma espécie de fenômeno social total, retomando a terminologia de Durkheim.

Esse livro significou uma evolução do seu ponto de vista sobre a Idade Média?

Na época em que escrevia *La civilisation de l'Occident médiéval* eu tinha uma concepção contrastante e segmentada da Idade Média, por influência de J. Huizinga,[30] que via apenas oposições brutais nesse mundo de contrastes e de choques, em que o odor das rosas está misturado ao do sangue. Pouco a pouco, dei-me conta de que, ao contrário, a abertura provavelmente mais importante para a nossa civilização, para a Europa, para o Ocidente, foi a de ter sabido escapar da oposição branco e preto, de ter conseguido se afastar do maniqueísmo e criar intermediários. Por isso, o purgatório, lugar intermediário por excelência, está intimamente ligado à evolução da minha imagem da Idade Média. Quando eu disse um dia, na televisão: "Eu creio no purgatório", isso queria dizer que eu creio que o purgatório foi um fenômeno historicamente positivo. Com o purgatório, vê-se como os homens, e em especial o clero, mas não apenas ele, se apropriam do além, desse poder de Deus sobre o tempo do além que, até então, só a Ele pertencia. No mesmo momento no século XIII, pode-se também ver como os homens se apropriaram de toda a sacralidade, especialmente a do poder real. Esse foi um dos temas de pesquisas que acompanhei em torno da pessoa de São Luís.

Três publicações recentes

Foi também na época da publicação do La naissance du purgatoire *que o Sr. publicou três outros livros. Houve primeiro um livro publicado em italiano.*

Um dos temas sobre os quais se é obrigado a pensar quando se expõe uma carreira científica e, em particular, as publicações

---

30 HUIZINGA, J. *Le déclin du Moyen Âge*, traduzido do holandês, 1932; *L'automne du Moyen Âge,* Paris: Payot, 1975.

222 Uma vida para a história

que ela propiciou são as solicitações que vêm do exterior e, em especial, das editoras estrangeiras. No fim dos anos 1970, fui levado a escrever um certo número de artigos que me apaixonaram, a pedido da célebre editora italiana Einaudi, que depois passou para o controle de Mondadori, isto é, de Berlusconi, mas que felizmente conserva com Giulio Einaudi uma parte de suas tradições.

O intermediário entre mim e Einaudi foi uma pessoa que tenho na maior conta, tanto do ponto de vista da amizade quanto no da reflexão histórica: Ruggiero Romano, um dos mais brilhantes dessa pequena corte de estrangeiros, em particular de italianos, que Braudel atraiu a Paris, a partir dos anos 1950. Romano foi durante muito tempo um amigo leal. Já diretor de estudos, ele me ajudou, primeiro com Braudel, e em seguida no momento de minha eleição; mantivemos durante longo tempo relações estreitas e de confiança e sou-lhe sempre grato pelo pedido desses artigos, de que uma parte já havia sido publicada na versão original francesa pela Gallimard, na coleção "Folio", sob o título de *Histoire et mémoire*.[31] São artigos nos quais trabalhei muito e nos quais tentei juntar uma documentação colocada à disposição do grande público e minhas idéias pessoais. Foi o caso de "Passé/Présent" de "Ancien/Moderne", de "Mémoire" e simplesmente do "Historien". Trata-se de um livro que se situa entre a informação e o programa.

Lamentavelmente, devo dizer também que minhas relações com Romano ficaram mais complicadas quando meu relacionamento com Braudel se deteriorou. Ele, que também havia experimentado dificuldades com Braudel, transformou-se em filho adotivo, em guardião do templo braudeliano, e tanto em relação a mim quanto, sobretudo, em relação aos meus amigos dos *Annales*, muitas vezes ele ultrapassou os limites, da lucidez tanto quanto da correção. Mas ele permanece para mim uma pessoa com a qual estarei sempre disposto a reaquecer uma velha amizade e por quem conservo uma grande gratidão.

---

31 LE GOFF, J. *Encyclopedia Einaudi*, 1977-1981, trad. francesa: Paris: Gallimard, 1988. (Col. "Folio").

Jacques Le Goff   **223**

Foi também na mesma época que lhe foi feita a proposta de participar da confecção de um dicionário sobre a "Nova História"?

Ainda dessa vez se trata de uma encomenda, vinda das Edições Retz, de que, aliás, iríamos ter muito a lamentar. Propunha-se a um grupo de historiadores, com os quais eu trabalhava, fazer um dicionário das novas orientações da história. A idéia me pareceu sedutora, dado que sempre estive atento às possibilidades de difusão da pesquisa e dos resultados por ela alcançados. O título com o qual foi lançado esse livro, *Dictionnaire de la Nouvelle Histoire*, não era o que eu teria desejado. Entendia que a expressão era agressiva em relação a outras formas perfeitamente legítimas de fazer a história e, além disso, não dava conta da profundidade cronológica que havia presidido à formação dessas novas orientações. Eu teria preferido "Dicctionnaire des nouvelles orientations de l'Histoire", o que precisaria e limitaria seu tema. Naturalmente, esse título pareceu muito comum e pouco atraente ao editor.

Além disso, havia alguns que abonavam essa expressão "Nova História". Primeiro, o termo tinha sido empregado em 1969 por Michel Foucault em A *arqueologia do saber*;[32] depois a fórmula foi introduzida no ambiente dos historiadores pelo próprio Braudel. Recordo-me de tê-lo ouvido falar várias vezes da "Nova História" e, entre outras testemunhas, ele insistiu muito nisso quando de suas entrevistas com Jean-Claude Bringuier na televisão.[33]

Naquela época eu era presidente da École e não se colocava para mim a possibilidade de eu dirigir ou escrever sozinho esse dicionário. Entre os jovens colegas que eram, ao mesmo tempo, mais disponíveis e que me pareciam mais competentes nesse conhecimento e mais comprometidos com os novos caminhos da pesquisa histórica, procurei por Roger Chartier e Jacques Revel.

---

32 FOUCAULT, M. *L'archéologie du savoir*. Paris: Gallimard, 1969. [Ed. bras. *A arqueologia do saber*].

33 Programas de televisão, comentários e entrevistas a cargo de Jean-Claude Bringuier, transmitidos em outubro de 1984.

224   Uma vida para a história

Creio que essa escolha não estava errada ao considerarmos agora a obra de cada um deles.

Escolhemos em conjunto os termos desse dicionário, estabelecendo a extensão dos artigos a seu respeito. Apresentamos dez artigos de fundo sobre alguns campos históricos que nos pareciam mais importantes e eu próprio redigi uma longa introdução, aliás mais ou menos na mesma época em que eu começava a escrever os artigos para a *Encyclopedia Einaudi*.

Todavia, esse dicionário não foi bem recebido.

Uma segunda edição desse dicionário foi feita, dez anos depois, pela excelente editora belga Complexe,[34] que retomou apenas os artigos de fundo e deixou de lado os artigos menores. Esse livro teve, creio eu, uma influência antes positiva para a pesquisa histórica. Ele contribuiu, juntamente com *Faire de l'histoire*, que Pierre Nora e eu havíamos publicado alguns anos antes, para estimular as pesquisas. Mas, ao mesmo tempo, e em particular por causa de seu título, e em razão também daqueles que eram citados e daqueles que não o eram, essa publicação suscitou uma franca hostilidade. Trata-se, creio eu, da única, ou pelo menos da principal, obra que leva meu nome que não apenas não recebeu o assentimento do conjunto do círculo dos historiadores, como também me valeu fortes reservas.

Terceira obra da mesma época, nova encomenda, ainda da Itália: uma coletânea sobre L'homme médiéval.[35]

A idéia veio dos meus amigos editores italianos Vito e Giuseppe Laterza. Certa noite em que eu jantava na casa deles, em Roma, eles me puseram a par de sua idéia de uma nova coleção que apresentasse por meio de vários artigos de especialistas a imagem típica do homem nos diversos períodos da história.

---

34 Paris: Éditions Retz CEPL, 1978. Nova edição reduzida, Bruxelles: Complexe, 1988.

35 LE GOFF, J. (Dir.) *L'uomo medievale*. Roma: Laterza, 1987; ed. francesa, *L'homme médiéval*. Paris: Seuil, 1989.

O Sr. hesitou por muito tempo?

Minha primeira reação foi de reserva, porque eu me perguntava se o homem, mesmo situado num período histórico, era um objeto legítimo para o historiador. Além disso, eu me perguntava se, mesmo permanecendo no interior de uma zona cultural precisa como o Ocidente, as épocas assim escolhidas permitiriam realmente a definição de um tipo de homem.

Depois pareceu-me que talvez fosse a oportunidade de mostrar não o homem medieval, mas as imagens características dos principais tipos sociais profissionais, num determinado período, cujo conjunto poder-se-ia constituir uma espécie de retrato padrão do tipo humano do período. De qualquer maneira, a Idade Média devia ser limitada, como aconteceu com muitas das minhas obras, ao período central, do século XI ao XV. Talvez pudesse ser a oportunidade de investigar um determinado número de comportamentos mais ou menos comuns, apesar das suas diferenças sociais, nacionais, profissionais etc., aos homens e mulheres da Idade Média. Eu continuava influenciado por Michelet em especial, que jamais deixou de me inspirar, interessado pela idéia de estudar as obsessões dos homens e das mulheres da Idade Média, assunto a que já me referi. Encontra-se aí a influência de Michelet, de Barthes, de Huizinga e, de uma certa maneira, de Foucault. Lembro-me de este ter me convidado para participar de uma série de programas de rádio, nos anos 1960, tendo como tema o medo nas diversas épocas; mantivemos nessa oportunidade um diálogo muito enriquecedor e apaixonante.

O Sr. aceitou e o livro alcançou, acredito, um grande sucesso?

Aceitei, mas recorri a medievalistas de vários países pelos quais tinha bastante estima, na maioria italianos e franceses, mas contando também com meu amigo Geremek e meu amigo russo Gourevitch. Esse livro alcançou um enorme sucesso, de resto completamente inesperado, que ultrapassou as minhas expectativas. Mesmo ainda não estando convencido, devo confessá-lo, da pertinência dessa fórmula, considero o fato de que ela tem o seu interesse. A coleção continua, creio que alcançou sucesso com os volumes seguintes. Estou também impressionado com o fato de que os historiadores que aceitaram dirigir os outros volumes e de neles colaborar são, em geral, historiadores de primeira linha – e vejo nisso, talvez de uma maneira um pouco metafórica, um testemunho do interesse pela antropologia histórica.

8
As grandes missões

Um medievalista no metrô

Foi em razão do seu interesse pela cidade de (Paris) que o Sr. foi levado a aceitar o trabalho com os dirigentes e executivos da RATP [Régie Autonome des Transports Parisiens]?

De fato. Eles primeiro se dirigiram a Georges Duby, que recusou o convite e aconselhou-os a entrar em contato comigo. Foi Louis Guieysse quem me fez a proposta de colaboração: então diretor-adjunto da RATP, esse homem qualificado, de quem guardo uma boa e afetuosa recordação, desempenhou um papel importante em toda essa operação a partir do outono de 1983. Você também sabe que foi lá que estabeleci vínculos de trabalho e de amizade com sua notável irmã, Édith Heurgon, que teve a gentileza de me receber no conselho de administração do Centro Cultural Internacional de Cerisy-la-Salle, que ela dirige e cuja atividade intelectual, sempre inovadora, é muito estimulante, nesse belo castelo de uma inteligente e empreendedora família que é a sua. Em relação à RATP, esta contava ainda com a presi-

228 Uma vida para a história

dência de Claude Quin, que favoreceu esse projeto de uma maneira muito simpática.

O diretor-adjunto, que eu não conhecia, perguntou-me se eu estava disposto a participar de um seminário de reflexão sobre a cidade que a RATP queria organizar, com a participação de professores universitários e pesquisadores em ciências sociais que trabalham com problemas urbanos. Compreendi então o sentido da proposta: de fato eu havia colaborado em *Histoire de la France urbaine*, que acabava de ser publicada pela Seuil, organizada por Georges Duby; nessa obra dirigi o volume sobre a França urbana medieval, do qual escrevi boa parte do texto.

Pedi antes algum tempo para pensar porque, falar da cidade, a propósito da RATP, do metrô e dos ônibus de hoje, para um medievalista, parecia um pouco desconcertante. Mas pensei que o risco era pelo menos o mesmo para ambas as partes. Além disso, em razão do meu interesse pelo presente, senti-me seduzido pela tarefa. Acabei aceitando e confiaram a mim a co-presidência de um seminário apresentado mais ou menos uma vez por mês, articulado a dois colóquios, um primeiro em Royaumont, em 1984, e um segundo em Cerisy, em junho de 1985.[1] O conjunto do nosso trabalho se estendeu, assim, para aproximadamente cinco anos.

Uma das razões que me levaram a aceitar o convite foi a presença, no núcleo da equipe, da parte do pessoal da universidade e dos pesquisadores, de um dos meus maiores amigos, Marcel Roncayolo, que considero um dos nossos melhores geógrafos, a quem não apenas permaneci muito ligado depois da École Normale, mas cuja inteligência, conhecimento dos problemas urbanos e sentido histórico eram especialmente notáveis. Roncayolo tinha escrito uma belíssima tese sobre Marselha e também publicado um texto sobre a cidade, primeiro em italiano na *Encyclopedia Einaudi* e, depois, na coleção "Folio". Tratava-se, portanto, de

---

1 Colóquio de Royaumont, 1984, "RATP-Université-Recherche", *Crise de l'urbain, futur de la ville*. Paris: Économica, 1985; Colóquio de Cerisy, 1985, *Métamorphose de la ville*. Paris: Économica, 1987.

trabalhos essenciais que justificavam muito mais a sua presença que a minha.

Como o Sr. abordou os problemas que lhe foram submetidos?

Estabelecemos um acordo sobre uma problemática, definida pelo próprio título do seminário: "Crise do urbano, futuro da cidade". Nossa reflexão, e portanto nossa investigação, comportava duas vertentes estreitamente articuladas entre si: de um lado, a constatação da crise do fenômeno urbano, que é uma das evidências e verdadeiramente uma das maiores crises do nosso tempo; e, de outro, a proximidade do ano 2000 e do século XXI, obrigando a repensar completamente a cidade. Nessas indagações, o problema dos transportes era, evidentemente, uma questão fundamental.

Alguns aspectos essenciais dessas reflexões eram relativamente familiares. E, primeiro, o problema do espaço. Sempre tentei pensar os fenômenos históricos no espaço e, há muito tempo, em parte por influência de Maurice Lombard, habituei-me a dedicar um interesse muito particular ao problema dos trajetos. Trata-se de um fenômeno histórico e social de uma importância muito grande. É inegável que os aspectos tecnológicos e econômicos são também importantes, mas um trajeto define o estabelecimento de relações entre elementos de um sistema. Os diferentes trajetos numa cidade se conjugam em redes e a noção de redes, evidentemente de importância capital para a RATP, foi uma das linhas mestras de nossa reflexão.

Embora eu tivesse de aprender bastante e refletir muito sobre a vida atual, as relações entre esses espaços, esses trajetos, a sociedade através das quais funcionam esses transportes exigiam um método que me era relativamente familiar.

Naturalmente, foi mais difícil para mim considerar o que se referia especificamente ao nosso tempo. De resto, se não a própria RATP, pelo menos o metrô e os ônibus constituem uma rede que tem mais de um século de existência. Já aí se apresenta uma densidade histórica e era preciso considerar, em nossas investi-

230 Uma vida para a história

gações sobre a RATP, em suas relações com a cidade, uma história que já não era toda ela recente.

Quanto ao restante, de início foi necessário que eu adquirisse algumas noções técnicas sobre o funcionamento do metrô e dos ônibus. Eram questões, para mim, apaixonantes. Eu observaria, por exemplo, o problema da estação do metrô: seu pessoal, sua organização, seu cenário, o tipo de célula social que constitui, seu relacionamento com o meio ambiente externo, sua personalização.

Que importância o Sr. atribuiu a esses elementos do imaginário que têm também o seu lugar nas representações dos transportes urbanos?

Sempre fui muito sensível a esse imaginário, que talvez tenha sido a minha contribuição para essa pesquisa. Creio que todo personagem histórico – e a RATP é um deles – existe e age também através do imaginário que suscita naqueles que a ele recorrem ou mesmo que dele tenham um conhecimento mais ou menos vago.

Lembro-me, assim, de como aquele pequeno interiorano que eu era quando cheguei a Paris pela primeira vez, em 1933, era de antemão fascinado pelo metrô, e mais ou menos também pelos ônibus. Sobretudo, havia esse grande trampolim do imaginário – que depois desapareceu quase inteiramente, mesmo que tentemos fazê-lo reviver de maneira muito limitada – que era a plataforma do ônibus.* Paris vista de uma plataforma de ônibus, à maneira de Queneau, era um momento incrivelmente fabuloso. Eu o revejo tal como o descobri por ocasião das minhas três viagens a Paris antes da guerra, em 1933, 1935, 1937, depois de ter-me instalado como estudante, a partir de 1945. São recordações maravilhosas. O imaginário do subterrâneo e do túnel não são menos fascinantes.

No geral, essas pesquisas foram úteis à RATP?

Assim creio eu. Esses dois colóquios e o conjunto dos seminários, a meu ver, constituíram uma experiência essencialmente

---

* Até meados da década de 1950, algumas linhas de Paris tinham ônibus com uma parte da carroceria aberta, denominada plataforma (N.T.)

positiva. E isso não foi sempre fácil. Aconteceu-nos de não estarmos sempre contentes com essa ou aquela sessão dos nossos seminários, de relevar lacunas no trabalho, de nos encontrarmos diante de problemas para os quais não sabíamos dar uma resposta.

Mas o que era muito excitante para mim também era a clareza – isso em nenhum momento nos foi escondido, e fazia parte do projeto – de que o nosso trabalho tinha um objetivo que se podia qualificar como utilitário. Nossos trabalhos deveriam servir à RATP para que ela adaptasse seus transportes a uma cidade moderna e ao que se poderia esperar de uma cidade do século XXI. Sempre que vejo algumas inovações relativamente limitadas – parecem-me referentes exatamente ao problema das estações, mas também aos pontos de ônibus ou às modificações nesses veículos, ponho-me a pensar nos nossos debates. Modernizar os transportes levando em conta as mentalidades e as sensibilidades dos usuários, situá-lo no conjunto formidável e complicado, material e humano, dessas duas entidades vivas: a cidade e a periferia, que programa apaixonante!

Vocês abordaram os problemas do centro e da periferia, da cidade e do campo?

Um dos grandes problemas dos transportes urbanos modernos é o das relações entre centro e periferia, cidade e subúrbio, pois, quando se passa de uma rede para outra, muda-se de sociedade. O que acontece quando transpomos os limites da cidade, tão bem marcados na capital? Paris está na verdade cercada por uma muralha tal como sas cidades medievais, uma muralha oca que se denomina o periférico. Eis um problema bastante interessante!

O que eu gostaria, de um ponto de vista quase ideológico, é que houvesse a continuidade entre a rede urbana e a rede suburbana, e queria que isso fosse mais longe, pelo campo. Parece-me que um dos grandes fenômenos de nossa época – isso foi muitas vezes lembrado no passado, mas continua real ainda hoje – é um certo desaparecimento da fronteira territorial entre a cidade e o campo. Vive-se no campo praticamente como se vive na cidade.

232 *Uma vida para a história*

Três evoluções foram essenciais nesse plano: a primeira refere-se exatamente aos transportes: é a importância crescente do veículo individual, que coloca em novas bases o velho problema transportes coletivos/transportes individuais; a segunda refere-se à televisão, que unificou a informação tanto no campo como na cidade; e a terceira é o lugar dominante do mercado que modificou muito profundamente o espaço – ainda que a partir da Idade Média uma parte significativa das transformações do campo tenha vindo do mercado –, o contraste campo/cidade em escala nacional, em escala européia e, amanhã, em escala mundial. A oposição histórica cidade/campo parece estar se desfazendo.

Vocês também debateram a maneira de designar aqueles que utilizam a RATP?

Esse é um problema mais importante do que pode parecer. O termo mais correto era "usuário", que não entusiasmava a maioria dos nossos companheiros de trabalho. Tinha alguma coisa de um pouco banal, utilitário, parecia-nos depreciar o conjunto dos serviços que a RATP oferecia às pessoas, aos parisienses, aos que vinham dos subúrbios, e não levava em conta, em particular, o imaginário.

Claude Quin, então presidente da RATP, propunha o termo "viajante", o que era bastante lógico. Tenho a impressão de que não há na atualidade um termo satisfatório, e particularmente não sei se o vocabulário administrativo da RATP emprega um termo oficial. Creio que se continua a falar de "usuários", mas está claro que passar de "usuário" a "viajante" implicaria, para a direção e para o pessoal da RATP, uma mudança de atitude a respeito dos que utilizam o metrô. Não tenho uma idéia precisa em relação a isso. Creio, todavia, que é necessário conservar a idéia de que um orgão como a RATP é essencialmente um serviço público, noção que conduz bastante facilmente à de usuário. Naturalmente, o sentido de espaço e de tempo que se acha implicado no termo "viajante" me seduz, mas isso sufoca um pouco a clientela específica dos transportes urbanos, e, em particular, a da RATP, na clientela geral dos transportes, seja a dos trens seja a dos aviões. "Viajante" parte de uma boa intenção, mas definitivamente não me parece muito feliz. Ou então seria preciso completar: "viajantes urbanos". Que dizer de "clientes"? Parece que alguns o apreciam. Eu lamentaria essa assimilação do transporte público a um comércio.

Essa colaboração com a RATP *teve alguma conseqüência para o seu trabalho de historiador?*

Beneficiamo-nos de uma grande liberdade de reflexão. Tratávamos os problemas, diria, não de uma maneira teórica, mas de uma maneira "científica", o que muito me agrada, mas também a partir de realidades concretas de campo, o que muitas vezes frustra o historiador, que o atinge apenas através de documentos. De maneira geral, parece-me que o pesquisador deve ao mesmo tempo ser livre em sua pesquisa, mas essa pesquisa, para ter um custo verdadeiro, deve estar ancorada na sociedade e no presente. Além disso, sempre pensei que meu ofício de historiador, e em particular de medievalista, se enriquecia com esse tipo de experiências. Não gosto de me definir unicamente como medievalista. Meu sentimento e meu desejo são de ser um historiador cujo principal campo de investigação e de reflexão é a Idade Média. Mas é o ofício de historiador e, definitivamente, a compreensão do tempo presente e da sociedade presente, na longa duração, que me motivam e me excitam.

Fiquei ainda mais feliz de encontrar naquele trabalho pessoas altamente qualificadas. Outro dos meus desejos, e em geral de minhas satisfações, é entrar em contato, e mais que isso, trabalhar com pessoas que não tenham a mesma formação que a minha. Lá encontrei pessoas que eram essencialmente, como já disse, "científicas". Havia pessoas de dois tipos, se assim posso dizer: de um lado, aquelas estreitamente ligadas à gestão do metrô; e, de outro, um determinado número de pessoas com formação em ciências sociais trabalhando de preferência com os aspectos humanos. Uma das minhas grandes alegrias foi a de trabalhar exatamente com a área de ciências sociais da RATP que Édith Heurgon dirigia, da qual um dos membros mais ativos era um jovem sociólogo, Jean Dekindt, que devo citar por ter de-

234 *Uma vida para a história*

sempenhado um papel muito positivo. Entre o pessoal universitário, os pesquisadores e os executivos da RATP, havia naturalmente pessoas de qualidade, mas não me cabe aqui fazer uma lista dos mais destacados. Digo mais uma vez, era para mim muito estimulante. Isso me fazia sair do meu pequeno território, e é sempre agradável dar uma olhada por outras paragens. Com efeito, isso me permitia conferir mais profundidade, mais campo à minha própria pesquisa, ao meu próprio ofício.

Estive comprometido por quatro ou cinco anos, tempo suficiente para que essa reflexão chegasse a alguma coisa, mas relativamente limitada, pois não quero dar a impressão de que sou um diletante, um bisbilhoteiro. Não me esqueço de que o meu ofício principal é o de pesquisador em história medieval e professor, e isso é incompatível com compromissos muito longos em outra área, mesmo que, uma vez mais, haja repercussões dessa atividade externa no meu próprio trabalho.

Continuei, aliás, mantendo contatos com os dirigentes daquele órgão. Por exemplo, Christian Blanc, que se tornou presidente da RATP, pediu-me para falar num pequeno colóquio que ele tinha organizado, o que me possibilitou descobrir um homem de inteligência e de caráter.[2]

Depoimento de Edith Heurgon (da direção da RATP)

Vários motivos levaram a RATP a promover, no início dos anos 1980, uma reflexão sobre a cidade e os transportes, associando os responsáveis pela empresa a pesquisadores e professores universitários da área de ciências sociais com bons conhecimentos de questões urbanas (historiadores, geógrafos, antropólogos, sociólogos lingüistas, economistas etc.). A RATP pretendeu redefinir sob uma óptica mais global e prospectiva suas atividades de pesquisas, consideradas muito técnicas e setorizadas. Constatando que o habitante das cidades, o usuário dos transportes, o pessoal da empresa eram não absolutamente objetos técnicos, mas sujeitos agentes, ela levantou a hipótese de que as ciências sociais poderiam ajudar a melhor compreender suas expectativas e a obter respostas adequadas. Seus engenheiros cada vez mais vinham encontrando dificuldades para

---

2 Christian Blanc, na data da entrevista, era presidente da Air France.

enfrentar os problemas ligados às mutações urbanas e cujos efeitos por vezes semeavam a inquietação nos espaços públicos.

Esses são os motivos que levaram a RATP a tomar, em 1983, duas iniciativas paralelas: uma, o projeto da "Rede 2000", visando preparar a empresa de transportes em face de um meio ambiente em rápida evolução; e a outra, abrir ao exterior o seminário "Crise do urbano, futuro da cidade", cujo objetivo era ampliar a reflexão para as questões econômicas, sociais e culturais.

O que nos trouxe esse seminário? Que resultados foram dele tirados para estimular a evolução da cultura da RATP e dotá-la da competência necessária para a construção do seu futuro?

Esse seminário trouxe a todos que dele tiveram oportunidade de participar, de maneira permanente ou episódica, ao mesmo tempo a alegria do intercâmbio entre pessoas qualificadas e a oportunidade de confrontar experiências diferentes. Por exemplo, qual não foi a surpresa de alguns engenheiros ao descobrir, com Pierre Sansot, os "prazeres da cidade"... De maneira mais geral, a descoberta da dimensão imaginária da cidade foi essencial para os responsáveis que, depois de muitas reservas, hoje admitem como evidentes os ritos que se cumprem na entrada e na saída do metrô. Se os participantes puderam obter um inegável enriquecimento pessoal, os trabalhos do seminário, em compensação, pouco influenciaram a cultura da empresa – a despeito dos esforços despendidos para torná-los conhecidos (dois livros, vários números da revista *Temps Libre*, uma série de vídeos de caráter didático). Ninguém duvida, entretanto, como afirma Jacques Le Goff, de que a experiência de um núcleo de pesquisadores internos reunidos em torno do projeto "Rede 2000" tenha representado a oportuna mediação entre o mundo da empresa e aquele da pesquisa, propiciando trocas mais interativas e o trabalho mais fecundo.

Espécie de cadinho de pesquisa urbana, esse seminário permitiu a renovação de conceitos e de perspectivas especialmente sobre a questão das redes e dos territórios, origem, aliás, de novas pesquisas e, para a RATP, de dois projetos maiores: "O novo serviço na estação" e uma nova organização das redes de ônibus nos subúrbios, "Muito mais ônibus". Em se tratando de redes, essa foi a ocasião de perceber – o que constitui hoje um ponto forte da estratégia da empresa – que os pontos de parada, as estações, em resumo, os espaços públicos de transporte eram, para a qualidade do serviço oferecido aos nossos clientes, tão importantes quanto os transportes propriamente ditos, com todas as implicações que isso comporta em termos de evolução de atividades. A partir desse estágio, surgiu também a convicção de que o lance principal para a RATP era o de evoluir para uma *cultura de serviço aos clientes* (pois é assim que, sem escrúpulos, designamos nossos usuários – aqueles que, cada vez mais, têm a opção entre transporte público e veículo particular para se deslocar –,

236 *Uma vida para a história*

permanecendo sempre atentos, como serviço público, em garantir para todos o direito ao transporte e o acesso à cidade).

A inscrição das redes nos territórios levou a conceber mais firmemente a inserção urbana de nossos modos e dos nossos espaços e fez transparecer a importância que deve ser concedida ao local e ao diálogo com as coletividades. Daí a reforma necessária conduzida por Christian Blanc para adaptar o funcionamento da empresa ao mundo contemporâneo, por uma ampla descentralização de responsabilidades com o fim de aumentar a sua capacidade para tratar rapidamente das situações locais diferenciadas.

A análise da situação dos subúrbios e do fenômeno de "periurbanização" convenceu da urgência de se construir – para favorecer um desenvolvimento mais policêntrico da Île-de-France e permitir deslocamentos subúrbio-a-subúrbio – uma rede de transporte público, compreendendo muitas malhas paralelas.

Dessa forma, não é demais dizer que as lições desse seminário alimentaram durante longos anos as estratégias e os projetos da RATP, cujo plano recente da empresa, 1995-1997, se intitula "Viver melhor a cidade".

Como renovar o ensino da História?

Em que circunstâncias lhe foi confiada a importante missão da presidência da comissão sobre o ensino da História?

Foi por volta de 1983 que se desenvolveu um movimento que reunia pessoas de diversos horizontes políticos, tanto Michel Debré como Jean-Pierre Chevènement. Tratava-se de um movimento de inspiração nacional, originário do sentimento de que era necessário reagir contra algumas tendências que, a partir de 1968, mas já de antes, se manifestaram no ensino da História na escola. Era necessário restaurar nesse ensino a parte dedicada à História da França. O próprio François Mitterrand interveio no debate.

Alain Savary, que, no governo de Pierre Mauroy, era ministro da Educação Nacional, recebeu a incumbência de fazer a escolha dos métodos e das pessoas. Mas, de uma maneira que julguei totalmente pertinente, ele pensou que era preciso situar essa preocupação particular no contexto de uma revisão global do ensino da História. Ele não queria, sobretudo, que isso adquirisse ares de uma restauração ou de uma reação.

O ministro solicitou primeiro um relatório a René Girault, historiador de renome do mundo contemporâneo e das relações internacionais, especialista em história russa, então trabalhando em Nanterre e, hoje, na Universidade Paris-I, onde dirige o ensino sobre relações internacionais, que alcança bons resultados e goza de uma boa reputação. Na seqüência, quando esse relatório lhe foi entregue, para discutir as conclusões ele constituiu uma comissão, dando-lhe como objetivo, em termos bastante precisos, a "renovação do ensino da História e da Geografia na escola" (ou seja, no ensino primário, no ensino secundário, mas não no superior). Ele me propôs a presidência dessa comissão e eu aceitei.

Pedi a Savary, e ele concordou, que René Girault fosse o secretário geral da comissão, uma vez que iríamos tomar como ponto de partida o seu relatório e que seria desejável que seu autor não permanecesse fora da comissão.

Além disso, ressaltei que não poderia assumir o compromisso por mais de dois anos, pois não escondia – e era a realidade – que esse trabalho representava para mim uma pesada divisão do meu tempo, uma vez que eu mantinha minhas atividades como docente e continuava me dedicando à pesquisa.

O Sr. conhecia então Alain Savary?

Não, eu não o conhecia e meu nome certamente lhe foi sugerido por François Furet. Todavia, ele sabia quem era eu. Savary viu em mim certas vantagens, o fato, parece, de eu não ter inimigos conhecidos, nem do ponto de vista universitário nem do ponto de vista político. Eu já não era mais diretor da École fazia seis ou sete anos, e portanto estava bastante livre. Tinha a reputação de um homem de esquerda, mas sem comprometimentos formais desde que deixei o PSU, vinte anos antes. Além disso, eu era considerado pertencente ao movimento dos

238 *Uma vida para a história*

Annales, ou seja, a um movimento de renovação. Embora as minhas relações não fossem então boas com Fernand Braudel, pedi a ele sua opinião antes de aceitar. Ele me respondeu: "Aceite, mas você não vai chegar a nada, tanto você quanto, aliás, qualquer outro".

Como funcionou a comissão?

Eu também carregava a justa reputação de não ser um extremista em matéria de pedagogia e, em especial, de não ser partidário, no ensino primário, do que se chamava a *"pédagogie de l'eveil"* ["pedagogia do despertar"], que foi a maior dificuldade que encontrei. Como fui consultado pelo gabinete do ministro a respeito da constituição da comissão, avancei em direção a uma bastante ampla diversidade, tanto do ponto de vista das funções quanto do das filiações sindicais, e também do que se poderia saber das tendências pedagógicas. Desejei assim que se tivesse uma boa representação do ensino técnico, que me parecia uma coisa delicada e importante, e pedi que houvesse partidários, moderados, ou, pelo menos, lúcidos, do "despertar", pois inegavelmente se tratava de um movimento que deveria ser ouvido.

Acredito que essa comissão funcionou em boas condições; as discussões foram às vezes acirradas. Eu tinha problemas em duas frentes opostas. Estabeleceram-se relações de confiança com René Girault, mas havia, apesar de tudo, dificuldades. Ele, depois de ter sido o homem do relatório, corajoso e importante, era apenas o segundo na comissão e esta era uma situação um pouco difícil de gerir. Girault tinha tendências bastante autoritárias e entendia que não era necessário pôr em discussão nenhum ponto do seu relatório. Ora, a situação era clara, e havíamos nos entendido com Savary sobre o que deveria ser feito. O relatório Girault permanecia o nosso ponto de partida, a base, o quadro geral, mas não apenas podíamos, como devíamos avançar além dele. Eu tinha, assim, ao mesmo tempo, que fazer entender àqueles contrários ao relatório de Girault que o texto permanecia como fundamental, e a René Girault que era necessário aperfeiçoá-lo.

Jacques Le Goff 239

O Sr. se encontrava no ponto de confluência dessas tendências?

De modo geral, havia, de um lado, uma tendência que conferia mais importância aos aspectos pedagógicos e que, sem chegar às posições do "despertar", se apegava sobretudo aos métodos, à participação da criança no ensino; e, de outro, uma orientação mais autoritária, mais tradicional, que se apegava mais ao conteúdo do ensino. Realmente, eu me encontrava na confluência dessas duas correntes, não apenas por razões diplomáticas, mas porque eram as minhas convicções.

As crianças deviam, realmente, adquirir conhecimentos; mas, para mim, a história era, antes de tudo, e continua sendo, uma maneira de refletir e de pensar diante do mundo, da sociedade presente, procurando desvendá-la mediante algum conhecimento do passado, que não comportasse apenas fatos, acontecimentos, exemplos etc., mas que fornecesse uma forma de questionar a evolução histórica. É claro que eu estava muito preocupado que se desse às crianças o sentido daquilo que eu entendia ser, no movimento dos *Annales*, uma das coisas mais importantes e para a qual a contribuição pessoal de Braudel havia sido essencial, ou seja, o senso da duração, o senso das diferentes velocidades de tempo, das diferentes naturezas de tempo à obra na história.

Ao contrário da censura injustamente assacada, pelos seus adversários, contra a equipe dos *Annales*, de abandonar todo o senso da cronologia, tratava-se de escorar esse senso da duração, da continuidade ou das rupturas numa ossatura cronológica sólida mas inteligente, tomando como referência o que é importante em história, não somente datas militares, políticas, mas também fatos econômicos, culturais, sendo isso evidentemente mais difícil, porque esses fenômenos e sua evolução raramente são marcados por acontecimentos. Era necessário tentar escolher aqueles nos quais se poderia ancorar essa evolução, por exemplo as feiras de Champagne na Idade Média, e ao mesmo tempo adotar uma cronologia mais flexível que a velha cronologia que se apoiava apenas em datas anuais. Era preciso armar uma verdadeira periodização.

240   Uma vida para a história

Quais foram as primeiras propostas da sua comissão?

Trabalhamos e apresentamos propostas que foram, em grande parte, aceitas, e que começaram a ser aplicadas no ensino primário. Os partidários radicais do "despertar", e eu nunca quis romper os canais com eles, tiveram a impressão de que se tratava de uma derrota para eles. Isso certamente era verdadeiro em relação aos excessos de uma concepção que, a meu ver, resvalava para o absurdo. Não se pode confiar à espontaneidade de uma criança o princípio orientador do ensino. É necessário que haja um encontro entre o saber e a sabedoria do mestre e as aspirações da criança. Isso me parece evidente. Essa não era, contudo, a opinião de alguns partidários do "despertar" que formavam um importante núcleo no Institut National de la Recherche Pédagogique (INRP).

Colocamos particularmente em evidência um ponto que ultrapassava o problema do ensino da História e que, acredito, contribuiu para as mudanças que foram feitas logo depois: de fato, pareceu-nos que a formação oferecida pelas escolas normais era completamente inadequada às exigências do ensino, e particularmente o da História.

Mas nossa comissão estava também interessada em propor novos programas. Isso foi feito para o ensino primário e, mais uma vez, creio que a reforma que propusemos seguia no rumo certo. No ensino secundário, o progresso foi mais lento, os problemas se revelaram difíceis, em especial as questões relacionadas ao ensino da História e da Geografia nos currículos técnicos.

Foi nesse momento que ocorreu a mudança de ministro?

Nossa comissão trabalhava já havia um ano e meio, e eu tinha completado quase três quartos do tempo pelo qual me comprometera quando, depois da enorme manifestação parisiense de 24 de junho de 1984, François Mitterand retirou o projeto de lei sobre o ensino privado da ordem do dia do Parlamento, provocando, dessa forma, a queda do governo Mauroy. Alain Savary se sentiu desconsiderado pelo presidente, por não ter sido sequer prevenido de sua decisão. No novo governo de Laurent Fabius, foi sobre as costas de Jean-Pierre Chevènement que recaiu a responsabilidade pela Educação Nacional.

Daí advieram novas dificuldades, e, primeiro, a necessidade de prosseguir o debate com um novo interlocutor, membro do gabinete de Chevènement, mais tarde tornado inspetor geral de filosofia, com quem afortunadamente o diálogo se instaurou com rapidez. Foi preciso, entretanto, levar na devida conta as tendências nacionalistas jacobinas do novo ministro, para quem algumas preocupações, de resto, se mostraram inúteis.

Por exemplo, para o ensino primário, de fato tínhamos afirmado nos programas o caráter "eminente" do ensino da História nacional, da História da França. Parecia-nos normal que uma criança comece por aprender o essencial da história do seu país e que se lhe ensine o método histórico – uma determinada maneira de interrogar os documentos, de reagir aos acontecimentos – em relação à História da França. Esta foi, pois, escolhida não como um fim em si, mas como o campo de aplicação de um método.

Intentávamos não inculcar, o que implica numa espécie de pressão, mas propor às crianças, de maneira convincente, a disposição à tolerância, à compreensão do outro, portanto uma história que não seja nacionalista, que permaneça aberta e recolocada em conjuntos mais vastos de que fazem parte outros países; por exemplo, para a França, o horizonte europeu, que é fundamental. Aliás, um dos grandes problemas que se colocam a todos é o da identidade pessoal e coletiva; e é por meio da história do seu país que se pode, de maneira mais adequada, conceber o seu conteúdo, sua importância e os seus objetivos: isso é algo essencial para os homens e as mulheres das nossas sociedades, de hoje e do futuro. Trata-se de ser nacional sem ser nacionalista.

Esse é o motivo pelo qual, como parece também pensar Chevènement, prefiro o patriotismo ao nacionalismo, porque o historiador é muito sensível à idéia de pátria – na pátria há os pais, isto é, a solidariedade para com as gerações anteriores, para com o passado, para com a evolução histórica. Já na Idade Média falava-se mais da pequena pátria que da grande, da cidade,

242 *Uma vida para a história*

da província, da "terra". Foi somente no fim do século XIII e no século XIV que nasceram as Nações ou os Estados e um esboço de sentimento "nacional".

Dessa forma, ao completarem-se dois anos, quando apresentei a minha demissão, procurei deixar bem claro que a única razão de minha saída era a de que eu entendia ter cumprido o meu dever e, sobretudo, que ela não podia ser entendida como uma reação à inflexão trazida por Chevènement. É verdade que me opus a uma ou outra sugestão sua, mas não chegou a haver nenhum conflito importante e aberto. Fui recebido por ele por duas vezes de maneira demorada. Em geral, a comissão e meu próprio trabalho se privilegiaram de uma grande independência e de uma grande liberdade, da parte dos dois ministros sucessivos.

Devo admitir que em seguida me senti um pouco desinteressado do trabalho dessa comissão, ainda que durante algum tempo o meu sucessor, que aliás era quem eu havia desejado, Philippe Joutard, excelente historiador, tenha me mantido informado do andamento da situação. Naturalmente, sempre me interesso, mesmo sem intervir, pelos problemas do ensino da História.

Que conclusões o Sr. tira desses dois anos de trabalho?

Sinto-me muito mal situado para julgar, hoje, se o que nós pudemos fazer surtiu algum efeito e se este foi positivo. Tenho a impressão de que várias questões importantes permanecem. Creio, todavia, que, mesmo que não se tenham traduzido em medidas precisas, as reflexões e os princípios que levantamos poderiam ter sido úteis.

Em todo caso, no que me diz respeito, tive oportunidade de dizer como o ofício do historiador e, de uma maneira mais geral, o ofício do professor universitário me parecem dever se desenvolver sobre vários territórios, e em várias direções. Há, naturalmente, a pesquisa, mas também a difusão dos seus resultados, e mais ainda os novos princípios que se colocam, sem que o ensino seja nem por isso dominado pela pesquisa de ponta, o que foi um dos erros do período dos anos 1950. Pretendeu-se na ocasião transferir para os programas escolares e para o ensino da História nas escolas, colégios e liceus as pesquisas e os debates dos *Annales* ou das revistas científicas. É preciso ter em conta que há diferentes orientações, defasagens, e que não se trata de se acantonar no arcaísmo, mas de esperar que a pesquisa se torne mais vulgarizada para que sejam ensinados seus resultados e seus produtos. Além disso, penso também que essa palavra, que não só não me desagrada, mas da qual gosto bastante, a "vulgarização", implica um certo domínio das antigas e das novas mídias.

A mídia antiga é essencialmente o livro: é bom que os pesquisadores e os professores universitários publiquem obras de alcance do grande público, sem jargões particulares – em história, é excepcional que tenhamos necessidade de uma linguagem técnica. Foi nesse espírito que aceitei fazer um programa de rádio na France Culture. Há 25 anos continuo fazendo as "Lundis de l'Histoire" com muito cuidado e satisfação, porque acredito ser absolutamente necessário esse trabalho de colocar ao alcance de um certo público, claro que relativamente culto, obras históricas que testemunham o interesse, a vitalidade e o progresso da história.

Para o Sr., um historiador se interessa não somente pelo passado, mas igualmente pelo presente e pelo futuro?

De fato, tive a oportunidade, no decorrer de uma carreira muito calma, de tentar com essa comissão uma experiência que representa como que uma etapa. Não se tratava nem da pesquisa nem do ensino da pesquisa como na Hautes Études, nem da escrita de uma obra histórica, nem da participação em comissões científicas, mas sim de um órgão comprometido com a reflexão ativa sobre problemas fundamentais do mundo. Isso reaqueceu em mim o desejo que sempre tive, primeiro como historiador e depois como cidadão, de me comprometer de alguma forma com o presente. Marc Bloch já havia lançado a idéia de se abordar com os melhores trunfos, e em especial com os do historiador, o amanhã, o futuro. Na verdade, o historiador deve, em primeiro lugar, tentar apreender o passado, que permanece uma das suas atividades essenciais, e, no que me toca, o meu campo crono-

244   *Uma vida para a história*

lógico é relativamente antigo. Mas, ao mesmo tempo, não devemos nos limitar ao presente e é preciso também tentar apreender, orientar o que pensamos do futuro na direção do que desejamos que ele venha a ser.

Um medievalista sabe bem que essa foi uma das grandes preocupações de homens e de mulheres da Idade Média, em relação ao futuro, com duas grandes orientações, no quadro do ensino da Igreja: seja a perspectiva da salvação, a do Juízo Final, seja, em toda uma série de movimentos contestatórios, que tiveram uma considerável importância e que pude estudar um pouco, o milenarismo, a idéia de fazer surgir a sociedade mais perfeita possível aqui nesta Terra. É exatamente nessa segunda tradição que se inscreve, por exemplo, a dimensão milenarista do marxismo – evidentemente o marxismo anterior à decadência e à perversão que ele veio a conhecer no mundo soviético. Também quando, recentemente, Élie Wiesel, por quem tenho uma grande admiração, me concedeu a honra e a demonstração de amizade ao me pedir para ser membro da Académie Universelle des Cultures que ele estava criando, aceitei com gratidão. Era para mim a oportunidade, em contato com homens e mulheres eminentes, entre os quais os meus amigos Bronislaw Geremek, Umberto Eco, Rudolf von Thadden, André Miquel, Françoise Héritier, Michèle Perrot e eminentes personalidades de todos os continentes, de tentar exatamente orientar esse futuro.

Trata-se também de auxiliar na compreensão entre as diversas culturas?

O problema fundamental é mais o de lutar contra a intolerância, para fazer nascer uma compreensão recíproca entre as culturas, para saber se a diversidade – que é preciso respeitar e deixar viver e evoluir – é compatível com o que aparece como um objetivo essencial, atingir o universal.

A Academia, e estou particularmente implicado nisso, trabalha atualmente num pequeno manual destinado às crianças no âmbito escolar ou paraescolar, no qual pretendemos tentar superar essa grande dificuldade que é a de ser compreensível para crianças de diferentes culturas; gostaríamos que esse pequeno manual pudesse ter uma versão chinesa, uma versão árabe, e que não fosse unicamente a tradução de uma versão ocidental. Através das diferentes estruturas de nossas culturas, pensamos todos nós que a educação é algo essencial e que ela é a condição que possibilita a esperança de progresso nesse mundo. Uma das grandes tragédias do nosso século XX, afora as catástrofes mais carnais, mais trágicas e mais humanas, creio que foi o desmoronamento da noção de progresso. Queríamos tentar retomar essa aspiração, modesta e pragmaticamente, tentar estimular as crianças a recusar tudo o que leva ao desprezo, à intolerância e ao ódio, o que conduz à perseguição e à guerra. A velha utopia pedagógica, em todas as culturas, deve ser especialmente orientada não apenas para a aquisição do saber, mas também para a aquisição de comportamentos, atitudes e idéias, que suscitem o diálogo e o respeito ao outro.

O Sr. se mostra regularmente hostil à filosofia da história?

Creio ser uma tradição dos historiadores franceses e que é boa: a História é uma disciplina completa. A dificuldade vem do duplo sentido da palavra história em francês: História é, primeiramente a disciplina histórica, a historiografia, e esse é o nosso ofício. Mas é também o desenvolvimento dos acontecimentos que o historiador tenta explicar por meio da sua disciplina. É completamente diferente, por exemplo, da Física: não há uma realidade objetiva que se chama física; o que existe é uma disciplina que se ocupa dos mecanismos do universo. Ao passo que, em História, há esse duplo sentido que muitas vezes acarreta, parece-me, confusões, mesmo em Michelet.

É inteiramente normal que os filósofos tomem como objeto de suas reflexões a história, tanto num caso quanto no outro, principalmente no segundo sentido, o do desenrolar objetivo dos acontecimentos. Há pois grandes filósofos da história, dos quais o mais célebre certamente é Hegel, e é interessante para os historiadores lê-los. Aliás, um homem como Michel Foucault foi o filósofo do ofício do historiador, da disciplina histórica. Mas não nos cabe fazer a filosofia da história, esse não é o

246 *Uma vida para a história*

nosso ofício e, geralmente, quando um historiador se dispõe a fazê-lo, acaba na verdade mostrando muito mais a sua capacidade limitada para usar os conceitos e para filosofar. Além disso, o tipo de interpretação que se oferece em filosofia da história, em geral, diz respeito à metafísica, enquanto para nós a reflexão se dirige ao nosso ofício de historiador, aos documentos sobre os quais trabalhamos, ao método que utilizamos. Mas não se trata de filosofar sobre a história, e os historiadores que quiseram fazê-lo, como Toynbee por exemplo, não alcançaram grande êxito. Trata-se de uma tendência alemã, anglo-saxã, em parte italiana, entre os historiadores italianos que receberam influência alemã; isso não é francês. O único nome importante, parece-me, que podemos declinar em filosofia da história, na França, é o de Raymond Aron, mas não creio que seja a parte mais original do seu pensamento, e ele aparece sobretudo mais como um vulgarizador muito inteligente da filosofia alemã da história.

"Les lundis de l'Histoire"

O Sr. falava das "Lundis de l'Histoire" na France Culture: como nasceu esse programa de rádio?

Nesse caso também fui favorecido pela sorte: em 1968, mas antes dos "acontecimentos", e sem nenhuma relação com eles, a France Culture passou por uma reformulação. Pierre Sipriot, que havia criado "Les lundis de l'Histoire" em 1966 e garantia a sua realização, foi chamado para junto de Pierre de Boisdeffre,[3] novo

---

3 Pierre Sipriot, jornalista e homem de letras, foi produtor de programas educativos na RTF desde 1945, em especial "Les Idées et l'Histoire" (1963-1968), depois "Les lundis de l'Histoire", que ele criou em 1966. Teve em seguida importantes cargos na editora Hachette ("Livre de Poche Classique"), depois no *Figaro Littéraire*, a partir de 1974. Pierre de Boisdeffre, crítico literário, ocupou funções junto à direção dos programas (1963-1968), antes de ingressar na carreira diplomática (seria nomeado embaixador em Montevidéu em 1981) (M. H.).

diretor de programação da rede, para exercer funções incompatíveis com a produção de um programa. Ele queria, contudo, que a sua experiência tivesse continuidade. Ele me conhecia por ter me convidado três ou quatro vezes para participar das discussões, sendo ele o apresentador. Sem ser historiador de profissão e com uma formação bastante eclética e tradicional, ele era, contudo, aberto à história braudeliana dos *Annales*.

Sipriot pediu-me então para assumir o seu lugar no "Les lundis de L'Histoire", sabendo que eu não transformaria o programa numa tribuna partidária. De fato, dentro das minhas possibilidades, creio ter apresentado todas as obras históricas que me pareceram interessantes e dignas de serem destacadas, próximas ou não do espírito dos *Annales*.

No começo o Sr. assumiu sozinho o conjunto dos programas?

Sim, como o próprio Sipriot fazia, encarreguei-me de um programa por semana, o que era bastante trabalhoso. Eu tratava de todos os períodos históricos, certamente com um ligeiro favoritismo pela Idade Média. Insistia bastante na história contemporânea, por saber que isso correspondia ao desejo de numerosos ouvintes. É nesse domínio que havia – e que há sempre – o grosso das obras de má qualidade, subjetivas e mal informadas. Ainda que alguns jornalistas improvisem como excelentes historiadores, e mesmo que haja cada vez mais bons historiadores "contemporanistas", é na história do tempo presente que se encontra maior quebra de qualidade.

De 1968 a 1972, "Les lundis de l'Histoire" se desenvolveu regularmente todas as semanas. Mas quando substituí Braudel na presidência da VI Seção da Hautes Études, dei-me conta da impossibilidade de fazer um programa de uma hora e meia toda semana, o que exigia muita leitura e preparação, e achei que era preciso encontrar um parceiro. Logo pensei em Denis Richet, por quem eu tinha estima e amizade, e lhe pedi que assumisse a responsabilidade da metade dos programas. Como não nos interessávamos pelo mesmo período histórico, podíamos repartir os livros, os períodos, os assuntos, e adotamos uma divisão crono-

248 *Uma vida para a história*

lógica: a história moderna e contemporânea ficou com Denis e, comigo, a história antiga e medieval. Richet conferiu um novo brilho a esse programa, que muito lhe deve.

A propósito de Denis Richet, desaparecido tão cedo, seria conveniente dizer algo sobre o papel que ele desempenhou, assim como sobre suas grandes qualidades de historiador.

Houve entre nós uma amizade que, por razões diversas, nem sempre encontrou os seus meios adequados de expressão. Eu conhecia Denis desde a nossa juventude como estudantes, assim como o seu cunhado, François Furet, casado com sua irmã. Denis Richet seguiu um caminho que exercia uma grande fascinação sobre tantos jovens intelectuais e teve uma curta permanência no Partido Comunista, com o qual rompeu rapidamente. Membro do PSU durante mais de dois anos, ele teve sob sua responsabilidade a seção "Universidade", que reunia os professores do ensino superior desse partido.

Penso que ele, com Pierre Goubert, mas de uma outra maneira, foi o historiador mais perspicaz, mais agudo, mais inteligente do período do Antigo Regime, do século XVI até a Revolução Francesa. Especialista em instituições, uma das formas históricas mais conservadoras, contra as quais Lucien Febvre e Marc Bloch se insurgiram, ele conseguiu tornar esse estudo uma especialidade moderna e no espírito dos *Annales*, que publicaram vários de seus artigos. Sem se limitar a construções abstratas, ele se voltou para o lado social e cultural das instituições.

Para o grande público, contudo, é fundamentalmente o grande livro sobre *La Révolution Française*, que ele escreveu em 1965 com François Furet, que marcará o seu lugar, também da maior importância, entre os historiadores. Não foi necessário esperar por eles para sabermos que houve duas revoluções, uma de 1789 a 1792, e outra durante os anos de 1792-1793: sua contribuição consistiu em mostrar que a segunda revolução era a derrapagem da primeira, que ela não era fundamentalmente diferente. Essa é a idéia essencial do livro, que constitui a primeira pedra do grande trabalho de revisão da história da Revolução Francesa que os dois autores promoveram depois separadamente: menos próximos do que tinham sido, mas nunca de fato separados, ao contrário do que alguns pretenderam. Para mim – como para muitos historiadores –, as obras-primas de Denis continuam sendo o seu livro *La France moderne*: l'ésprit des institutions (1973) e a coletânea de textos, lamentavelmente póstuma, *De la Réforme à la Révolution*: études sur la France moderne, dedicada a Fernand Braudel, com um prefácio de Pierre Goubert.

Richet não apenas foi um grande professor, notável pela força das suas palavras e de suas análises, mas também um grande formador. Muitos dos seus alunos, como Roger Chartier e Robert Descimon, os mais brilhantes dentre eles, reconheceram o que lhe devem. Todavia, sentia-se em Denis uma grande solidão, nascida de problemas pessoais, que se aprofundaram com a idade. Ele se sentiu então desorientado e foi com a minha anuência que ele chamou Roger Chartier para ajudá-lo na France Culture. Contudo, ninguém pensava num desaparecimento tão próximo, quando ele morreu subitamente aos sessenta anos. Chartier dedicou um de seus programas, do qual participei, à memória de Denis, e foi possível enviar uma cópia ao seu pai já velho, que ainda vivia, e que morreu quase centenário.

Houve em seguida uma nova divisão de funções nesses programas históricos.

De fato, nossas responsabilidades pesavam cada vez mais e os sucessivos diretores da France Culture queriam uma maior divisão de tarefas. Solicitamos então a outros colegas e amigos que se juntassem a nós: Roger Chartier já havia substituído Denis Richet, de um modo geral, para os séculos XVI, XVII e XVIII. Em relação ao século XIX, os programas ficaram a cargo de Arlette Farge e Michèle Perrot, que se dividiram mais ou menos pelos programas, e Philippe Levillain se dedicou ao período ainda mais contemporâneo.

Hoje, cada um de nós faz um programa mensal. No que me diz respeito, ocupo-me sempre das obras sobre a Idade Média e a Antigüidade, com algum favorecimento para a Idade Média, na medida em que a produção histórica sobre a Antigüidade permanece – apesar de uma evolução que pessoalmente acho muito positiva – uma produção de erudição, e não é para esse tipo de trabalhos que o programa é feito. E assim já faz 27 anos que os ouvintes encontram com fidelidade, durante uma hora e meia, uma segunda-feira por mês, obras sobre a história medieval que o próprio autor vem apresentar, durante um debate que procuro animar com outros historiadores especialistas de história da Idade Média. Trata-se de uma experiência cuja duração comprova a sua eficácia.

A *École du Patrimoine*

O Sr. aceitou igualmente assumir responsabilidades junto à École Nationale du Patrimoine?

Desde 1990, a confiança e a amizade de Jean-Pierre Bady me convocaram, como membro do conselho científico que me elegera para a sua presidência, para colaborar nas atividades, com o antigo ministro da Cultura Jean-Pierre Lecat, excelente presidente do conselho de administração, da nova *École Nationale du Patrimoine*, criada por François Mitterrand e por Jack Lang.

Trata-se de uma obra apaixonante, da qual espero falar mais longamente em outra oportunidade. Jean-Pierre Bady a dirige com orgulho, total dedicação, paixão e eficiência. Os jovens guardiões nacionais do patrimônio que dali saem, depois de uma excelente formação acadêmica e de campo, são chamados não apenas para atuar na conservação arquivística, artística e etno-gráfica da França, como também para mantê-la viva na sociedade francesa. Como historiador comprometido com o passado, com o presente e com o futuro, encontro nisso grande satisfação.

9
Pela Europa

"Faire de l'histoire"

Quando deixou, em 1977, a presidência da École des Hautes Études en Sciences Sociales, o Sr. considerou a sua "carreira" praticamente terminada?

Sim, já tive a oportunidade de me explicar nos *Essais d'égo-histoire,* reunidos e apresentados por Pierre Nora, em 1987.[1] Em contrapartida, fui depois honrado com o "Grand Prix National d'Histoire", em 1987, e sobretudo com a Medalha de Ouro do CNRS, em 1991. Nesses últimos anos, continuei a refletir e a escrever sobre o ofício de historiador.

Como o Sr. se ligou a Pierre Nora?

A iniciativa se deu fora dos quadros universitários usuais. Pierre Nora iniciou sua carreira como professor de História no

---

1 *Essays d'égo-histoire,* op. cit.: "Minha única ambição suplementar, uma cadeira no Collège de France, foi frustrada e considero a minha carreira terminada. Não tendo o gosto dos cargos honorários, não ambiciono o Institut, pelo qual tenho respeito".

252 Uma vida para a história

Liceu de Oran, no começo da guerra da Argélia, quando ele escreveu seu livro *Les français d'Algérie*,[2] o qual me enviou. Eu já sabia, aliás, quem era ele; eu conhecia bem seu cunhado François Furet e também um de seus irmãos, Simon Nora.

Pierre quis se encontrar comigo. Eu tinha gostado bastante do seu livro, não apenas por conter pontos de vista interessantes e originais sobre a Argélia, adequadamente esclarecidos, mas, ao mesmo tempo, porque parecia um desses raros livros dos quais *L'étrange défait* de Marc Bloch é o inegável modelo de exemplo de história imediata. Essa reflexão exerceu uma influência muito positiva sobre o desenvolvimento da história propriamente contemporânea: ela mostrou a importância do esforço para transformar o presente ou o passado, separado do presente com dificuldade, em verdadeira história que vá além do relato, da relação, das impressões, do testemunho, mas que já seja história, com um esforço para colocar o que se estuda, ao mesmo tempo, nos horizontes da longa duração e com o recuo necessário a uma problemática histórica, sem deixar escapar o vivido, ainda quente.

Além disso, no plano humano, esse encontro foi caloroso e desde esse momento permanecemos em contato e, se ouso dizer, amigos.

O Sr. trabalhou na editora Gallimard com Pierre Nora por ocasião do lançamento da "Bibliothèque des Histoires"?

Aconteceu muitas vezes de discutirmos e ele teve a cortesia de me pedir de vez em quando conselhos sobre o trabalho de editor que ele desenvolvia na Gallimard. Quando ele pensou, por volta de 1970, em lançar uma nova coleção, que veio a se tornar uma das vitrines da historiografia francesa, a "Bibliothèque des Histoires", pediu-me para ajudá-lo na organização. Essa foi para mim uma nova experiência extremamente enriquecedora: sem-

---

2 NORA, P. *Les français d'Algérie*. Paris: Julliard, 1961. Foi na época em que eu deixava a Fondation Thiers, e que tive a oportunidade de ajudá-lo no seu ingresso (M. H.).

pre fui apaixonado pelos empreendimentos concretos, aí incluídos os aspectos técnicos, financeiros e administrativos, de difusão do saber e da cultura. Falei sobre minha curta experiência na área de cinema; no setor do rádio fui um pouco mais longe e, no caso, fui levado ao universo editorial. Assim, trabalhei dois anos com Pierre, de quem não era mais que um auxiliar; foi ele quem desempenhou o papel essencial.

Essa colaboração foi interrompida em 1972, quando fui eleito presidente da VI Seção da Hautes Études: não tinha mais sentido para mim continuar, mesmo que de maneira limitada, essa participação na Gallimard, onde o meu papel se tornava cada vez mais supérfluo, já tendo sido lançada com sucesso a coleção.

Foi então no âmbito dessa coleção que Pierre Nora teve a idéia dos volumes de Faire de l'histoire*?*

É justo dizer que o levei a modificar a sua idéia inicial, que na verdade era um pouco mais modesta. Ele havia pensado em um único volume versando sobre alguns pontos estratégicos das novas orientações da história e o estimulei a tomar a iniciativa de um levantamento e uma busca bem mais amplos, referentes exatamente às inovações no campo da pesquisa e da escrita da história, o que em última instância trouxe como resultado os três volumes do *Faire de l'histoire*. Nem todos os bons historiadores da época estão nesses livros, e não ouso dizer que eles constituem a quintessência da historiografia francesa do início dos anos 1970. Mas, de qualquer forma, acredito que esse conjunto constitui um testemunho do que foi a considerável renovação da história, na esteira dos *Annales* mas não somente, depois da guerra, e ao mesmo tempo um elemento instigante e estimulante dessa renovação.

Finalmente, *Faire de l'histoire* compreendeu três volumes: *Nouveaux problèmes, Nouvelles approches* e *Nouveaux objets*. Na verdade, essa tripartição, tornada clássica, é fruto de uma improvisação, porque o material ficou de tal forma volu-

254 *Uma vida para a história*

moso que foi preciso dividi-lo em três partes, refazendo-se o plano inicial.[3]

O que sempre admiro em Pierre Nora, entre outros, é o fato de que o editor exemplar não sufocou o pesquisador original e nem o excelente historiador. O primeiro não deve esconder os outros dois. E para se ter a noção exata do lugar essencial ocupado por Pierre Nora no universo da história e das ciências sociais na França, é necessário que se pense em *Lieux de mémoire*, monumento que ele pensou e realizou, mas também no esplêndido sucesso da revista *Le Débat*.

La vieille Europe et la nôtre

O Sr. sempre manifestou uma grande afetividade em relação à Europa?

Diria até uma dupla afetividade. Primeiro, a do historiador, que é, naturalmente, antes de tudo uma sensibilidade de medievalista. Sempre pensei, desde que me pus a trabalhar e a refletir sobre a Idade Média, que não se poderia fazer um bom trabalho de medievalista senão nos quadros europeus. Creio que todos os meus livros têm como balizamento o Ocidente medieval, ou seja, apenas uma parte da Europa. Quer se trate de *Merchands et banquiers*, de *Intelectuells, de La civilisation médiévale*, ou de *Un autre Moyen Âge*, ou ainda de *Purgatoire*, de *L'imaginaire médiéval* e, de uma certa maneira, de *Saint Louis*, em cada um desses casos foi o quadro europeu que se impôs. E mesmo quando olho para outros períodos que não o medieval, sou sempre tocado pela originalidade européia. Em cada época, ainda que os problemas sejam estudados por países, somos obrigados a considerar as grandes questões do ponto de vista europeu.

---

3 LE GOFF, J., NORA, P. (Org.) *Faire de l'histoire*. Paris: Gallimard, 1973-1974. 3v. Igualmente: NORA, P. (Org.) *Les lieux de mémoire*. Paris: Gallimard, 1992-1994. 7v.

Minha segunda afetividade em relação à Europa vem um pouco das minhas leituras, mas sobretudo das minhas viagens. Quando saí da Europa, seja para a ir à América, à Ásia ou ao Norte da África, senti a cada momento que não estava mais na Europa. Em compensação, quando ia para a Inglaterra ou para a Espanha, Portugal, Itália, Alemanha, para os países da Europa central e oriental ou países escandinavos, ao mesmo tempo que experimentava a especificidade nacional ou regional desses países, eu sentia o seu traço pertencente à Europa. E, em especial, os contatos relativamente profundos que tive com o mundo eslavo me levaram a reconhecer nele um componente autêntico, necessário da Europa.

O Sr. acha que os empreendimentos mais importantes ultrapassam os quadros da nação? Não se trata também de empreendimentos desviantes?

Penso que os povos e as nações somente conheceram grandes épocas quando conceberam, viveram e tentaram levar avante grandes empreendimentos. Os projetos que trouxeram não digo necessariamente a grandeza – palavra de que não gosto – mas o enriquecimento e o prestígio dos povos são aqueles exatamente que ultrapassaram a nação. Em relação aos europeus, essas aspirações foram muitas vezes pervertidas, primeiro pelos nacionalismos agressivos e exclusivistas que praticamente todos os países europeus conheceram numa época ou noutra; podemos ver hoje os danos que isso causa na ex-Iugoslávia. Mas foram igualmente pervertidos em determinados empreendimentos de monta que empolgaram toda a Europa, quer se trate das Cruzadas ou daquilo que, por eufemismo, foi chamado de grandes descobrimentos ou de colonização.

Não falemos do projeto da Europa de Hitler, que é o pesadelo europeu por excelência. Conservo igualmente uma fortíssima hostilidade pela Europa napoleônica. E sou contra toda Europa mutilada e partidária, como a Europa dos Seis, com o inquietante trio de Gasperi, Schuman, Adenauer, e a sua coloração católica e vaticana, ainda que as circunstâncias da guerra fria pudessem constituir-se em atenuantes. Jean Monnet, de sua

256 *Uma vida para a história*

parte, parece-me ter sido um pouco traído pela imagem deformada que se fez dele, apresentando-o como o pai da Europa dos tecnocratas, ao passo que sua forte aspiração se voltava para uma Europa cultural.

O desejo da reconciliação franco-alemã depois de 1945 foi, de todo modo, um fato essencial para a construção européia.

É verdade, é preciso ressaltar que se trata de um acontecimento capital. Primeiro para os dois povos, na longa duração. Desde a época carolíngia, as duas metades da Gália, a *Gallia occidentalis* e a *Gallia orientalis*, logo se esqueceram do seu parentesco original para se lançarem ao campo de batalha. A solene renúncia – ratificada pelas opiniões públicas – a esse antagonismo milenar constitui o fundamento da Europa. Está claro que a força da Europa unida repousa primeiro sobre a aliança franco-alemã, não digo sobre uma dominação franco-alemã da Europa, à qual eu seria francamente hostil.

É realmente impressionante como historiadores que foram patriotas, em uma ou outra Grande Guerra do século XX, como Marc Bloch ou Charles-Edmond Perrin, eram profundos conhecedores das civilizações francesa e alemã. Eles sabiam perfeitamente distinguir entre os maus demônios da Alemanha e a realidade positiva da nação e da cultura alemãs. É um belo traço de caráter daqueles historiadores essa conjunção de um patriotismo francês bastante rigoroso com um conhecimento íntimo e pleno de admiração da cultura do adversário. Provavelmente, é entre as pessoas das duas culturas ou das duas nações que mais se combateram, estando contudo imbuídos da cultura do outro, que se irão encontrar os melhores atores da superação desses conflitos. Inversamente, toda a história positivista de Ernest Lavisse e de outros se exprimia sob a forma de um nacionalismo fechado e hostil, orientando a história da França para a revanche de 1870-1871.

O Sr. se pronunciou favorável à aceleração da construção européia, especialmente por ocasião do Tratado de Maastricht?

Prefiguração histórica da Europa, experiência concreta da existência de uma Europa através das diversidades regionais e nacionais, importância e valores do grande projeto da unidade européia, tudo isso fez de mim alguém que deseja com ardor a unidade européia e que modestamente se esforça, segundo as suas capacidades, por militar pela Europa.

De uns dez anos para cá, de fato me senti particularmente tocado pela construção européia. Primeiro, porque, diante da ausência de comprometimento com este ou aquele movimento, este ou aquele projeto, deixando de lado evidentemente o movimento fundamental pelos direitos humanos, não encontro no mundo atual e, em particular, na França uma causa pela qual alguém possa apaixonar-se.

Nem a vida individual nem a vida coletiva são completas se não forem animadas por um comprometimento com a evolução da sociedade. O compromisso que me parece se impor na hora atual é este pela Europa. Naturalmente, a Europa tal como está ou tal como se faz, não é a Europa dos meus sonhos. Penso, na verdade, numa Europa que tenha bases econômicas sólidas, especialmente, monetárias; nisso reside uma garantia de estabilidade. Mas penso também na necessidade de uma Europa política, por ser o político que, apesar de tudo, coroa a história. E gostaria que essa Europa fosse marcada por mais justiça: há um déficit consideravelmente alto da parte da Europa social.

Dessa forma, o historiador se junta ao cidadão e quando em 1992 (referendo de 20 de setembro) foi necessário tomar posição a favor ou contra o Tratado de Maastricht, pronunciei-me a favor, lembrando que se tratava de uma etapa de uma história bastante longa, a desse velho continente que é o nosso.[4] E não é ao Tratado de Maastricht que se deve imputar a necessidade de um saneamento dos déficits europeus. Com ou sem Maastricht,

---

4 LE GOFF, J. *La vieille Europe et la nôtre*. Paris: Seuil, 1994 [ed. port. *A velha Europa e a nossa*. Lisboa: Gradiva, 1995]; retomando "Europe, vingt-cinq siècles de vie commune", *Télérama*, 12-18 sept. 1992; "L'Europe occidentale médiévale", *L'Histoire culturelle de l'humanité*, publicada pela Unesco.

258 Uma vida para a história

é preciso combatê-los, e Maastricht abre as perspectivas de uma esperança.

Mas, para um intelectual, essa Europa não deve, antes de tudo, ser uma Europa cultural?

De fato é aí que a Europa melhor manifesta as suas heranças. O que os europeus têm em comum é uma certa civilização que, com matizes às vezes importantes, é encontrada em São Petersburgo, em Moscou, em Varsóvia, em Sofia, em Viena, em Londres etc.

"Faire l'Europe"
Uma coleção em cinco línguas

Desde 1988, o Sr. dirige uma coleção de livros de História, "Faire l'Europe", publicada simultaneamente em cinco grandes línguas européias. Como se realizou esse projeto?

Essa herança múltipla, mas também comum, parece-me impor-se às diferentes nações européias e é nessa perspectiva que se situa a criação dessa coleção. Em 1988, durante a Feira do Livro de Frankfurt, reuniram-se cinco editores[5] que decidiram tentar uma experiência sem precedentes: lançaram uma nova coleção de ensaios históricos sobre todas as questões importantes referentes à formação da Europa. Pareceu-me que escrever uma "Histoire de l'Europe" sintética era algo prematuro. O possível e o útil são as obras sobre os aspectos essenciais da Europa na longa duração.

Com base no projeto inicial, os editores e eu mesmo propusemos temas, autores de diversas nacionalidades, especialistas

---

5 C. H. Beck, de Munique; Basil Blackwell, de Oxford; Crítica, de Barcelona; Laterza, de Roma e Bari; Seuil, de Paris.

em determinados temas da história européia. Estabeleceu-se um acordo sobre uma primeira lista de uns quinze títulos. Os autores que aceitaram escrever esses livros assinaram ao mesmo tempo cinco contratos, um por país. Cada livro, escrito originalmente em uma das cinco línguas, seria traduzido nas demais. Dessa forma saíram, em 1993, os livros do francês Michel Mollat, do suíço Ulrich Im Hof e do italiano Leonardo Benevolo.[6] Mais de uma dezena de outros foi publicada em seguida, ou o será em breve. E uma dezena de editores que publicam em outras línguas (holandês, sueco, polonês, eslavo, húngaro, grego, turco, português e mesmo japonês) acabou comprando os direitos do conjunto da coleção.

"Faire l'Europe" se baseia na convicção de que o futuro dos países europeus se faz em grande parte sobre uma ativa circulação de idéias que, sem ignorar as fronteiras, as ultrapassa e expõe, na longa duração, as realidades e as aspirações da União Européia, seus trunfos e suas dificuldades.

O Sr. poderia dizer o que seria a sua "Europa sentimental"?

No interior da Europa, confesso que experimento um triplo patriotismo. Essa Europa sobre a qual escrevi muitos artigos e pequenos livros, onde fiz muitas conferências, na França e no exterior, permanece de uma certa maneira uma Europa das pátrias – expressão que prefiro a Europa das nações. Meu triplo patriotismo é primeiro o do francês, depois o do italiano, por fim o do polonês. Mas minha pátria histórica e minha pátria do amanhã é a Europa.

Enfim, como ela será a pátria das crianças européias de hoje, escrevi para elas uma *Europe racontée aux enfants*, que não lhes dissimula os erros e os crimes históricos dos europeus, e que também coloca em evidência os seus êxitos e os seus valores insubstituíveis, não apenas para a Europa, mas também para o

---

6 MOLLAT, M. *L'Europe et la mer*; HOF, U. I. *Les lumières en Europe*; BENEVOLO, L. *La ville dans l'histoire européenne*.

260 *Uma vida para a história*

mundo.[7] E devo aqui saudar a obra exemplar de Jacques Delors, o europeu persuadido da importância dos dados históricos para a construção européia, que me concedeu a honra e a amizade de me ouvir algumas vezes.

---

7 Publicada em versão italiana pela editora Laterza em novembro de 1995; publicada pela Seuil em 1996, e que será traduzida para várias línguas européias.

À guisa de epílogo:
Saint Louis, uma tentativa de biografia completa

O Sr. publicou em janeiro de 1996 uma biografia de São Luís, que lhe consumiu mais de dez anos de trabalho.[1] O Sr. poderia expor as principais idéias dessa obra há muito esperada?

A decisão de escrever uma biografia implica a crença na capacidade de se chegar até a individualidade, até a personalidade do personagem que constitui o tema da biografia, porque se pode dispor dos meios documentais e instrumentos metodológicos para tanto. Uma verdadeira biografia histórica não pode ser senão a tentativa de descrever uma figura individual, sem logicamente separá-la de sua sociedade, de sua cultura, de seu contexto; pois não há oposição entre indivíduo e sociedade, e sim uma permanente interação entre eles. É preciso então tentar demonstrar que se tem essa possibilidade.

É o que se pode chamar, de uma maneira tradicional, de crítica das fontes. Procurei levar essa crítica mais adiante. Na segun-

---

1 LE GOFF, J. *Saint Louis*. Paris: Gallimard, 1996.

262 *Uma vida para a história*

da parte do meu livro, perguntei a mim mesmo, de uma maneira um pouco provocante: São Luís existiu? As fontes sobre São Luís são abundantes, mas, examinadas de perto, de fato dão a impressão de uma série de clichês, que restituem uma imagem estereotipada do personagem e não o que se exige hoje de uma biografia, uma abordagem diferente de um personagem diferente de todos os outros, mesmo que partilhe com eles um certo número de valores. Tratava-se pois de estudar as modificações e os meios de produção da imagem de São Luís pelos seus contemporâneos. Falavam-me de São Luís e, se eu escavasse um pouco, encontraria Roberto, o Piedoso, Carlos Magno ou, pior, uma imagem ideal proveniente do Velho Testamento ou do *Mirroirs des princes*.

A questão "São Luís existiu?" significa: São Luís pode existir como indivíduo para o historiador e, conseqüentemente, para o público ao qual o historiador pretende apresentar o personagem, e, se possível, fazê-lo reviver e explicá-lo?

Depois de ter reunido o estudo de fontes que mostram que elas são feitas de um amontoado de lugares-comuns, de *topoi,* como nós dizemos, tive, apesar de tudo, a sensação de poder atingir o personagem. Por duas razões. Primeiro, porque dispomos dos testemunhos de pessoas que o conheceram de perto. Isso vale essencialmente para duas entre elas, das quais um é o seu confessor. E há de alguma forma uma garantia de veracidade no testemunho de um confessor, por ser a lei do gênero. Naturalmente, este último aborda o seu real penitente através de um código tecido de questões sobre o seu comportamento, mas o seu próprio ofício o leva a nada esconder de que o seu real penitente lhe confidenciou, mesmo aquilo que pudesse deteriorar a sua imagem de prestígio e de perfeição. Isso torna o personagem mais humano e mostra que ele se tornou um santo, reconhecido oficialmente como tal, somente depois de ter superado os seus defeitos, pelo menos depois de tê-los combatido duramente.

A outra razão é que temos a fortuna de dispor de uma obra absolutamente excepcional, *L'histoire de Saint Louis*, de Joinville. Por que excepcional? Trata-se da primeira biografia de um personagem histórico escrita na Idade Média por um leigo, ou seja, por alguém que, mesmo partilhando os valores e os lugares-comuns da sociedade profundamente religiosa, não é portador dos estereótipos do gênero hagiográfico praticado pelos clérigos. Além disso, Joinville, sobre quem procurei, depois de outros, aprofundar as relações com São Luís, tinha para com seu real amigo sentimentos de admiração, porém ele não hesita, legitimado por essa admiração e amizade, em censurá-lo. Joinville nos revela também, segundo uma visão diversa da do confessor, alguns traços da personalidade de São Luís que o tornam, para nós, mais autêntico, mais individualmente humano.

E mais ainda. Utilizei como uma das linhas diretrizes da minha investigação biográfica uma hipótese que outros já tinham levantado antes de mim, mas sem tirar disso as conseqüências. Muito cedo, São Luís foi – emprego um termo um pouco anacrônico – "programado" pela sua mãe e pelos seus conselheiros para ser um rei cristão ideal, empresa que não apenas correspondia à piedade dessas pessoas, mas que era sobretudo política. Como toda dinastia, a dos Capetos estava à procura de um santo entre seus membros para torná-la ela própria santa. Várias tentativas haviam sido feitas. A principal tinha sido no século XI – a de um monge beneditino, Helgund de Freury, que havia escrito uma biografia de Roberto, o Piedoso, o filho de Hugo Capeto, o segundo deles, tendo em perspectiva o reconhecimento do rei como um santo, mas essa tentativa fracassou. Mais estranha foi a que se deu no começo do século XIII, que procurava tornar santo o avô de São Luís, Felipe Augusto, a quem se atribuíam alguns milagres que pareciam provar a sua santidade. Tentei explicar no meu livro por que essa tentativa também fracassou. No século XIII, apenas os milagres não bastavam: era preciso ter levado uma vida santa, o que não tinha sido o caso de Felipe Augusto.

No caso de São Luís, o projeto de sua mãe e dos que o circundavam – e que ele próprio muito jovem visivelmente assumira – não era propriamente dito que ele se tornasse um santo, porque esse empreendimento, apesar de tudo, revela-se como algo muito delicado para um cristão, por mais bem situado que ele fosse. Essa seria uma mancha de orgulho que marcaria a ruína do próprio empreendimento: um santo não pode ser orgulhoso; é incompatível com a santidade querer ser santo. Tratava-se, antes,

264   Uma vida para a história

de encarnar o rei cristão ideal e, apesar dos defeitos revelados pelo confessor e por Joinville, São Luís no essencial teve êxito no seu cometimento. Conseqüentemente, o que dele é mostrado, os atos, os sentimentos, as palavras que lhe são atribuídas e que, à primeira vista, parecem clichês têm chances de terem sido reais porque São Luís chegou a ser a encarnação desse ideal. Em outras palavras, como digo num contexto um pouco diferente, o que Louis Marin disse de Luís XIV – "O retrato do rei é o rei" – tem chance de ser verdadeiro para São Luís.

Acrescento uma outra justificativa dessa tentativa de uma biografia global: uma das condições de poder alcançar a individualidade de um personagem como São Luís é a de que a época em que ele viveu tinha uma determinada idéia do indivíduo. Se não há a concepção do indivíduo, não há produção de documentos que dêem conta do indivíduo. Precisamente, e há aí todo um debate entre os historiadores que levo na devida conta, o século XIII é um dos períodos de emergência da noção de indivíduo. Creio, portanto, que essa convergência de condições históricas permite uma aproximação da individualidade de São Luís.

Trata-se, por fim, da tentativa de uma biografia total de São Luís porque um personagem, ainda mais um grande personagem – isso é clichê –, é também o produto de uma época que por sua vez ele produziu. E não é possível compreender todos os componentes, toda a riqueza de um indivíduo sem religá-lo ao conjunto de valores da sociedade em que viveu, da qual ele recebeu uma marca e que *volens nolens* marcou retribuindo sua ação e sua imagem.

Portanto, numa terceira parte, apresento São Luís ao mesmo tempo ideal e único. Procurei mostrar nessa parte como – em suas relações com o tempo e com o espaço, minhas velhas obsessões, com seu meio intelectual e artístico, com a sua família, com as instituições, a evolução da monarquia e do feudalismo, como rei, santo, taumaturgo e sagrado – se pode esperar alcançar uma imagem total de São Luís não simplesmente recolocado como um objeto em seu contexto, mas surgido na sua época e na sua sociedade.

Num último capítulo, explico que o ponto certamente essencial para se compreender essa individualidade de São Luís e a influência recíproca entre ele e sua época é considerá-lo tal como um rei sofredor. Primeiro, porque isso nos permite penetrar no que ele tem de mais íntimo em seu corpo e em sua sensibilidade, mas também porque ele se beneficiou dessa imagem do rei sofredor que permitiu identificá-lo à imagem de Cristo dominante em sua época. Não a imagem do Cristo triunfante, do Cristo vencedor, mas a do Cristo rei, certamente, mais rei na dor e pela dor, o Cristo da Paixão. Assim os grandes fracassos de São Luís – derrota, cativeiro, fiasco da Cruzada – são transformados em triunfos espirituais e também terrenos, como aconteceu com São Francisco de Assis graças aos seus estigmas nesse mesmo século XIII.

Procurei, pois, nessas três perspectivas e nesses três níveis, o dos acontecimentos e da cronologia, o da crítica fundamental das fontes de produção da memória e da idéia de individualidade e, por fim, o dos valores da sua época, realizar o que chamei de maneira talvez por demais ambiciosa de uma biografia total.

Saint Louis é, depois de mais de dez anos, meu presente. Mas não é, se Deus me conceder mais vida, o meu ponto final. Já trabalho em outros projetos. E tenho em mira chegar, refletindo sobre a longa duração e por vezes me envolvendo na curta, ao século XXI. Estou retornando de um colóquio em Hiroshima, para o qual Élie Wiesel me convidou. Seu tema era "O futuro da esperança". Inscrevo a esperança na minha perspectiva de historiador e de homem.

Índice onomástico

Adenauer, Konrad 255
Al Mansour, califa 147
Allen, Woody 59
Alleton, Viviane 171
Alquié, Ferdinand 39
Althusser, Louis 72
Altman, Georges 120-121
Altman, Robert 59
Andrau, Pierre 25
Angoulvent, Paul 91
Annaud, Jean-Jacques 61
Aron, Raymond 160-161, 180, 194, 246
Arpajon [pseud. Marc Bloch], 121
Augé, Marc 171, 176, 206
Augusto, Felipe 263
Avicena 147
Ayçoberry, Pierre 44
Aymard, André 51, 93
Aymard, Maurice 193
Bacon, Roger 132
Bady, Jean-Pierre 250
Balin, Mireille 60

Barbie, Klaus 121
Barbut, Marc 26, 168, 186-187
Barre, Raymond 173, 188
Barthes, Roland 106, 169-170, 178, 225
Basílio II, 147
Batany, Jean 215
Baur, Harry 24
Bausset, Max 25
Bayet, Jean 82, 83
Benes, Eduardo 68, 69
Benevolo, Leonardo 259
Berganza, Térésa 140
Berger, Gaston 52
Bergson, Henri 39
Berlusconi, Silvio 78, 222
Bernardo, Santo 54
Berque, Jacques 180
Bidault, Georges 27
Bierut, 136
Biraben, Jean-Noël 204, 211-212
Blanc, Christian 234, 236
Blanchard, M. [pseud. Marc Bloch] 121

268 Uma vida para a história

Bloch, Étienne 119, 122-123
Bloch, Marc 45-46, 99, 107-125,
  128, 151, 153-154, 185, 204,
  206, 214, 243, 248, 252, 256
Bloch, Raymond 149
Blum, Léon 28-29, 71
Boaventura, São 132
Böhringer, Richard 58
Boisdeffre, Pierre de 246
Bollack, Jean 156
Bonaparte, Napoleão 79
Bonne, Jean-Claude 61
Boucourechliev, André 84
Boyer, Charles 24
Brandel, Paule 118
Braudel, Fernand 42, 52-53, 81-
  82, 92, 94-96, 118, 122-132,
  134-139, 141, 151, 153, 159-
  170, 172, 175, 177-185, 188-
  193, 195-200, 203-204, 206,
  211, 222-223, 238-239, 247,
  249
Brémond, Claude 214
Brien, abade 84-85, 88
Bringuier, Jean-Claude 223
Brown, Peter 47
Burguière, André 168, 200-201,
  207
Burrin, Philipe 118
Calvino, João 105
Cannac, Yves 189
Carlos Magno 262,
Carlos VII, 113
Carlos, o Temerário 105
Casanova, Jean-Claude 172-173,
  174, 176, 188
Cazenave, Jean 63
Chartier, Roger 223, 249
Chateaubriand,
  François-René de 100
Chenu, Padre 88-89

Chenu, padre 89
Chéreau, Patrice 60
Chesneaux, Jean 168
Chevènement,
  Jean-Pierre 236, 241
Chevreuse [pseud.
  Marc Bloch] 121
Chodkiewiz, Michel 91
Cholley, André 50
Chopin, Frédéric 57
Cícero 84
Cristo 16, 265
Croce, Benedetto 120
Cromwell, Oliver 51
Crouzet, Maurice 52
Cuisenier, Jean 208
D'Arc, Joana, 113
Daix, Pierre 118, 127, 183, 196,
  204
Dakhlia, Jocelyne 201
Damisch, Hubert 177-178
Davenson, Henri 48
De Gaulle, Charles 33, 73-74, 76
De Lubac, padre 33
Debré, Michel 236
Decaux, Alain 199
Defferre, Gaston 26, 186-187
Dekindt, Jean 233
Delarue, Paul 208
Delft, Vermeer de 55
Delors, Jacques 260
Denis, Ernest 65
Descartes, René 39
Descimon, Robert 249
Desjardins, Paul 27
Dietrich, Marlene 60
Dreyfus, Alfred 12-13, 26
Duby, Andrée 202, 203
Duby, Georges 109, 126, 153, 187,
  202-204, 218, 227-228
Dumayet, Pierre 62

Dumézil, Georges 214-215, 216, 217, 218
Dupront, Alphonse 44
Durkheim, Émile 220
Duroselle, Jean-Baptiste 44, 138
Duruy, Victor 131-132, 173
Dvorak, Antonin 68
Eco, Umberto 61, 244
Einaudi, Giulio 222
Eliade, Mircea 217
Espinosa, Baruch 39
Estevão da Hungria, 147
Fabius, Laurent 240
Farge, Arlette 249
Farkos, Nicolas 24
Farrère, Claude 23
Faure, Edgard 172
Favier, Abade 17
Febvre, Henri 119
Febvre, Lucien 48, 52, 56, 82, 92, 94, 99, 103, 105, 108, 114-119, 122-128, 131-132, 173, 175, 179, 193, 195, 200, 204, 206, 214, 220, 248
Ferro, Marc 128, 130, 159, 196-200, 202
Filipe, o Belo 52, 148
Fontanet, Joseph 172, 179
Ford, John 59
Foucault, Michel 85, 119, 205, 223, 245
Fougères, Marc [pseud. Marc Bloch] 118
Fourquin, Guy 92
Francisco de Assis, São 265
Franco, Francisco 29, 214
Fraser, James-Georges 112
Freud, Sigmund 183
Freury, Helgund de 263
Friedmann, Georges 42, 51, 127
Furet, François 72, 100, 107, 128,

161, 164, 176, 178, 183-185, 191, 193-194, 200, 237, 248, 252
Gaït, professor 32
Gallimard, Gaston 117
Garbo, Greta 60
Gard, Martin du 19
Gasperi, Alcide de 255
Gay, Francisque 27
Génicot, Léopold 214
Geremek, Bronislaw 137-140, 142, 162-165, 225, 244
Gernet, Louis 211
Gillet, Marcel 87
Girault, René 237-238
Giscard d'Estaing, Valéry 176-177, 189
Godard, Jean-Luc 59
Godelier, Maurice 170, 206
Goethe, Johann Wolfgang von 28-29
Gomulka, Wladislaw 135-138, 162
Goubert, Pierre 248-249
Gourevitch, Peter Alexis 225
Goy, Joseph 168, 183
Gréco, Juliette 43
Greco, Pierre 42, 43, 44
Grell, Jacques 67
Grenier, Albert 82
Grmek, Mirko D. 213
Guieysse, Louis 227
Guilcher, Jean-Michel 208
Guizot, François 100, 104
Haendel, Georg Friedrich 80
Halphen, Louis 45, 46
Hegel, Georg Wilhelm Friedrich 245
Heisterbach, Césaire de 203
Heller, Clémens 136, 170-171, 177, 181, 182, 183, 189-190, 191, 192

Héritier, Françoise 244
Heurgon, Édith 227, 233
Hitler, Adolf 29, 255
Hugo Capeto, 110, 147, 263
Huizinga, Johan 221
Im Hof, Ulrich 259
Jäger, Werner 48
Janacek, Janos 68
Jarmusch, Jim 59
João, santo 219
Joinville, 262-264
Joutard, Philippe 242
Kant, Immanuel 39
Kleinclausz, Arthur 45
Kula, Witold 138, 140, 165
La Villemarqué,
  Hersart de 208
Labrousse, Ernest 47, 138-139
Lang, Fritz 59
Lang, Jack 250
Laon, Adalberón de 216
Lapie, Pierre-Olivier 51
Laterza, Giuseppe 224
Laterza, Vito 224
Laurent, Donatien 208
Lavelli, Jorge 60
Lavisse, Ernest 256
Le Goff, Barbara, 142
Le Goff, Hanka 139-143, 202
Le Goff, Thomas 88-89, 142, 144
Le Roy Ladurie, Emmanuel 72,
  130, 159, 193, 196, 202, 210-
  211
Lecat, Jean-Pierre 250
Leclerc, Henri 7
Lefebvre, Georges 41
Lefranc, Abel 126
Lenôtre, Georges 34
Lepetit, Bernard 201
Leuilliot, Paul 124
Levillain, Philippe 249

Lévi-Strauss, 180, 206, 210, 215-
  216
Lévi-Strauss, Claude 180, 215
Liénard, Cardeal 27
Llosa, monsenhor 17
Lombard, Maurice 53, 82, 92-96,
  108, 122, 155, 229
Louis-Napoléon, 104
Luís XI, 105
Luís XIV, 264
Luís, santo 221, 261-265
Lustiger, cardeal 89
Lutero, Martinho 105, 220
Magnasco, Alessandro 57
Mallet, Serge 75
Mandrou, Robert 125-127, 128,
  129, 153, 196, 203
Mane-Eyrier, Maryse 33
Mane-Eyrier, Roger 33
Manteuffel, Tadeusz 163
Marin, Louis 264
Marrou, Henri-Irénée 47, 48
Martin, 19, 59, 105
Martinu, Bohuslaw 68
Marx, Karl 100, 126, 138, 151-152
Marzocchi, René 171
Mauroy, Pierre 236
Mayol, Félix 11
Mendès France, Pierre 73, 77
Menemendjoglou, 50
Mettra, Claude 149
Meuvret, Jean 44
Michel, André 161
Michel, Henri 37
Michelet, Jules 100-107, 115-116,
  209, 225, 245
Miquel, André 244
Mitterand, François 240
Mollat, Michel 44, 85, 87, 92, 134,
  259
Mollet, Guy 71, 74

Momigliano, Arnaldo 217
Mondadori, Arnoldo 222
Mosaryk, Jan 68, 69
Mosaryk, Thomas 68
Mousnier, Roland 44, 138
Moussa, 72
Mozaré, Charles 127
Murray, Alexander 107,
Muss, Albert de 26
Mussolini, Benito 30
Napoleão, ver Bonaparte,
    Napoleão
Narbonne [pseud.
    Marc Bloch] 121
Nicolet, Claude 73
Nora, Pierre 7, 103, 119, 215, 224,
    251-254
Nora, Simon 252
Novalis [Georg Philipp
    Friedrich] 57
Orléan, André 201
Palmade, Guy 42, 44, 48
Passeron, Jean-Claude 187
Pastoureau, Michel 61, 107
Paulme, Denise 206
Perrin, 10, 46, 66-67, 90, 110-111,
    256
Perrin, Charles-Edmond, 10, 46,
    66, 90, 110-111, 256
Perrot, Michèle 244, 249
Pessis-Pasternak, Guita 58
Pétain, 29-33, 121, 198
Philippe, Robert 157, 208
Piaget, Jean 42
Piedoso, 216, 262-263
Pio XII, 27, 88
Piponnier, Françoise 61
Pizard, Henri 25
Pollock, Jackson 59
Pompidou, Georges 172, 189-190
Quin, Claude 228, 232

Rabelais, François 125
Rapp, Francis 95
Read, Nick 69
Reggiani, Serge 43
Rémond, René 44
Renaudet 41
Renouard, Yves 138
Renouvin, Pierre 44, 197, 198
Resnais, 59
Revel, Jacques 116, 176, 201, 223
Richard, 58, 78
Richet, Denis 247-249
Roberto, 2, 216, 262-263
Rocard, Michel 188
Romano, Ruggiero 96, 193, 222
Roncayolo, Marcel 228
Rougon, André 33
Rudolf, 244
Samaran, Charles 126
Sangnier, Morc 26
Sansot, Pierre 235
Sapori, Armando 92
Sautter, Christian 171
Savary, Alain 186, 236-237, 240
Scalfaro, Oscar Luigi 78
Schmitt, Jean-Claude 61, 107, 207
Schuman, Robert 255
Scorsese, Martin 59
Scott, Walter 37, 101
Serres, Michel 99
Seston, Willian 46, 47, 48
Signorelli, Luca 178
Simon, Simone 60
Sipriot, Pierre 246, 247
Smetana, Bedrich 68
Soisson, Jean-Pierre 176-177,
    180, 184, 187-188, 191
Souiry, Pierre 201
Sounié-Seïté, Alice 188, 189,
Soustelle, Jacques 186, 206
Tisserand, Cardeal 85

272   Uma vida para a história

Syme, Ronal 73
Tapié, Victor-Lucien 50-51, 66
Tavernier, Bertrand 59, 62
Tchaikovski, Piotr Ilich 80
Tenèze, Marie-Louise 208
Thadden, Rudolf von 244
Thierry, Augustin 101
Tillion, Germaine 206
Tocqueville, Alexis de 128
Tomás de Aquino São 132
Toubert, Pierre 95, 213
Touraine, Alain 41, 42, 43-45, 51, 72
Toynbee, Arnold 48, 246
Trenet, Charles 11
Troyes, Chrétien de 147, 210
Truffaut, François 59
Ubaud, Pierre 33
Valensi, Lucette 201

Vallet, Georges 83
Vautrin, Jean 63
Velay, Louis 169, 183
Viallaneix, Paul 104, 107
Victor Hugo, 100-101, 104
Vidal-Naquet, Pierre 188, 210-211
Vilar, Jean 140
Vitez, Antoine 60
Vladimir, príncipe de
  Kiev 147
Voltaire [François-Marie
  Arouet] 100
Weber, Max 126
Weizsäcker, Richard von 78
Welles, Orson 59
Wenders, Wim 59
Werner, Michael 201
Wiesel, Élie 244, 265

Do mesmo autor

Marchands et banquiers du Moyen Âge. 8.ed. Paris: PUF, 1958. ("Que sais-je?", 1993).

Les Intellectuels au Moyen Âge. Paris: Seuil, 1957. (Reed. "Points", 1985).

Le Moyen Âge. Paris: Bordas, 1962.

La civilisation de l'Occident médiéval. Paris: Arthaud, 1964. (Nova edição, 1984).

Hérésie et sociétés dans l'Europe pré-industrielle, XIe-XVIIIe siècles (sob a direção de Jacques Le Goff). Éditions de l'École des Hautes Études en Sciences Sociales, 1968.

Faire de l'histoire (sob a direção de Jacques Le Goff e Pierre Nora). Paris: Gallimard, 1973-1974. 3v.

Pour un autre Moyen Âge: temps, travail et culture en Occident. Paris: Gallimard, 1977. (Reed. "Tel", 1991).

Dictionnaire de la Nouvelle Histoire. Paris: Retz CEPL, 1978. (Nova edição: *La Nouvelle Histoire*, Paris: Complexe, 1990).

Le Charivari (sob a direção de Jacques Le Goff e Jean-Claude Schmitt). Éditions de l'École des Hautes Études en Sciences Sociales, 1980.

La naissance du purgatoire. Paris: Gallimard, 1981. (Reed. "Folio", 1991).

Objet et méthodes de l'histoire de la culture (em colaboração com Béla Kopeczi). Paris: Éditions du CNRS, 1982.

L'Apogée de la chrétienté: 1180-1330. Paris: Bordas, 1982. (Nova edição: *Le XIIIe siècle*: l'apogée de la chrétienté: v.1180-v.1330, 1992).

274 *Uma vida para a história*

L'imaginaire médiéval. Paris: Gallimard, 1985.

Crise de l'urbain, futur de la ville (sob a direção de Jacques Le Goff e Louis Guieysse). Paris: Économica, 1985.

La bourse et la vie: économie et religion au Moyen Âge. Paris: Hachette, 1986.

Intellectuels français, intellectuels hongrois: XIIE-XXE siècle (em colaboração com Béla Kopeczi). Paris: Éditions du CNRS-Akadémiai Kiado, 1986.

Histoire et mémoire. Paris: Gallimard, 1988. ("Folio").

Histoire de la France religieuse (sob a direção de Jacques Le Goff e René Rémond) Paris: Seuil, 1988. 4v.

L'État et les pouvoirs (sob a direção de Jacques Le Goff). Paris: Seuil, 1989. Histoire de la France, v.2.

L'homme médiéval (sob a direção de Jacques Le Goff). Paris: Seuil, 1989. (Reed. "Points", 1994).

La vieille Europe et la nôtre. Paris: Seuil, 1994.

Saint Louis. Paris: Gallimard, 1996.

SOBRE O LIVRO

Coleção: Prismas
Formato: 14 x 21 cm
Mancha: 23 x 43 paicas
Tipologia: Times 11/13
Papel: Offset 75 g/m^2 (miolo)
Cartão Supremo 250 g/m^2 (capa)
1ª edição: 1998

Editoração Eletrônica
Edmílson Gonçalves (Diagramação)

Impressão e Acabamento
Assahi Gráfica e Editora.
Fone.:(11)4123-0455